Routledge Revivals

The Book of the Kings of Egypt

Sir E. A. Wallis Budge (1857-1934) was Keeper of the British Museum's department of oriental antiquities from 1894 until his retirement in 1924. Carrying out many missions to Egypt in search of ancient objects, Budge was hugely successful in collecting papyri, statues and other artefacts for the trustees of the British Museum: numbering into the thousands and of great cultural and historical significance. Budge published well over 100 monographs, which shaped the development of future scholarship and are still of great academic value today, dealing with subjects such as Egyptian religion, history and literature.

First published in 1908, this is the second of two volumes dealing with the kings of Egypt. Using a variety of material from the British Library's extensive collections, Budge meticulously collated the names of the Pharaohs and royal personages from the 20th to the 30th Dynasties of Egypt. With a detailed discussion concerning Egyptian chronology, this classic work will be of great interest and value to scholars and students of Ancient Egyptian history and archaeology.

The Book of the Kings of Egypt

Vol. II: Dynasties XX - XXX

E. A. Wallis Budge

Routledge
Taylor & Francis Group
Routledge Revivals

First published in 1908
by Kegan Paul, Trench, Trübner & Co. Ltd

This edition first published in 2013 by Routledge
2 Park Square, Milton Park, Abingdon, Oxon, OX14 4RN

Simultaneously published in the USA and Canada
by Routledge
711 Third Avenue, New York, NY 10017

Routledge is an imprint of the Taylor & Francis Group, an informa business

Publisher's Note
The publisher has gone to great lengths to ensure the quality of this reprint but points out that some imperfections in the original copies may be apparent.

Disclaimer
The publisher has made every effort to trace copyright holders and welcomes correspondence from those they have been unable to contact.

A Library of Congress record exists under LC control no: 09001578

ISBN 13: 978-0-415-81083-8 (hbk)
ISBN 13: 978-0-203-06713-0 (ebk)
ISBN 13: 978-0-415-81449-2 (pbk)

Books on Egypt and Chaldaea

THE BOOK
OF
THE KINGS OF EGYPT

OR THE KA, NEBTI, HORUS, SUTEN BȦT, AND RĀ NAMES OF THE PHARAOHS WITH TRANSLITERATIONS, FROM MENES, THE FIRST DYNASTIC KING OF EGYPT, TO THE EMPEROR DECIUS, WITH CHAPTERS ON THE ROYAL NAMES, CHRONOLOGY, ETC.

BY

E. A. WALLIS BUDGE, M.A., LITT. D., D. LITT., D. LIT.
KEEPER OF THE EGYPTIAN AND ASSYRIAN ANTIQUITIES
IN THE BRITISH MUSEUM

VOL. II.

DYNASTIES XX—XXX

MACEDONIANS AND PTOLEMIES, ROMAN EMPERORS, KINGS OF NAPATA AND MEROË, INDEX.

LONDON
KEGAN PAUL, TRENCH, TRÜBNER & CO., LTD.
DRYDEN HOUSE, 43, GERRARD STREET, W.
1908

PRINTED BY
ADOLF HOLZHAUSEN,
19-21 KANDLGASSE, VIENNA.

CONTENTS.

		PAGE
Dynasty	XX	1
„	XXI	32
„	XXII	35
„	XXIII	60
„	XXIV	69
„	XXV	70
„	XXVI	78
„	XXVII	91
„	XXVIII	96
„	XXIX	96
„	XXX	100
Macedonians and Ptolemies		107
Roman Emperors		155
Kings of Napata and Meroë		195
Index		215

NEW EMPIRE.

TWENTIETH DYNASTY.

Rameses III.

I. Horus names	1, 2.	KA-NEKHT-ĀA-SUTENIT.
	3.	KA - NEKHT - MERI - MAĀT-SMEN-TAUI.
	4.	KA - NEKHT - SUSEKH - QEMT-USER - KHEPESH - NEKHT - Ā-SMAM-THEḤENNU.
	5.	KA - NEKHT - MȦU - PEḤTI-NEKHT - Ā - NEB - KHEPESH-SATI.
II. N-U names	1—3.	UR-SEṬU-MȦ-TATHENEN.
	4.	USER - PEḤTI - MȦ - ȦTEF - F-MENTHU.
III. Golden Horus names	1, 2.	USER - RENPUT - MȦ - TEMU-ȦTHI - MĀK - QEMT - UĀFU-SEMTI.
	3.	QEN - NEB - KHEPESHUI - ER-TASH - ... MER - F - EM - SA-KHEFTIU-F.
IV. Suten Bȧt name		RĀ-USER-MAĀT-MERI-ȦMEN
V. Son of Rā name		RĀ-MESES-ḤEQ-ȦNNU.

I. 1. 2. 3. 4.

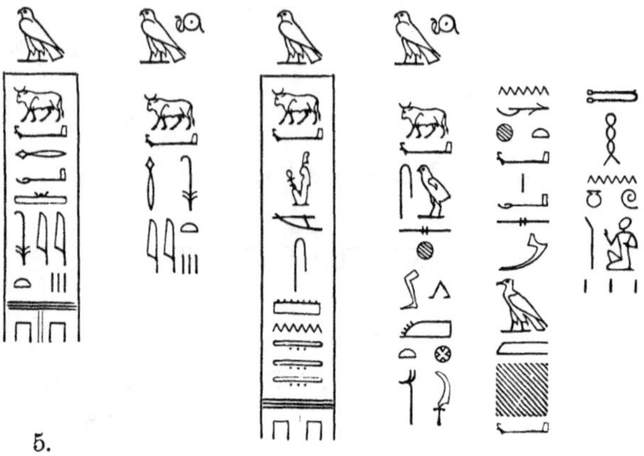

5.

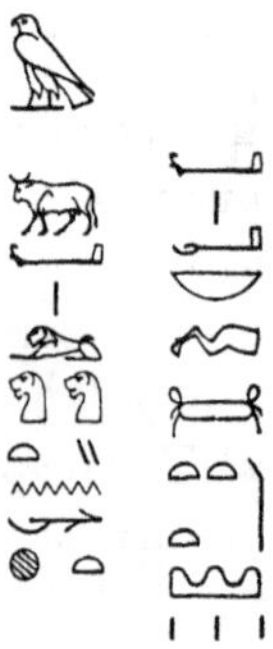

Temple at Madînat Habû, L. D., III, 208 ff.

II. 1. 2. 3. 4.

Temple at Madînat Habû.

III. 1. 

 Temple at Madînat Habû.

2. 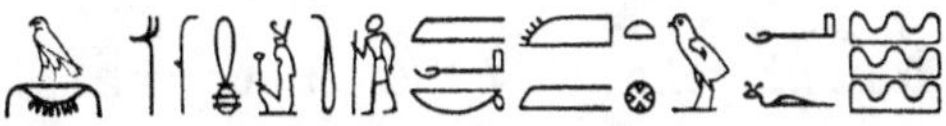

3. 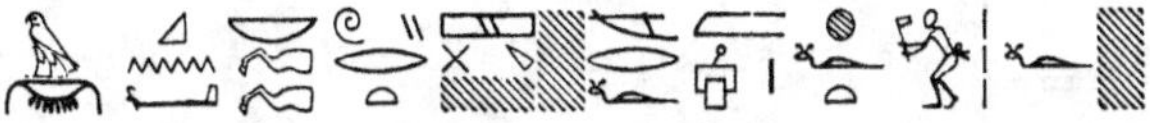

IV. 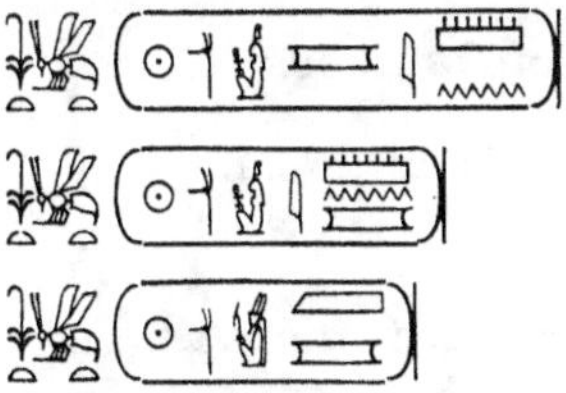

Temple at Madînat Habû; Great Harris Papyrus; L. D., III, 208—214; etc.

V. 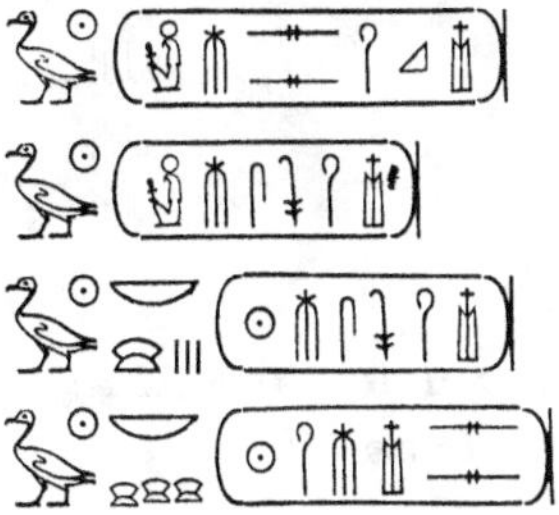

Temple at Madînat Habû, L. D., III, 208—214; Great Harris Papyrus; Glazed tiles in the British Museum; etc.

Ȧst-...a-māthruth, a wife of *Rameses III.*

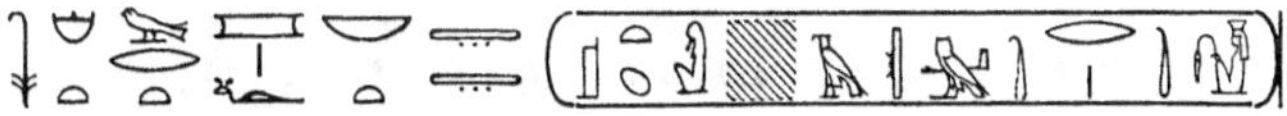

Statue of Rameses III. L. D., III, 207 *g*.

Ȧst, a wife of *Rameses III.*

Abbott Papyrus.

Ḥu-mātertchai (?), a wife of *Rameses III.*

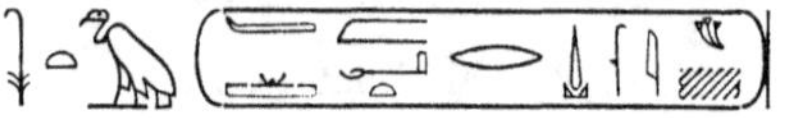
L. D., III, 101.

Ḥubunrutchanth, father of queen *Ȧst.*

Lepsius, *Königsbuch*, No. 493.

Rā-meses, a son of *Rameses III.*

L. D., III, 214, No. 1.

Rā-meses Rā-neb-Maāt-meri-Ȧmen,
a son of *Rameses III.*

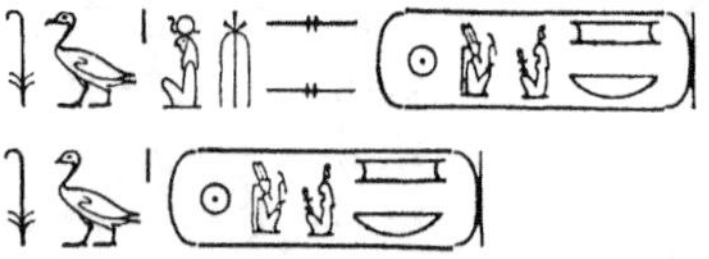
L. D., III, 214, No. 2.

Rā-meses-t[aa]*-Ȧmen-neter-ḥeq-Ȧnnu,*
a son of *Rameses III.*

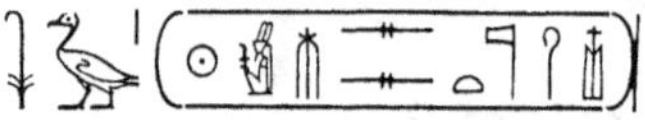
L. D., III, 214, No. 3.

Rā-meses Set-ḥer-khepesh-f, son of *Rameses III.*

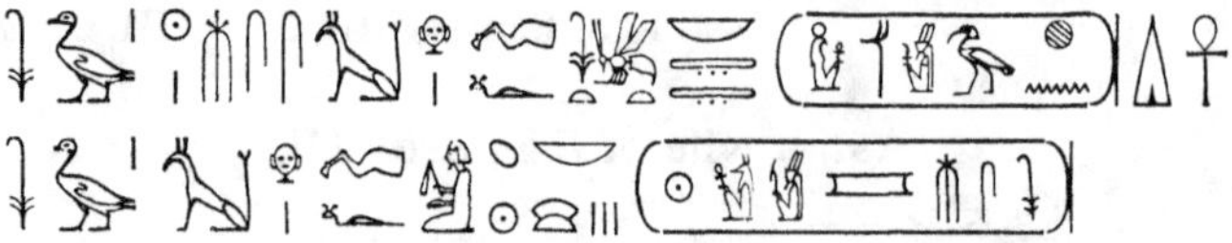
L. D., III, 214, No. 4.

Pa-Rā-ḥer-unemi-f, a son of *Rameses III.*

L. D., III, 214, No. 5, and 217 *f*, *g*.

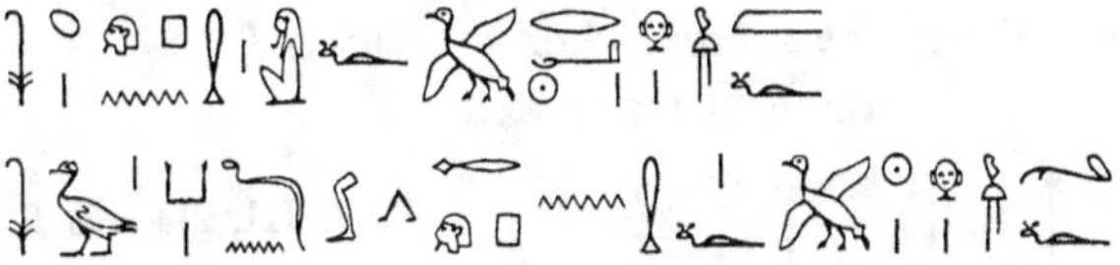

Menthu-ḥer-khepesh-f, a son of *Rameses III.*

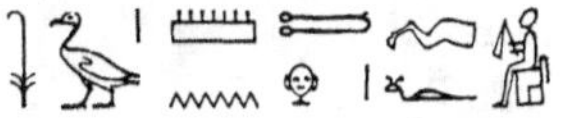

L. D., III, 214, No. 6; and 217 *a—d*.

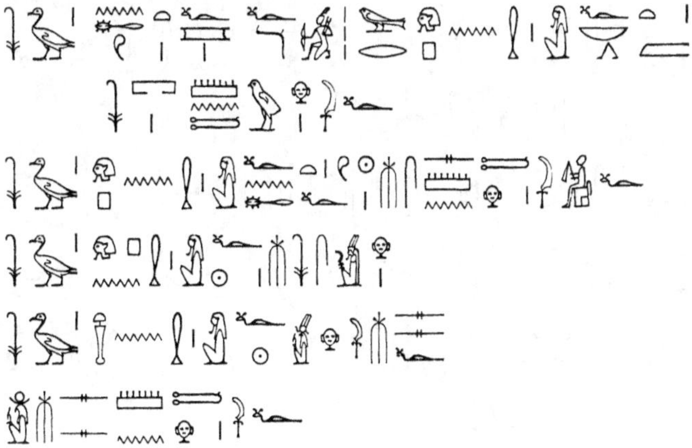

Meri-Tem, a son of *Rameses III.*

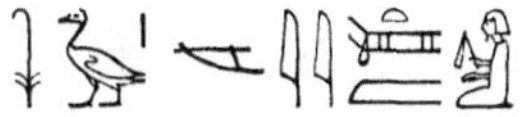

L. D., III, 214, No. 7.

***Rā-meses-khā-em-Uast*, a son of *Rameses III*.**

L. D., III, 214, No. 8.

***Rā-meses-Ȧmen-ḥer-khepesh-f*, a son of *Rameses III*.**

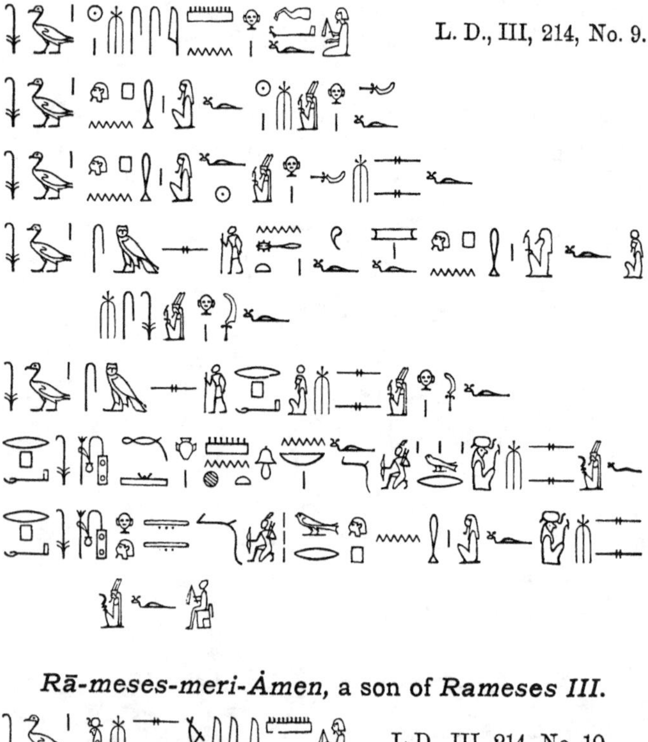

L. D., III, 214, No. 9.

***Rā-meses-meri-Ȧmen*, a son of *Rameses III*.**

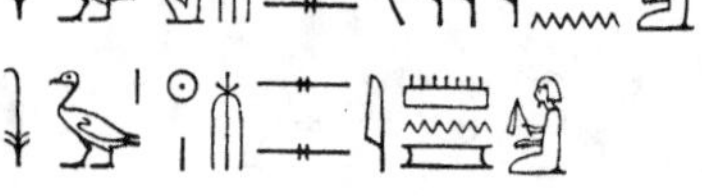

L.D., III, 214, No. 10.

Rameses IV.

I. Horus names 1, 2. Ka-nekht-ānkh-em-Maāt.
3—5. Ka-nekht-ānkh-em-Maāt-neb-seṭu-mȧ-tef-f-Ptaḥ-Tathenen.
6. Ka-nekht-Rā-en-Qemt.
7. Ka-nekht-peḥti-mȧ-Ȧmen.

II. N-U name Māk-Qemt-uāfu-peṭ-paut.

III. Golden Horus name User-renput-ur-nekht-ȧthi-mes-neteru-sekheper-taui.

IV. Suten Bȧt names 1—2. Rā-user-Maāt-setep-en-Ȧmen.
3—5. Rā-ḥeq-Maāt-setep-en-Ȧmen.
6. Rā-ḥeq-Maāt-[Rā]-meses-meri-Ȧmen.
7. Rā-ḥeq-Maāt-setep-en-Rā.
8—10. Rā-ḥeq-Maāt, Rā-Maāt.

V. Son of Rā name Rā-meses-meri-Ȧmen-ḥeq-Maāt.

1. 2. 3. 4.

I.

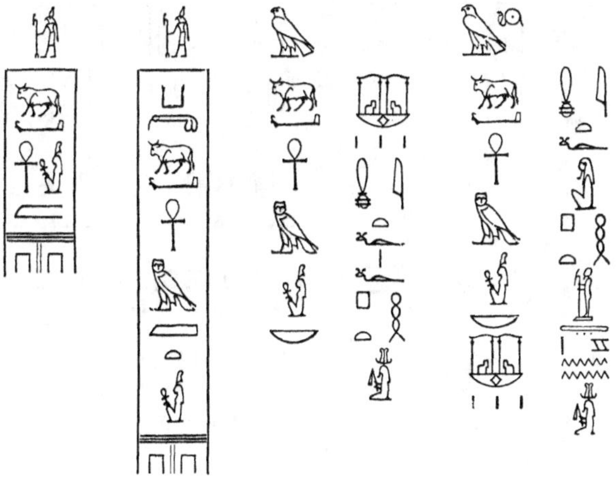

5. 6. 7.

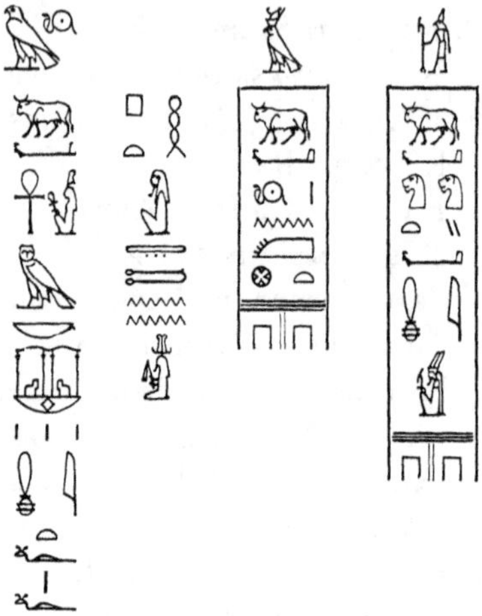

Stele at Ḥammâmât, L. D., III, 219 *e*; L. D., III, 222, 223.

II.

Stele at Ḥammâmât, L. D., III, 219 *e*.

III.

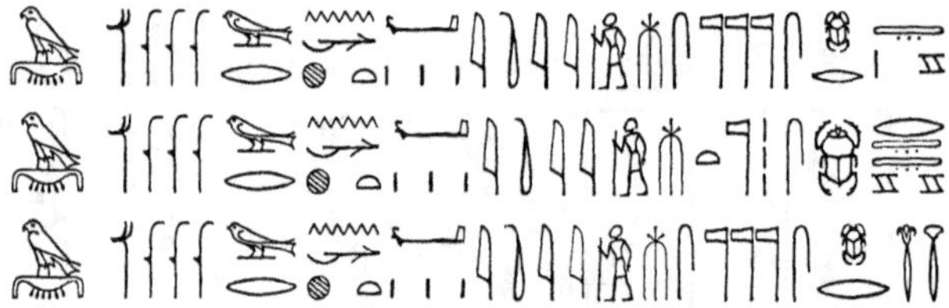

Stele at Ḥammâmât, L. D., III, 219 *e*, etc.

IV. 1. 2. 3.

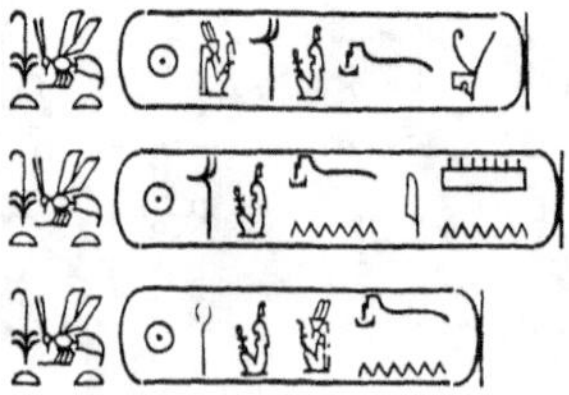

L. D., III, 222; his tomb at Thebes; Mariette, *Abydos*, II, plates 34, 35, 54, 56; Stele at Ḥammâmât, L.D., III, 219 *e*, etc.

4. 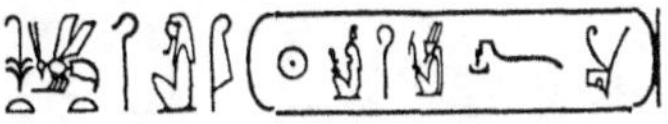

5. 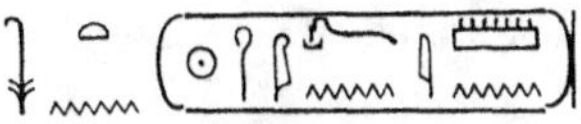

6. 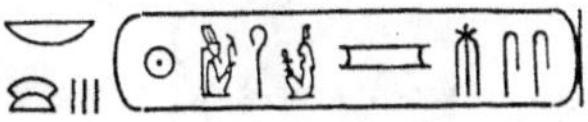

7. 

8. 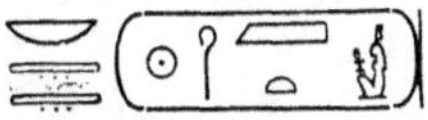

9. 

10. 

V. 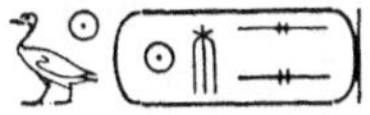 L. D., III, 222 *i*, 219 *e*, etc.

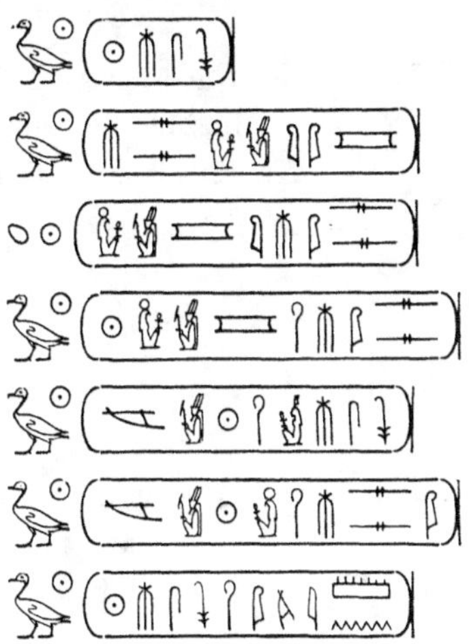

Rameses V.

I. Horus name — Ka-nekht-Maāt-Åmen.
II. N-U name — ...
III. Golden Horus name — ...
IV. Suten Båt name — Rā-user-Maāt-sekheper-en-Rā.
V. Son of Rā name — Rā-meses-Åmen-khepesh-f-meri-Åmen.

I. 

Tomb at Thebes, L. D., III, 223 *a*; inscription at Silsilah, L. D., III, 223 *b*.

IV. 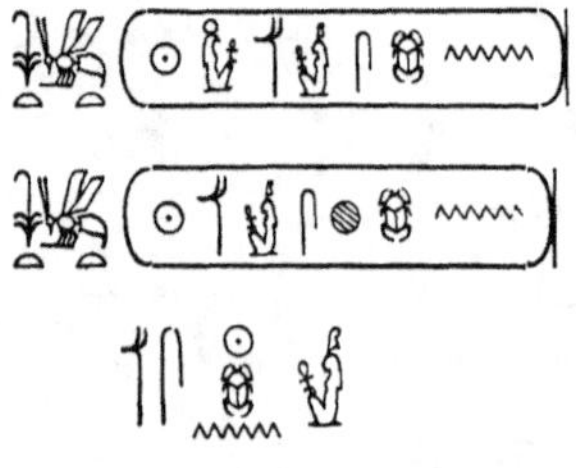

Tomb at Thebes, L. D., III, 223 *a*; inscription at Silsilah, L. D., III, 223 *b*.

V. 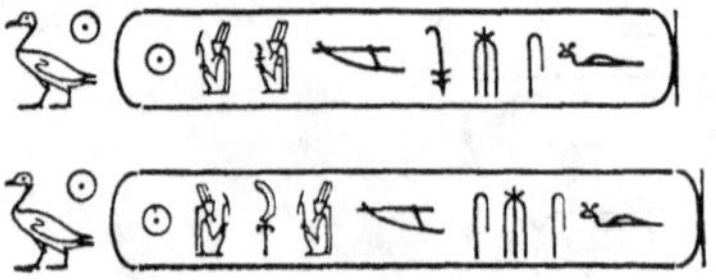

Tomb at Thebes, L. D., III, 223 *a*; inscription at Silsilah, L. D., III, 223 *b*.

Rameses VI.

I. Horus name	KA-NEKHT-ĀA-NEKHTU-SĀNKH-TAUI.
II. N-U name	USER-KHEPESH-HEṬ-ḤEFENNU.
III. Golden Horus name	USER-RENPUT-MÀ-TATHENEN-ÀTHI-NEB-SEṬU-MĀKI-QEMT.
IV. Suten Bȧt names	1—4. RĀ-MAĀT-NEB-MERI-ÀMEN.
	5. RĀ-MAĀT-NEB-MERI-ÀMEN-ĀSHT-TAU.
V. Son of Rā names	1—3. ÀMEN-RĀ-MESES-NETER-ḤEQ-ÀNNU.
	4. RĀ-MESES-ÀMEN-ḤER-KHEPESH-F-NETER-ḤEQ-ÀNT.
	5. RĀ-MESES-MERI-ÀMEN-NETER-ḤEQ-ÀNNU.

I. 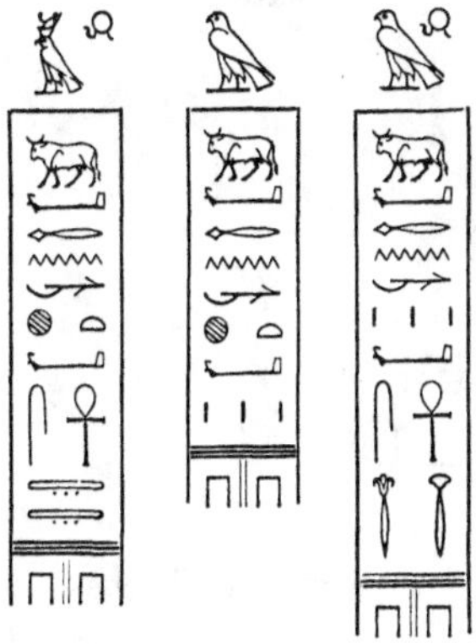

Tomb at Thebes, L. D., III, 224 *d*.

II. 

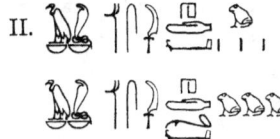

Tomb at Thebes, L. D., III, 224 *d*.

III. 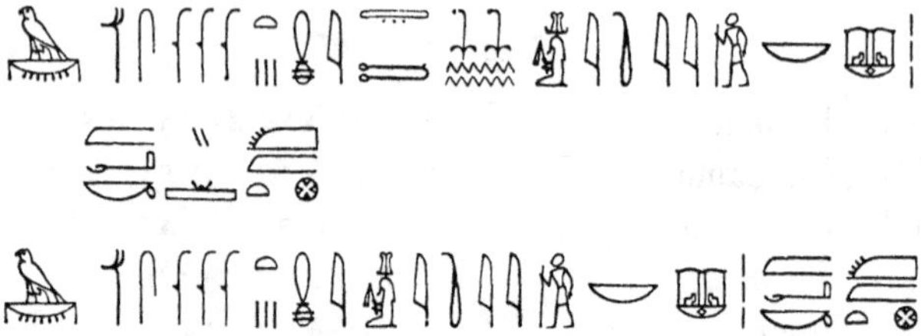

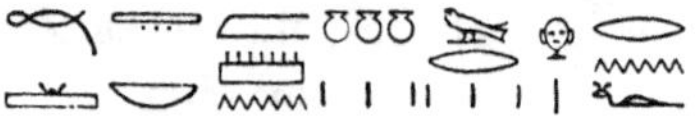

Tomb at Thebes, L. D., III, 224 *d*.

IV. 1. 2. 3. 4. 5. 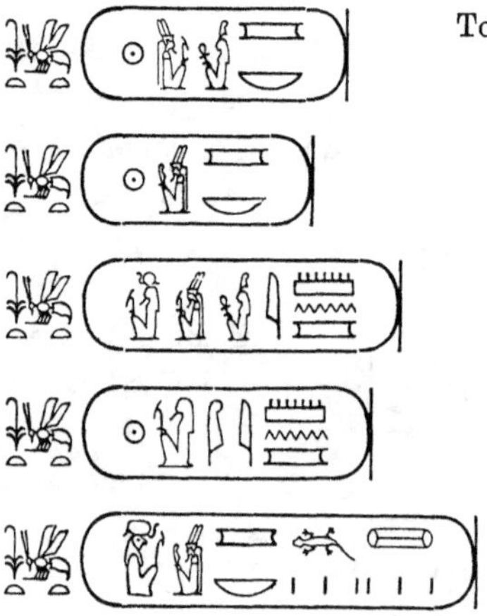

Tomb at Thebes, L. D., III, 224 *d*; Tomb at Anibe, L. D., III, 229, 230; Petrie, *Koptos*, plate 19.

V. 1. 2. 3. 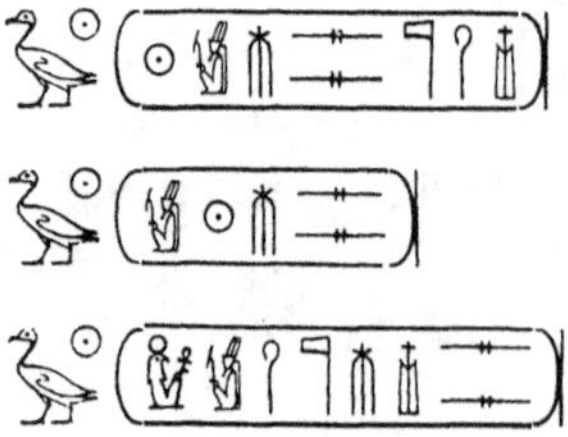

Tomb at Thebes, L. D., III, 224 *d*; Petrie, *Koptos*, plate 19; Mariette, *Karnak*, plate 39.

4. 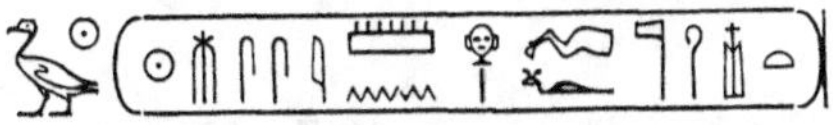

5. 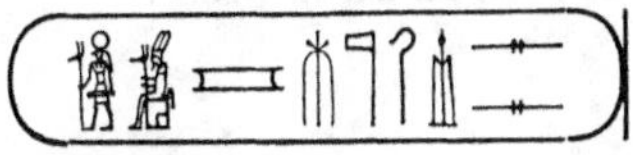

Nub-khesbeṭ, wife of *Rameses VI.*

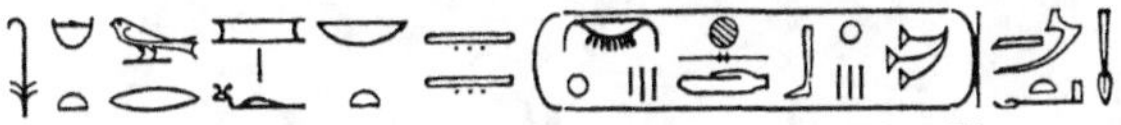

Petrie, *Koptos*, plate 19.

Ȧst, daughter of *Rameses VI*, high-priestess of *Ȧmen.*

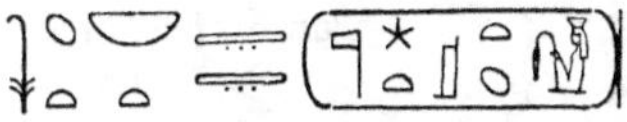 Petrie, *Koptos*, plate 19.

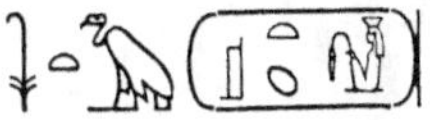 L. D., III, 101.

Pennut, a governor of Nubia.

 L. D., III, 229—232.

Rameses VII.

I. Horus name	KA-NEKHT-ĀN-EM-SUTEN.
II. N-U name	MĀK-QEMT-UĀFU-PEṬ.
III. Golden Horus name	USER-RENPUT-MȦ-TANEN (?)-ȦTHI-UR-SEṬU-MȦ-ȦMEN-RĀ-SUTEN-NETERU.
IV. Suten Bȧt name	RĀ-USER-MAĀT-SETEP-EN-RĀ-MERI-ȦMEN.
V. Son of Rā name	RĀ-MESES-TȦ-ȦMEN-NETER-ḤEQ-ȦNNU.

I.

Tomb at Thebes. L. D., III, 233.

II.

Tomb at Thebes, L. D., III, 233.

III.

Tomb at Thebes, L. D., III, 233.

IV.

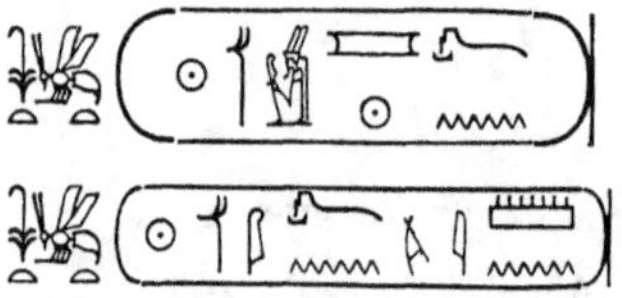

Tomb at Thebes, L. D., III, 233; see also L. D., III, 219.

V.

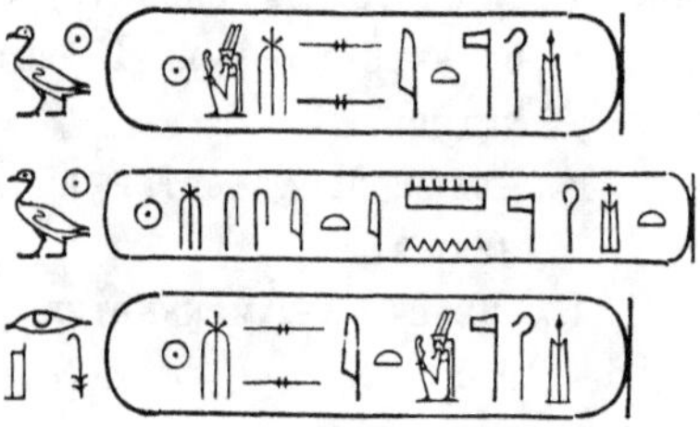

Tomb at Thebes, L. D., III, 233; see also L. D., III, 219.

Rameses VIII.

IV. Suten Båt name Rā-user-Maāt-khu-en-Åmen.
V. Son of Rā name Rā-meses-meri-Åmen.

IV.  L. D., III, 214.

V. 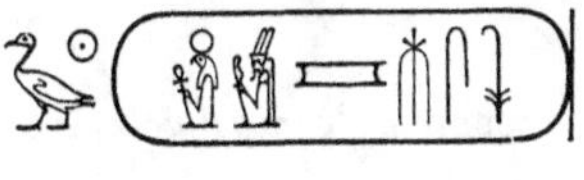 L. D., III, 214.

Rameses IX.

IV. Suten Båt name Rā-sekhā-en-meri-Åmen.
V. Son of Rā name Rā-meses-sa-Ptaḥ.

IV. 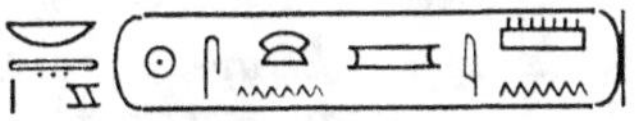

V. 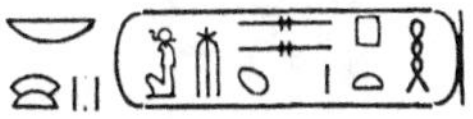

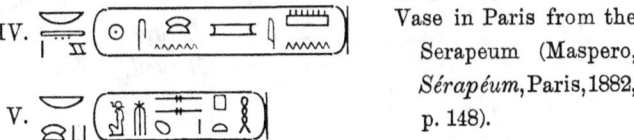

Vase in Paris from the Serapeum (Maspero, *Sérapéum*, Paris, 1882, p. 148).

Rameses X.

I. Horus name Ka-nekht-khā-em-Uast.
II. N-U name User-khepesh-sānkh-taui.
III. Golden Horus name User-renput-må-Ptaḥ-Tunen-åthi-ur-sutenit-ṭer-peṭ-paut.
IV. Suten Båt name Rā-nefer-ka (or kau)-setep-en-Rā.
V. Son of Rā name Rā-meses-khā-em-Uast-Maāt merer-Åmen.

I. 

Door of a tomb (Daressy, *Recueil*, XV, p. 284, No. 37).

II. 

Lepsius, *Königsbuch*, No. 512.

III. 

Lepsius, *Königsbuch*, No. 512.

IV. 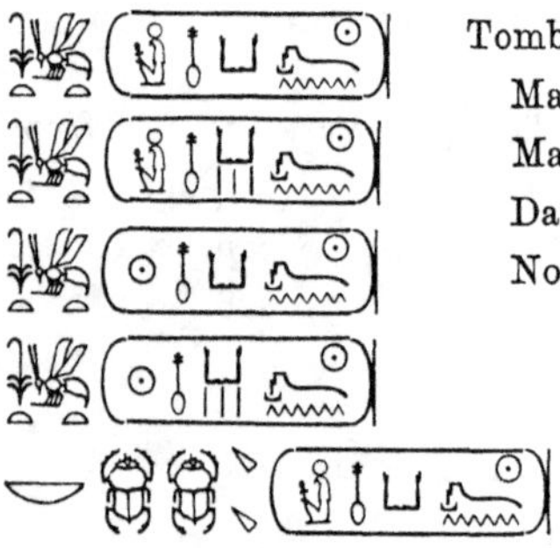

Tomb at Thebes, L. D., III, 234; Mariette, *Karnak*, pp. 39, 40; Maspero, *Sérapéum*, p. 148; Daressy, *Recueil*, XV, p. 28, No. 37.

V. 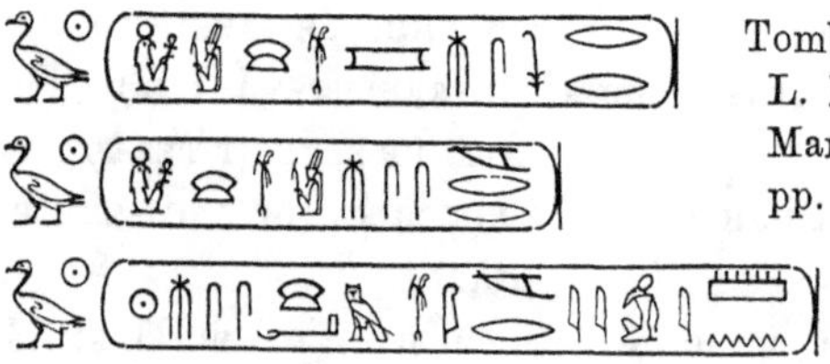

Tomb at Thebes, L. D., III, 234; Mariette, *Karnak*, pp. 39, 40; Maspero, *Sérapéum*, p. 148; Daressy, *Recueil*, XV, p. 28, No. 37.

Rameses XI.

I. Horus name	KA-NEKHT-RĀ-SEKHĀĀ.
II. N-U name	ĀA ...
III. Golden Horus name	...
IV. Suten Bȧt name	RĀ-KHEPER-MAĀT-SETEP-EN-RĀ.
V. Son of Rā name	RĀ-MESES-MERI-ȦMEN.
	RĀ-MESES-ȦMEN-ḤER-KHEPESH-F.

I. 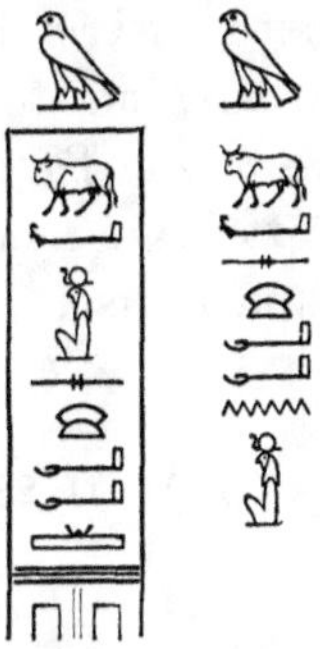 Tomb at Thebes. L. D., III, 239 *b*.

II. 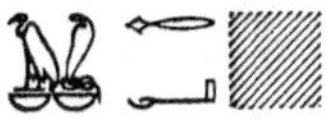 Tomb at Thebes.

IV. 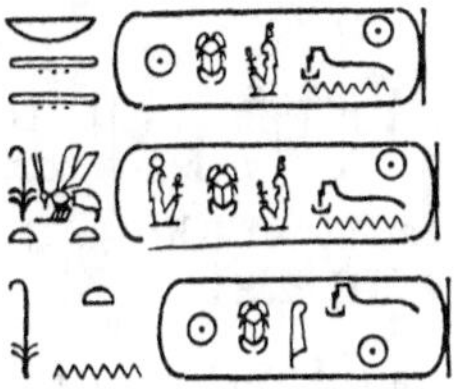 Tomb at Thebes, L. D., III, 239 *b*.

V. 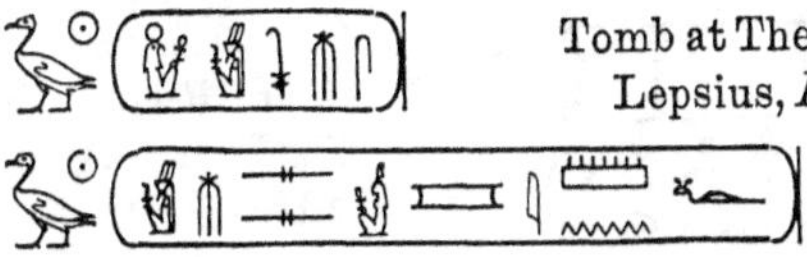 Tomb at Thebes, L. D., III, 239 *b*; Lepsius, *Königsbuch*, No. 517.

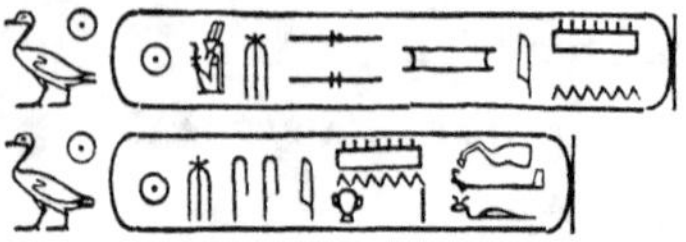

Rameses XII.

I.	Horus name	Ka-nekht-meri-Rā.
II.	N-U name	User-khepesh-heṭ-ḥefennu.
III.	Golden Horus name	Ur-peḥt-sānkh-taui-ȧthi-her-ȧb-maāt-seḥetep-taui.
IV.	Suten Bȧt name	Rā-men-Maāt-setep-en-Ptaḥ.
V.	Son of Rā name	Rā-meses-khā-em-Uast-merer-Ȧmen-neter-ḥeq-Ȧnnu.

I.  Temple of Khensu at Thebes, L. D., III, 238 *e*.

II.  Temple of Khensu, L. D., III, 238 *e*.

III. 

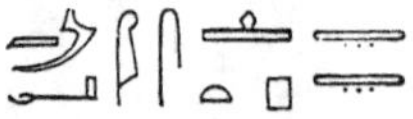 Temple of Khensu, L. D., III, 238 *e*.

IV. 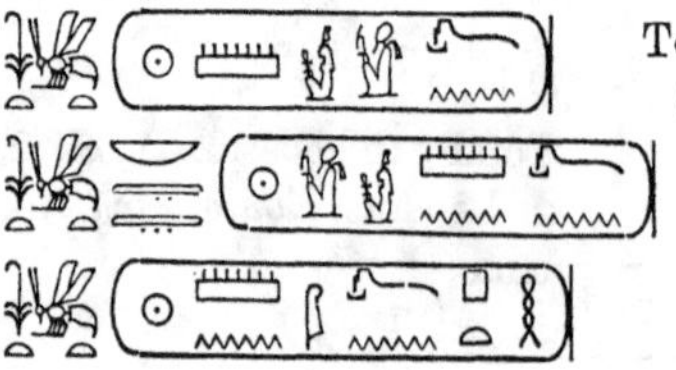 Tomb at Thebes, L. D., III, 239 *a*; temple of Khensu, L. D., III, 238; Bouriant, *Recueil*, XIII, 172; Legrain, *Annales*, XII, 153.

V. 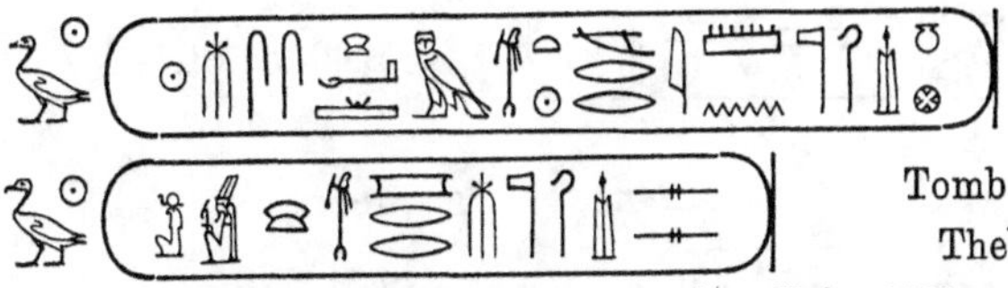

Tomb at Thebes, L. D., III, 239 *a*; Maspero, *Aeg. Zeit.*, 1883, p. 76.

Rameses (probably *Rameses II*).

I. Horus names	KA-NEKHT-TUT-KHĀU-ṬEṬṬEṬ-SUTENIT-MȦ-TEM.
II. N-U name	...
III. Golden Horus name	USER-KHEPESH-ṬER-PET-PAUT.
IV. Suten Bȧt name	USER-MAĀT-EN-RĀ-SETEP-EN-RĀ.
V. Son of Rā name	RĀ-MESES-MERI-ȦMEN.

I. 

Bekhten Stele (E. de Rougé, *Étude sur une Stèle Égyptienne*, Paris, 1858).

III. 

Bekhten Stele.

IV. 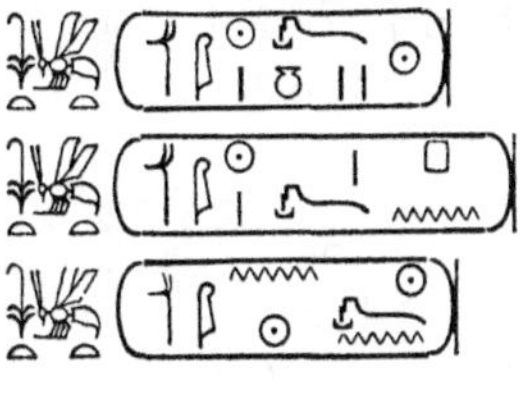

Bekhten Stele.

V. 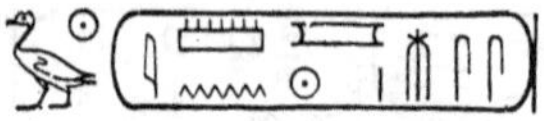 Bekhten Stele.

Rā-neferu, a queen.

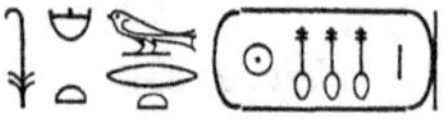 Bekhten Stele.

Benth-resh, Bent-resht, Bent-enth-resht.

 Bekhten Stele.

TWENTY-FIRST DYNASTY.
A. KINGS OF THEBES.

Ḥer-Ḥeru, his titles as high-priest of *Āmen*.

1. 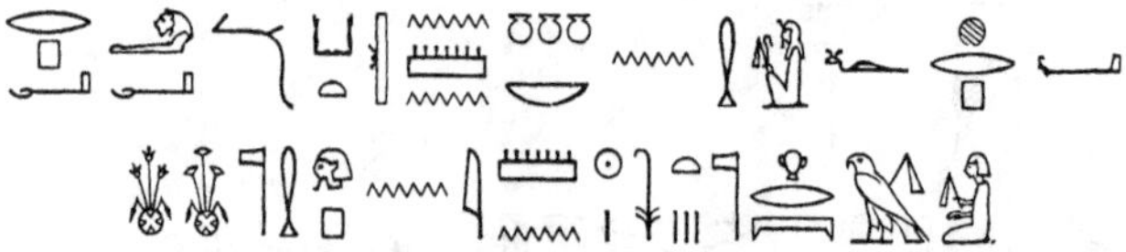

2. 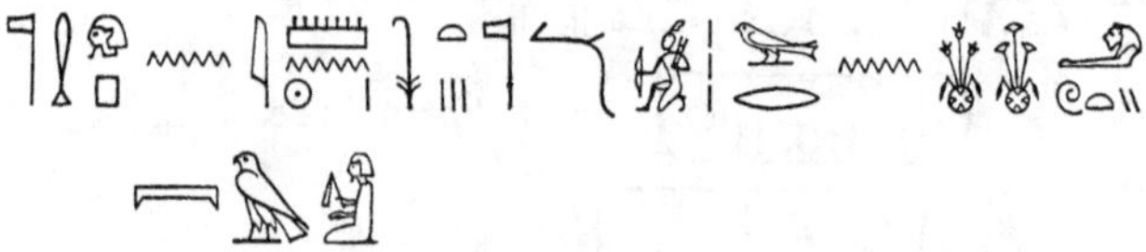

3. 

4. 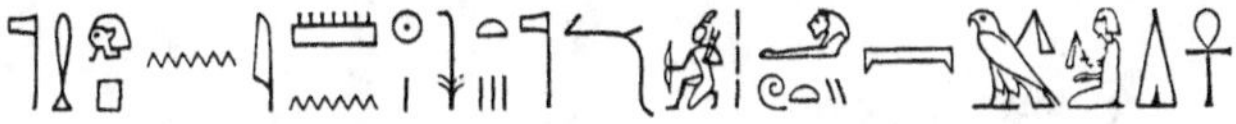

5. 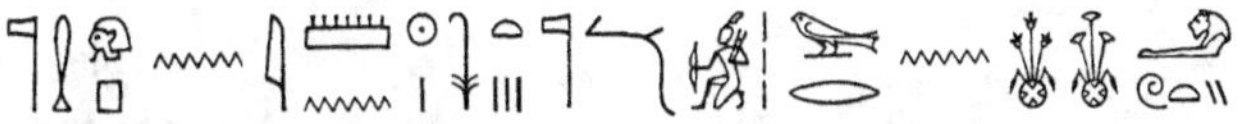

 L. D., III, 243—248.

1. Ḥer-Ḥeru, high-priest of *Ȧmen* as king.

I. Horus names

1. Ka-nekht-sa-Ȧmen.
2. Ka-nekht-sa-Ȧmen-ȧri-mennu-ḥer-menkhet-en-mes-s.
3. Ka-nekht-sa-Ȧmen-ur-khut-em-Ȧpt.

II. N-U names

1. Seḥetep-neteru-qeṭ-ḥet-sen-ȧri-herer-kat-sen.
2. Sābeb-ta-en-Meḥ-Resu-em-mennu-s-theḥenth-mȧ-khut-ȧm-s.

III. Golden Horus names

1. Ȧri-khut-em-ȧpt-en-tef-f-Ȧmen-qemā-neferu-f.
2. Ȧri-...-em-nekht-taui-ṭāṭ-ḥetep-neteru-nebu-em-hen-s.
3. Khu-em-Ȧpt.

IV. Suten Bȧt name

Neter-ḥen-ṭep-en-Ȧmen.

V. Son of Rā name

Ḥer-Ḥeru-sa-Ȧmen.

I. 1. 2. 3.

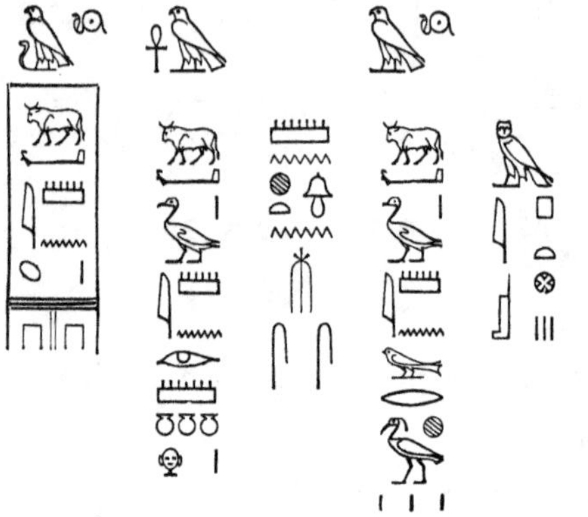

Temple of Khensu at Thebes, L. D., III, 243, 244.

II. 1. 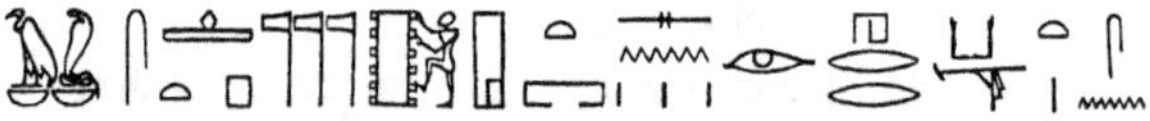

2. 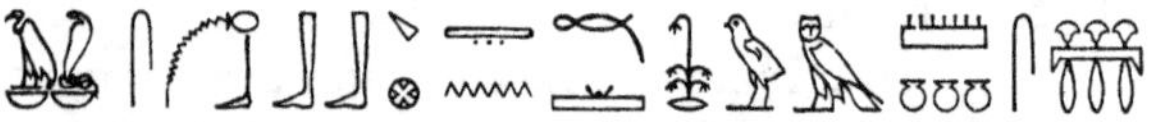

 L. D., III, 244 *a*.

III. 1. 

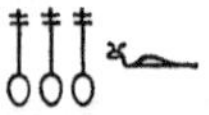

2. 

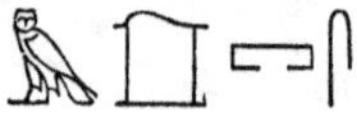

3.  L. D., III, 244 *a*, etc.

IV. 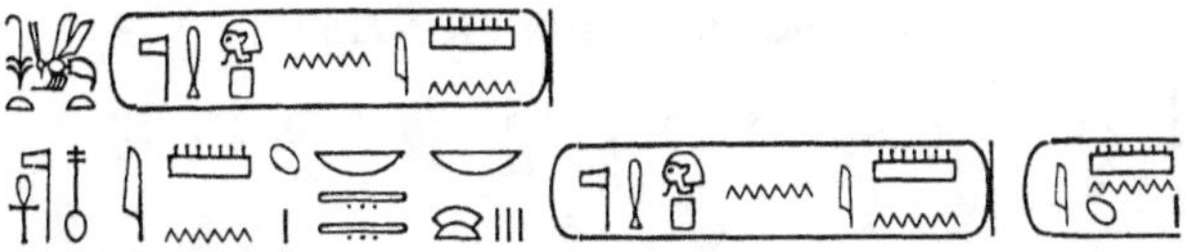

 Temple of Khensu, L. D., III, 243—248; mummy and coffin at Cairo.

V. 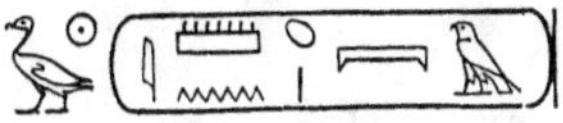 Mummy and coffin at Cairo.

Netchemet, wife of *Ḥer-Ḥeru*.

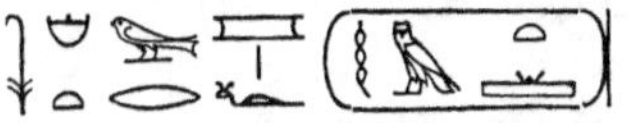 Coffin at Cairo; and see L. D., III, 247 *a*.

Pai-ānkh, son of *Ḥer-Ḥeru*.

 Temple of Khensu, L. D., III, 247.

Ȧmen-Rā-ḥer-shef, son of *Ḥer-Ḥeru*.

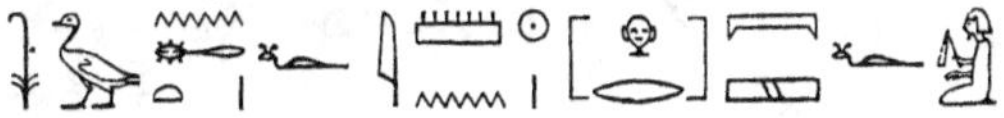 L. D., III, 247.

Pa-sheṭ-Khensu, son of *Ḥer-Ḥeru*.

 L. D., III, 247.

Masaqahartha̍, son of *Ḥer-Ḥeru*.

 L. D., III, 247.

Masahartha̍, son of *Ḥer-Ḥeru*.

 L. D., III, 247.

Tekhui, son of *Ḥer-Ḥeru*.

 L. D., III, 247.

Ȧmen-ḥer-unemi-f, son of *Ḥer-Ḥeru*.

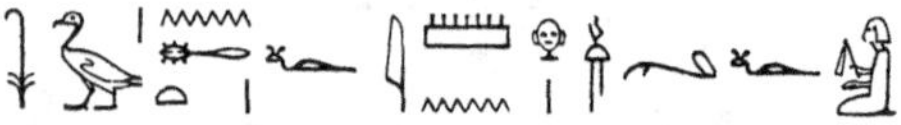 L. D., III, 247.

Mer-f-tef-Ȧmen, son of *Ḥer-Ḥeru*.

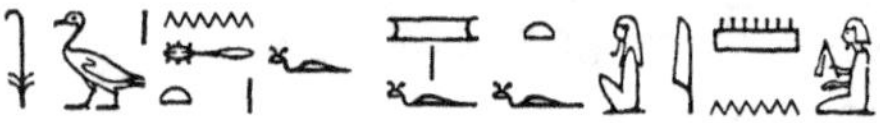 L. D., III, 247.

Maṭenneb, son of *Ḥer-Ḥeru*.

 L. D., III, 247.

Nesi-pa-nefer-ḥrȧ, son of *Ḥer-Ḥeru*.

L. D., III, 247.

Ruṭi-Ȧmentet-..., son of *Ḥer-Ḥeru*.

 L. D., III, 247.

[*A*]*mmsuna*, son of *Ḥer-Ḥeru*.

 L. D., III, 247.

[*K*]*anem*, son of *Ḥer-Ḥeru*.

 L. D., III, 247.

Båk-netri, son of *Ḥer-Ḥeru.*

L. D., III, 247.

[*Ḥeru*]-*em-khebit*, son of *Ḥer-Ḥeru.*

L. D., III, 247.

2. *Pai-ānkh*, high-priest of *Åmen.*

Stele at Cairo, Mariette, *Abydos*, II, plate 57.

Ḥent-taui (*I*), wife of *Pai-ānkh.*

Coffin in Cairo, Maspero, *Momies*, p. 576.

Pa-netchem, son of *Pai-ānkh.*

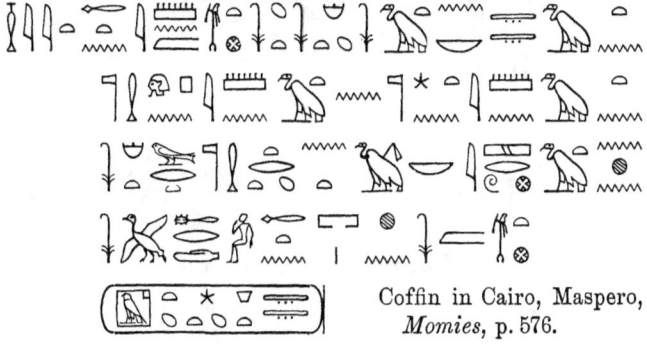

Daressy, *Recueil*, XIV, 32.

Ḥeq-nefer, son of *Pai-ānkh.*

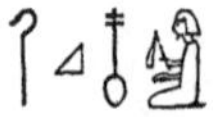

Daressy, *Recueil,* XIV, 32.

Ḥeq-āa, son of *Pai-ānkh.*

Daressy, *Recueil,* XIV, 32.

Ānkh-f-Mut, son of *Pai-ānkh.*

Daressy, *Recueil,* XIV, 32.

Pai-netchem, son of *Pai-ānkh,* as high-priest of *Ȧmen.*

1. 

2. 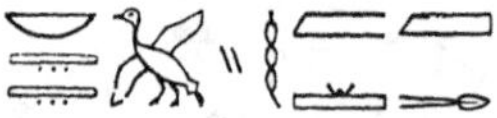

3. 

3. *Pai-netchem I,* as king.

I. Horus name	KA-NEKHT-MERI-ȦMEN.
II. N-U name	...
III. Golden Horus name	...
IV. Suten Bȧt name	RĀ-KHEPER-KHĀ-SETEP-EN-ȦMEN.
V. Son of Rā name	PAI-NETCHEM-MERI-ȦMEN.

I.  Temple of Khensu, L. D., III, 249 *b*.

IV.  L. D., III, 249 *f*.

 Figure at Cairo.

 *Ibid.*

V. 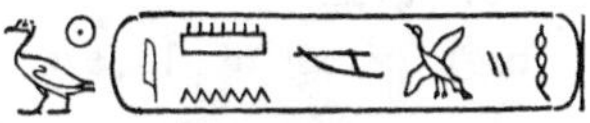 L. D., III, 249 *b*.

Maāt-ka-Rā, wife of *Pai-netchem I.*

Maspero, *Momies*, p. 577.

Mut-em-ḥāt.[1]

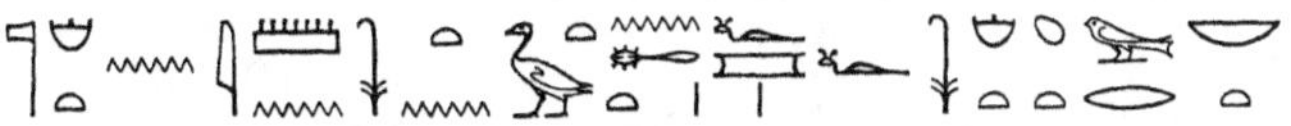

 Maspero, *Momies*, p. 577.

Pai-netchem, son of *Pai-netchem I.*

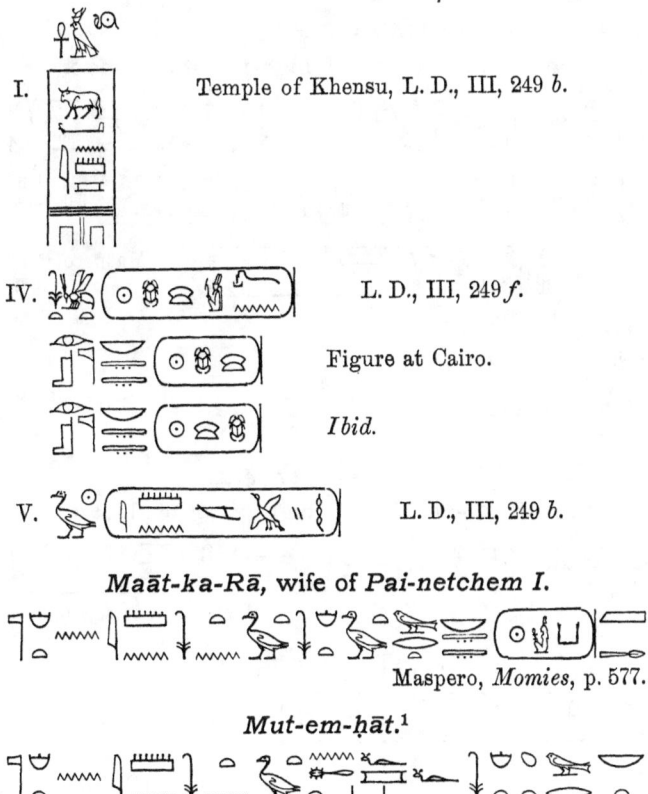

1. This may be the Son-of-Rā name of Maāt-ka-Rā.

Masaherthȧ,
son of *Pai-netchem I*, high-priest of *Ȧmen*.

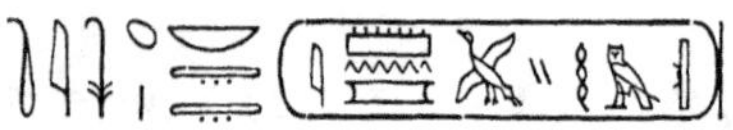

Maspero, *Momies*, p. 699.

Rā-men-kheper,
son of *Pai-netchem I*, high-priest of *Amen*.

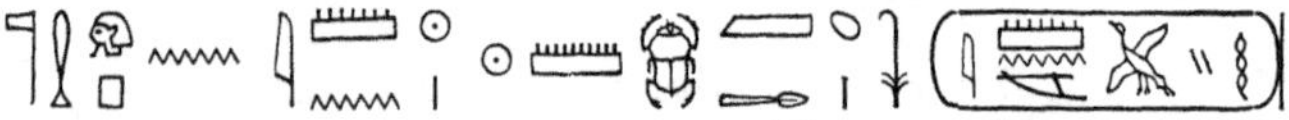

Maspero, *Momies*, p. 572.

4. *Rā-men-kheper*.

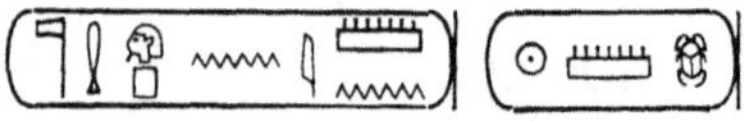

L. D., III, 251 *k*.

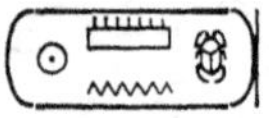

L. D., III, 251 *i*.

Prisse, *Monuments*, plate 23.

Ȧst-em-khebit I, wife of *Rā-men-kheper*.

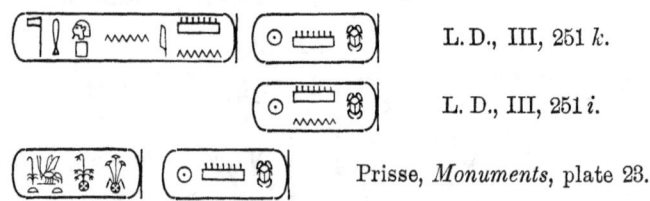

Mummy and coffin in Cairo. Maspero, *Momies*, p. 577.

Nesi-ba-neb-Ṭeṭṭeṭ, son of *Rā-men-kheper*.

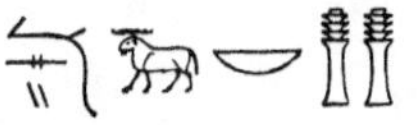 Maspero, *Momies*, p. 707.

Pai-netchem, high-priest of *Ȧmen*, son of *Rā-men-kheper*.

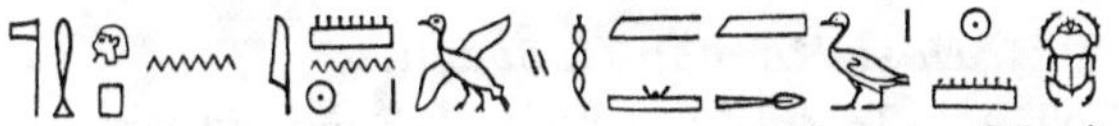

Maspero, *Momies*, p. 572.

Ḥent-taui II, daughter of *Rā-men-kheper*.

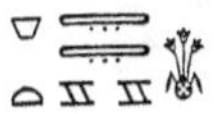 Maspero, *Momies*, p. 707.

Pa-seb-khānut, son of *Rā-men-kheper*.[1]

Stele from Abydos. Randall-Mac Iver, *El-Amrah*, plate 34, No. 8.

5. *Pai-netchem II* as king.

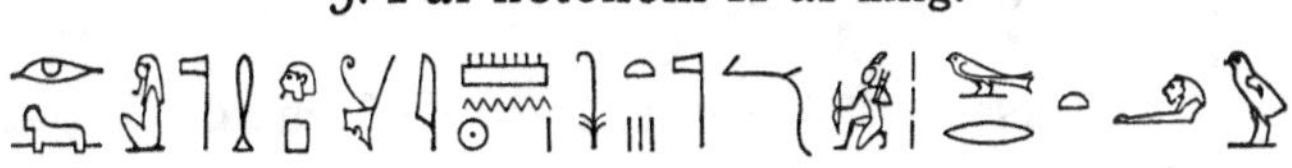

 Coffin in Cairo, Maspero, p. 571.

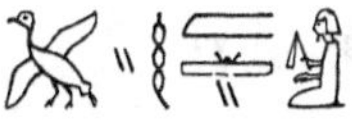 *Ibid.*

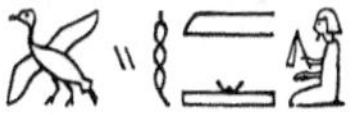 *Ibid.*

1. Other children of Rā-men-kheper were ḤERU-UBEN and KAT-SASHNI. Coffins at Cairo, Nos. 1169 and 1171.

Nesi-Khensu, or *Nessu-Khensu I*,
wife of *Pai-netchem II.*

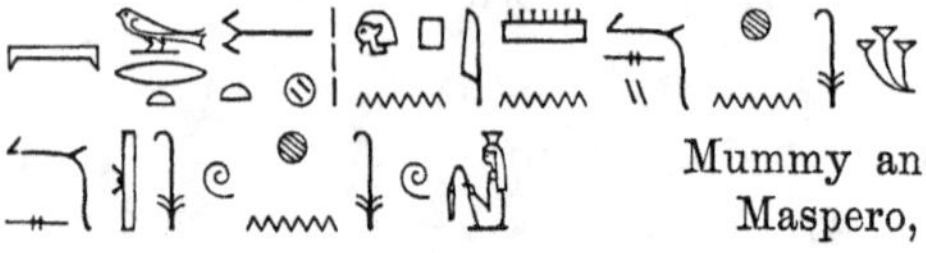

Mummy and coffin in Cairo,
Maspero, *Momies*, p. 578.

Nesi-Khensu II, daughter
of *Nesi-ba-neb-Ṭeṭṭeṭ*, and wife of *Pai-netchem II.*

Maspero, *Momies*, p. 607.

Ȧst-em-khebit II, daughter
of *Rā-men-kheper*, and wife of *Pai-netchem II.*

Maspero, *Momies*, p. 589.

Ȧst-em-khebit III, sister
of *Nesi-Khensu*, and wife of *Pai-netchem II.*

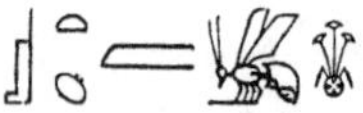

Maspero, *Momies*, p. 707.

Masaharthȧ, son of *Pai-netchem II.*

Maspero, *Momies*, p. 609.

Tcha-pa-nefer, son of *Pai-netchem II.*

Maspero, *Momies*, p. 609.

Tcheṭ-Khensu-ȧuf-ānkh, son of *Pai-netchem II.*

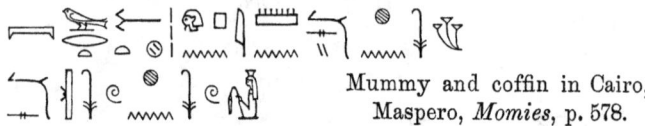

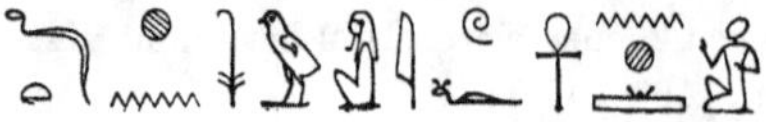

Ȧtaui, daughter of *Pai-netchem II*.

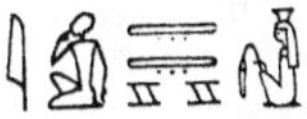

Maspero, *Momies*, p. 609.

Nesi-ta-neb-ȧsher, daughter of *Pai-netchem II*.

Maspero, *Momies*, p. 609.

Nekht-Teḥuti, son of *Nesi-ta-neb-ȧsher*.

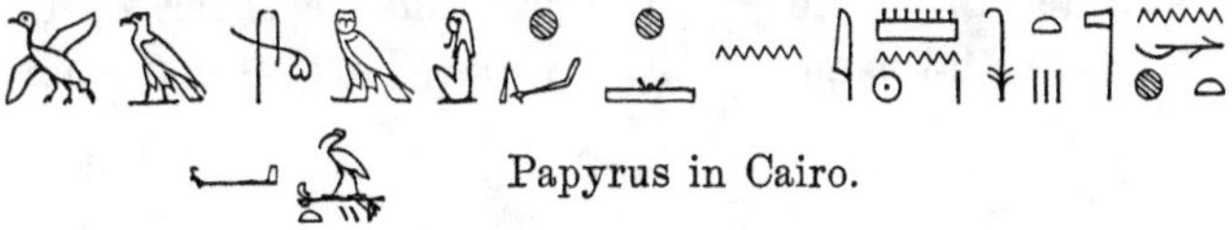

Papyrus in Cairo.

Rā-tȧa-kheperu-setep-en-Rā Pa-seb-khā-nut, high-priest of *Ȧmen*.

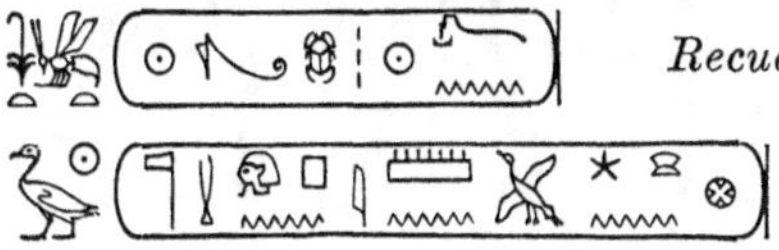

Recueil, XXI, 10.

Taḥennu-Teḥuti.

Rogers Tablet.

TWENTY-FIRST DYNASTY.
B. KINGS OF TANIS.

1. Nes-ba-neb-Ṭeṭṭeṭ.

I. Horus name	KA-NEKHT-RĀ-MERI-S-USER-ÅMEN-KHEPESH-F-ER-SEQA-MAĀT.
II. N-U name	SEKHEM-PEḤTI-ḤU-REQIU-F-HAB-TUF-ḤEPT-EM-...-KHESEF-ṬENṬEN.
III. Golden Horus name	...
IV. Suten Båt name	RĀ-ḤETCH-KHEPER-SETEP-EN-RĀ.
V. Son of Rā name	NES-BA-NEB-ṬEṬṬEṬ-MERI-ÅMEN.

I.  Daressy, *Recueil*, X, p. 135.

II. 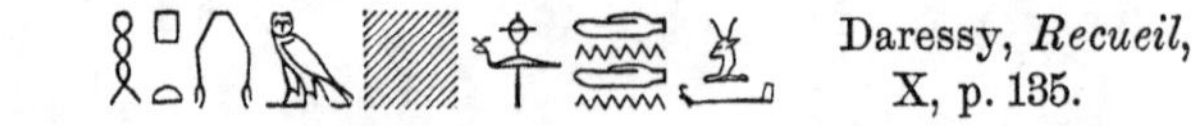
 Daressy, *Recueil*, X, p. 135.

IV. Daressy, *Recueil*, X, 135; XXI, 11.

V. 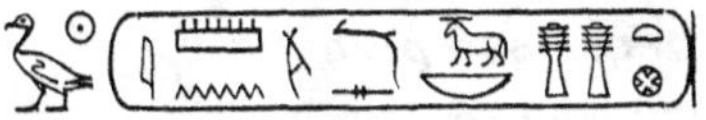 Daressy, *Recueil*, X, 135 ; XXI, 11.

Thent-Åmen, wife of *Nes-ba-neb-Ṭeṭṭeṭ*.

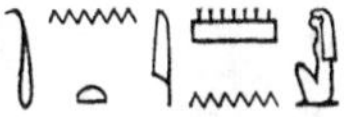 *Recueil*, XXI, 76, l. 4.

Rā-tȧa-kheperu-setep-en-Rā Pasebkhānut I Meri-Åmen.

 Daressy, *Recueil*, XXI, p. 11.

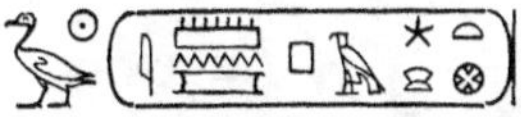 Lepsius, *Auswahl*, plate XV *a*.

 Statue in the British Museum, No. 8.

Rā-kheper-khā-setep-en-Åmen Pai-netchem (*III*).

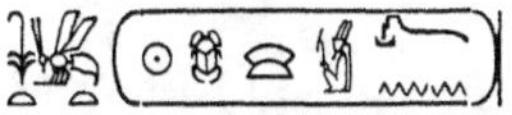 Daressy, *Recueil*, XXI, p. 12.

 *Ibid.*

Rā-user-Maāt-setep-en-Åmen Åmen-em-Åpt-meri-Åmen.

IV.  Mariette, *Monuments*, pl. 102 *b*.

V. 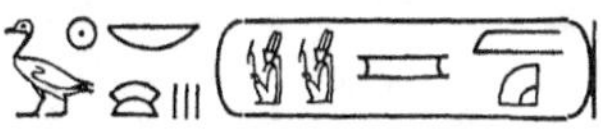 *Ibid.*

 Wiedemann, *Aeg. Zeit.*, 1882, p. 86.

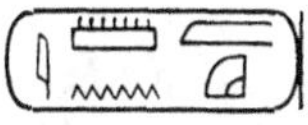 Daressy, *Annales*, VIII, 28, 31, 32, 35, 38.

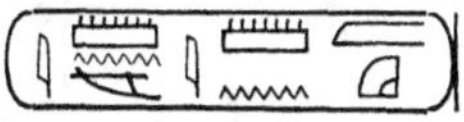 *Ibid.*, 33.

Rā-neter-kheper-setep-en-Åmen Sa-Åmen-meri-Åmen.

IV.  Petrie, *Tanis*, pt. II, plate 8, No. 145.

V.  *Ibid.*

Pasebkhānut (II).

I. Horus name — KA-NEKHT-EM-ṬĀṬĀ-ÅMEN.
II. N-U name — ...
III. Golden Horus name — ...
IV. Suten Båt name — RĀ - ĀA - KHEPER - SETEP - EN - MENTHU (or ÅMEN).
V. Son of Rā name — PASEBKHĀNUT-MERI-ÅMEN.

I.  Inscription at Tanis (de Rougé, *Inscrip. Hiér.*, vol. 1, plate 35, Paris 1877).

IV.  De Rougé, *ibid.*

V. 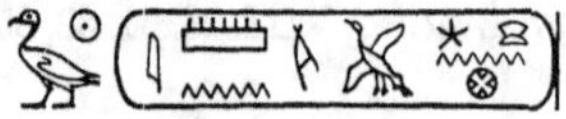 De Rougé, *ibid.*; Mariette, *Monuments*, plate 102 *c*.

THE TWENTY-SECOND DYNASTY.
FROM BUBASTIS.

The Libyan *Buiu-uaua*, founder of the Dynasty.

Stele of Ḥeru-pa-sen, Mariette, *Sérapéum*, plate 31.

Great prince, *Maauasan*, son of *Buiu-uaua*.

Stele of Ḥeru-pa-sen.

Great prince, *Nebenshȧ*, grandson of *Buiu-uaua*.

Stele of Ḥeru-pa-sen.

Great prince, *Pathut*, great-grandson of *Buiu-uaua*.

Stele of Ḥeru-pa-sen.

Great prince, *Shashanq*, great-great-grandson of *Buiu-uaua*.

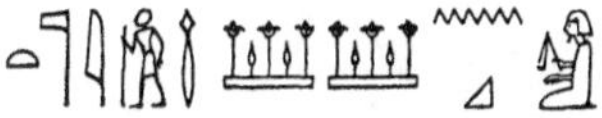

Stele of Ḥeru-pa-sen.

***Meḥt-usekht-meri-Mut*, high-priestess of *Ȧmen*, and wife of *Shashanq*.**

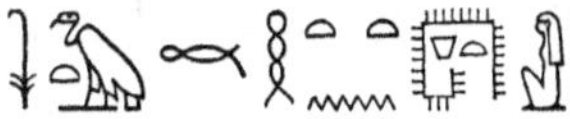

Stele of Ḥeru-pa-sen.

Lepsius, *K.*, No. 574.

Great prince, *Namareth*,
great-great-great-grandson of *Buiu-uaua*.

 Stele of Ḥeru-pa-sen.

Thent-sepeḥ, wife of *Namareth*.

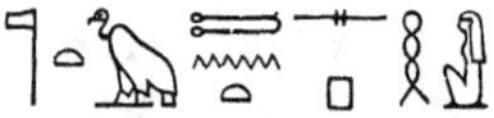 Stele of Ḥeru-pa-sen.

The Stele of *Ḥeru-pa-sen*.

1. 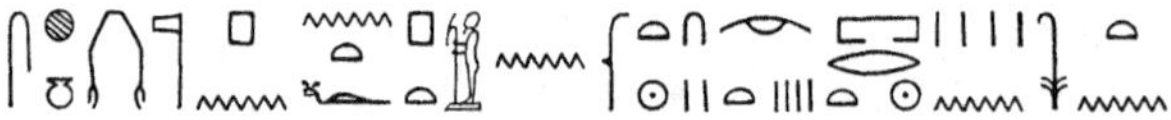

2. 

3. 

4. 

5.

6.

7.

8.
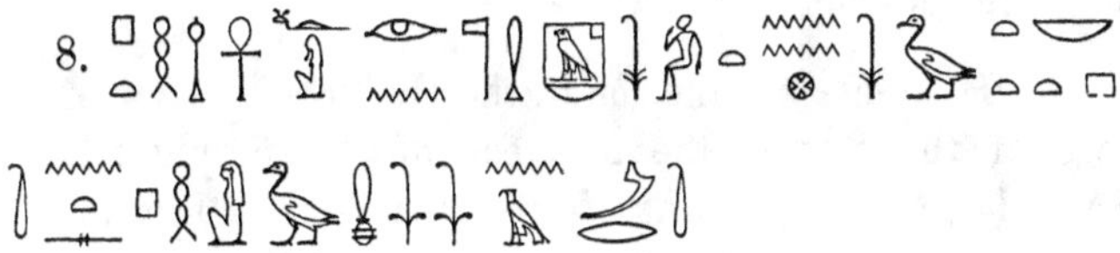

9.
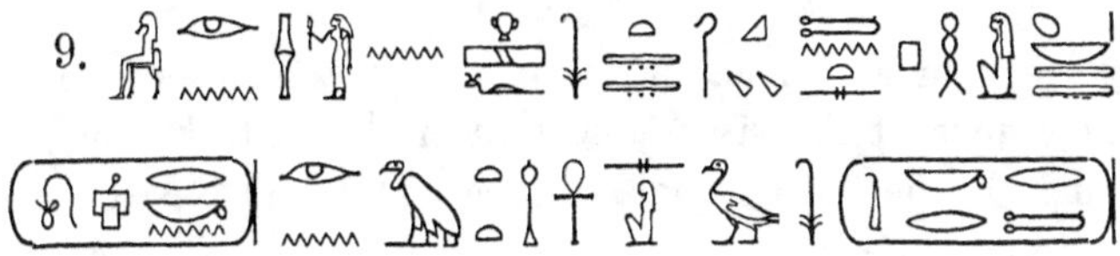

10.

11. 

12. 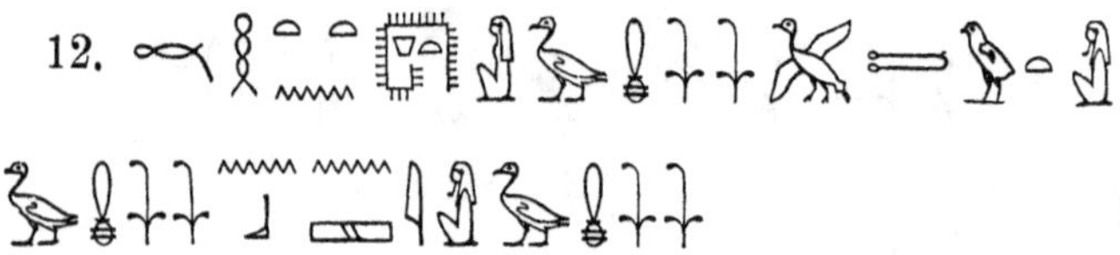

13.  etc.

The genealogical portion of the inscription of Ḥeru-pa-sen reads thus:

I. 4 "Ḥeru-pa-sen, the son of the Ḥā Prince, the over-"seer of the South, the overseer of the prophets of "Suten-ḥenen, the governor 5 of the soldiers, Ptaḥ-ḥen, "born of a priest[ess] of Hathor, Lady of Suten-ḥenen, "his sister (*i. e.* wife) Merti-ru;

"6 son of a man of like rank, Ḥeru-pa-sen, born of "the leader of the sistrum-bearers of the god Ḥer-shef, "King of the Two Lands, Prince of the Two Lands, "7 Petpet-ṭāṭā-s;

"son of a man of like rank, Ptaḥ-ḥen, made of Tcha-"en-ka-Qemt;

"son of a man of like rank, 8 Ptaḥ-ḥetch-ānkh-f, "made of a priest[ess] of Hathor, Lady of Suten-ḥenen, "the royal daughter, the lady of the house, Thent-sepeḥ;

"son of a man of like rank, NAMARETH, 9 made "of the leader of the sistrum-bearers of the god Ḥer-"shef, King of the Two Lands, Prince of the Two "Lands, THENT-SEPEḤ;

"son of the Lord of the Two Lands (UASARKEN), "made of Mutet-ḥetch-ānkh-s;

"son of the Suten (THEKRERETH), [and] of 10 the "divine mother Sheps;

"son of the Suten (UASARKEN), [and] of the divine "mother Ta-sheṭ-Khensu;

"son of the Suten (SHASHANQ), [and] of the divine "mother 11 Karāmāt.

II. "The divine father, the Great Prince, NAMARETH "[and] the divine mother, THENT-SEPEḤ;

"son of a man of like rank, SHASHANQ, made of the "royal mother 12 Meḥtet-en-usekh;

"son of a man of like rank, PATHUT;

"son of a man of like rank, NEBENSHȦ;

"son of a man of like rank, 13 MAAUASAN;

"son of Theḥen BUIU-UAUA."

1. Shashanq I (Shishak).

I. Horus name	KA-NEKHT-RĀ-MERI-SEKHĀ-F-EM-SUTEN-SMA-TAUI.
II. N-U name	KHĀ-EM-SEKHET-MȦ-ḤERU-SA-ȦST-SEḤETEP-NETERU-EM-MAĀT.
III. Golden Horus name	SEKHEM-PEḤTI-ḤU-PEṬ-PAUT-UR-NEKHT-TAIU-NEBU.
IV. Suten Bȧt name	RĀ-ḤETCH-KHEPER-SETEP-EN-RĀ.
V. Son of Rā name	SHASHANQ-MERI-ȦMEN, or SHASHAQ.

I. 

Temple at Karnak, L. D., III, 253 *a*.

II. 

Rock at Silsilah, L. D., III, 254 *c*, 255 *c*.

III. 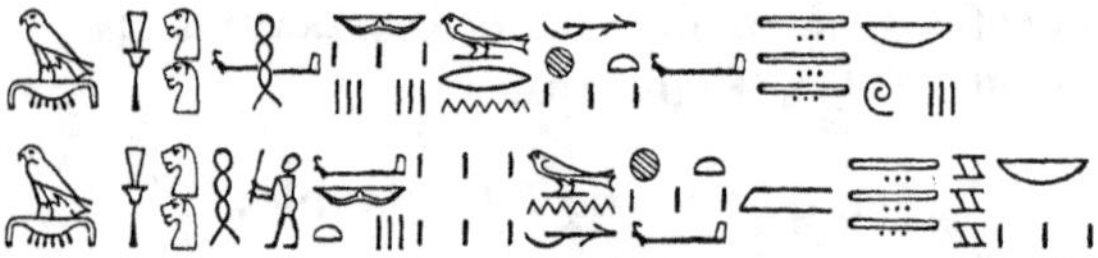

Rock at Silsilah, L. D., III, 254 *c*, 255 *c*.

IV. 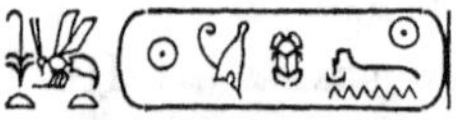

Temple of Karnak, L. D., III, 253 *a*, 255 *c*.

Scarab in a ring in the British Museum. Old number 2938 *a*, new number 14345.

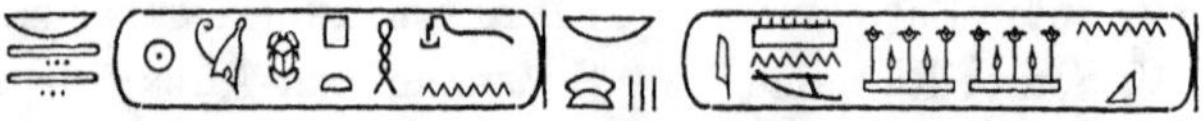

Daressy, *Recueil*, XXII, p. 145.

V. 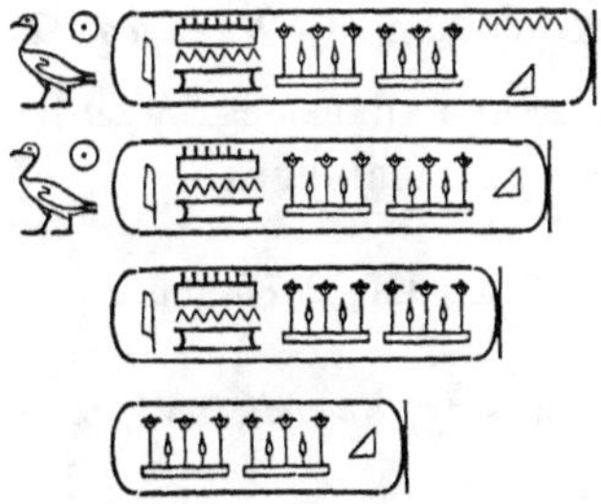

Temple of Karnak, rock at Silsilah, etc., L. D., III, 253—255.

Karāmāt, high-priestess of ***Åmen***, wife of ***Shashanq I***, and daughter of ***Pasebkhānut II***.

Mariette, *Sérapéum*, plate 31.

Åuuapeth, high-priest of ***Åmen***, son of ***Shashanq I***.

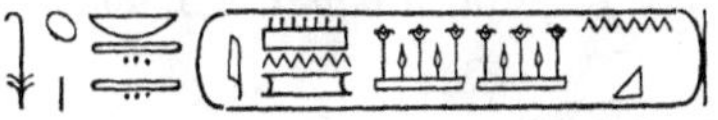

Temple of Karnak, rock at Silsilah, L. D., III, 253—255.

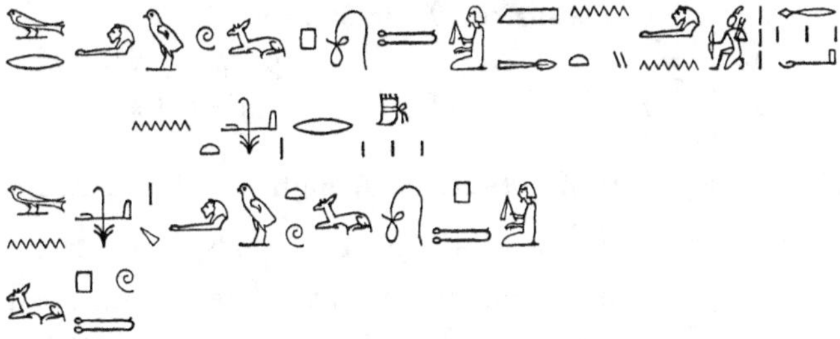

Nes-khensu-pa-khart, son of ***Åuuapeth***.

Legrain, *Annales*, VI, 124.

2. *Uasarken I* (*Osorkon*), son of *Shashanq I.*

IV. Suten Bȧt name RĀ-SEKHEM-KHEPER-SETEP-EN-RĀ.
V. Son of Rā name UASARKEN-MERI-ȦMEN.

IV. 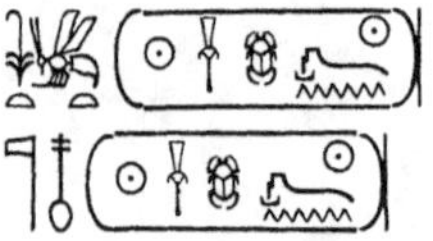

L. D., III, 257 *b* and *c*.

Daressy, *Recueil*, XVI, p. 57.

V. 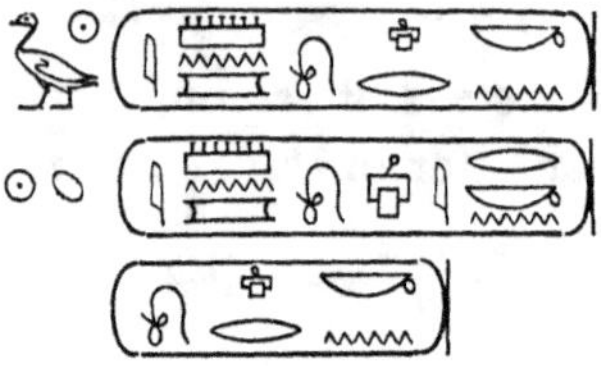

Temple of Karnak, L. D., III, 257 *b* and *c*; Quay at Karnak, Legrain, *Aeg. Zeit.*, 1896, p. 111, No. 2.

Thent-sȧ,
wife of *Uasarken* and mother of *Thekeleth III.*

Legrain, *Annales*, VII, 46.

Ta-sheṭ-Khensu,
wife of *Uasarken I,* or of *Thekeleth I.*

Mariette, *Sérapéum*, plate 31.

Shashanq, son of *Uasarken I,* high-priest of *Ȧmen.*

1. High-priest of Ȧmen-Rā, king of the gods, SHASHANQ.
2. Duke SHASHANQ-MERI-ȦMEN, who was the general of all the mighty bowmen of Egypt, son of the lord of the two lands, the lord, maker of things, UASȦRKEN; his mother was MAĀT-KA-RĀ, the daughter of PA-SEB-KHĀ-NUṬ.

1. 

2. 

Statue to Ḥāpi in the British Museum.

Nesta-Utchat-khut,
wife of *Shashanq*, son of *Uasarken I.*

Livre des Rois, No. 610.

Uasarken, son of *Nesta-Utchat-khut.*

Papyrus at St. Petersburg.

Ḥeru-sa-Ȧst, son of *Uasarken.*

Livre des Rois, No. 612.

Nemareth, the general, son of *Uasarken I.*

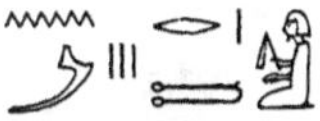

L. D., III, 257.

3. *Thekeleth I.*

I. Horus name	UATCH-TAUI.
II. N-U name	UATCH-TAUI.
III. Golden Horus name	UATCHIU...
IV. Suten Bȧt name	RĀ-USER-MAĀT-SETEP-EN-ȦMEN.
V. Son of Rā name	THEKLETATH.

I.  Legrain, *Recueil*, XXII, p. 128.

II.  Temple of Osiris at Karnak, Legrain, *Recueil*, XXII, p. 130.

III.  Legrain, *Recueil*, XXII, p. 130.

IV. 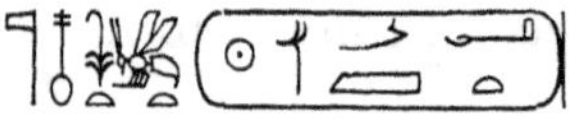 Legrain, *Recueil*, XXII, p. 128.

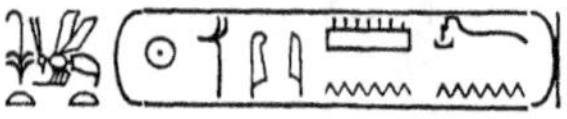

 Figure in the British Museum, No. 37326.

V. 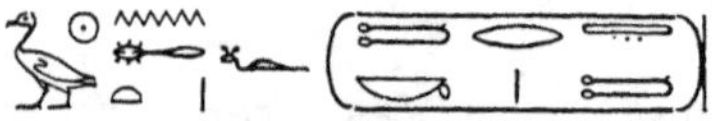 Legrain, *Recueil*, XXII, p. 128.

 Figure in the British Museum, No. 37326.

 Legrain, *Recueil*, XXII, p. 130.

Mut-em-ḥāt Karmāmā*, wife of *Thekeleth I.

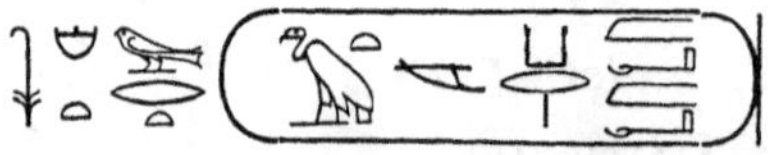 L. D., III, 256*a*.

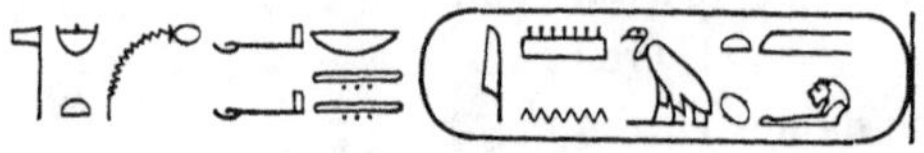 Pierret, *Recueil*, tome I, p. 40.

 *Ibid.*

Sheps,* or *Ta-Sheps,
a royal mother, wife of *Thekeleth I.*

Stele of Ḥeru-pa-sen.

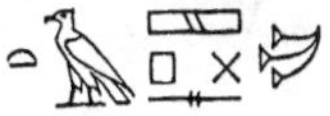

Legrain, *Recueil*, XXVIII, p. 30.

Nemureth,* son of *Thekeleth I.

Lieblein, *Dict.*, 1014.

Shep-en-Sepṭ,* daughter of *Thekeleth I.

Quibell, *Ramesseum*, plate 27, No. 7.

Uasarken,* son of *Thekeleth I.

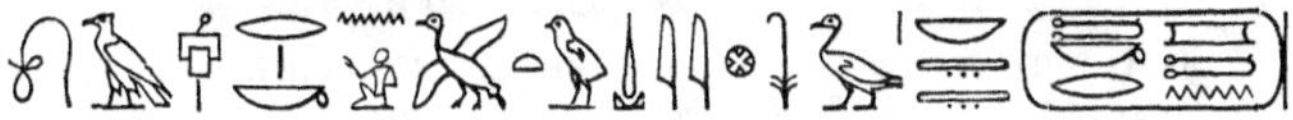

Uasarken,* son of *Thekeleth* and *Karmāmā.

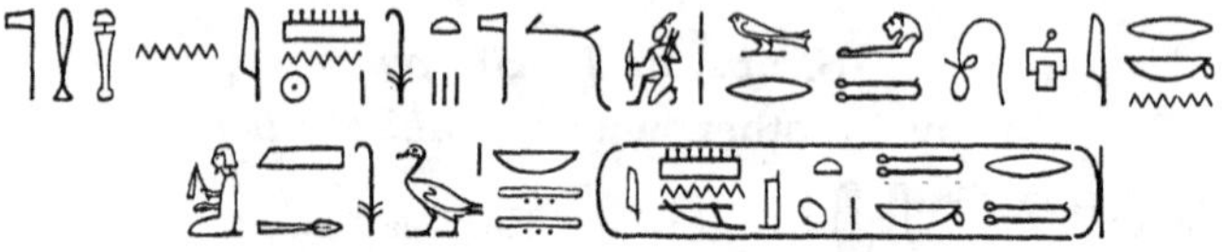

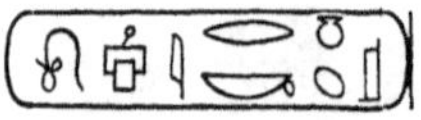 Legrain, *Annales*, VII, 46.

Tcheṭ-Ptaḥ-åf-ānkh,
son of *Thekeleth* and *Karmāmā.*

Karāmātet, daughter of *Thekeleth* and *Karmāmā.*

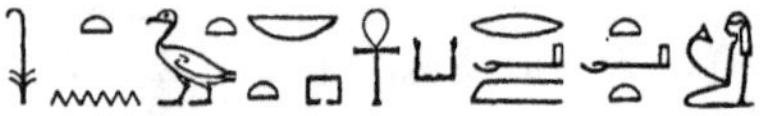

4. *Uasarken-sa-Bast* (*Uasarken II*).

I. Horus name	Ka-nekht-meri-Maāt.
II. N-U name	Sma-peshti-må-sa-Åst.
III. Golden Horus name	Ur-peḥti-ḥu-Mentiu.
IV. Suten Båt name	Rā-user-Maāt-setep-en-Åmen.
V. Son of Rā name	Uasarken-sa-Bast (or Åst)-meri-Åmen.

I.  Temple at Karnak.  Legrain, *Recueil*, XXVIII, p. 30.

II. 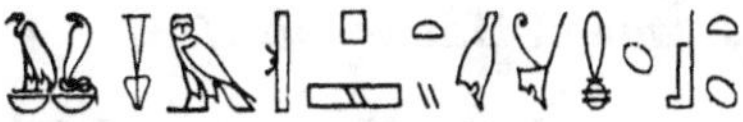

Legrain, *Recueil*, XXVIII, p. 30.

III. 

Legrain, *Recueil*, XXVIII, p. 30.

IV. 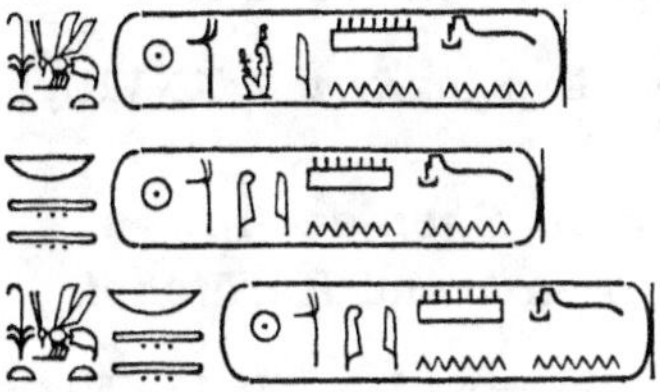

Legrain, *Recueil*, XXII, p. 128.

Ibid., XXVIII, p. 30.

V. 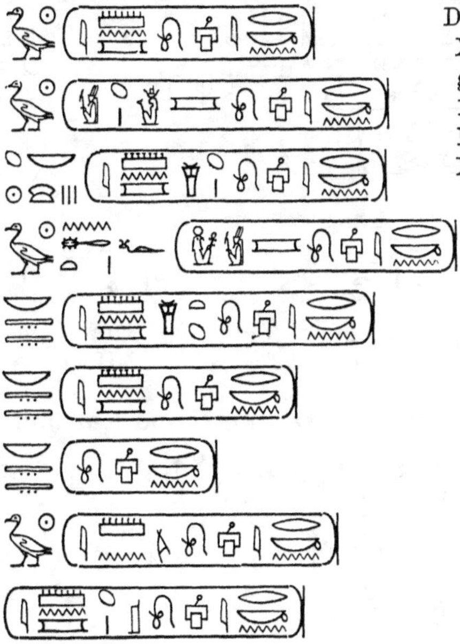

Daressy, *Recueil*, XVIII, 181; Legrain, *Aeg. Zeit.*, 1896, p. 111; Daressy, *Recueil*, XXIII, p. 132; Legrain, *Recueil*, XXVIII, p. 30.

Karāmā, wife of *Uasarken II.*

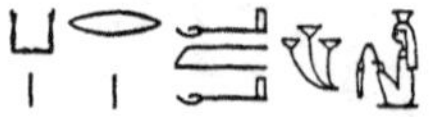

Canopic Jar, L. D., III, 256 *b*.

Legrain, *Annales*, IV, 183.

Karātchat, wife of *Uasarken II.*

Legrain, *Recueil*, XXVIII, p. 30.

Ȧmen-khnem-ȧb Shep-en-Ȧpt, daughter of *Uasarken II* and *Karātchet*.

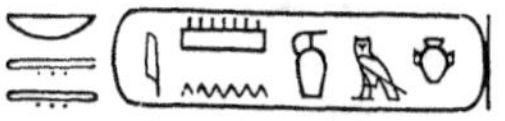

Legrain, *Recueil*, XXVIII, p. 30.

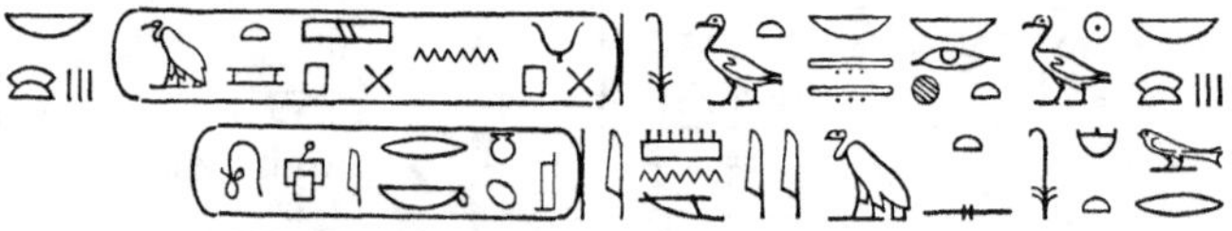

Ibid.

Shep-en-ȧpt.

Legrain, *Annales*, VII, 46.

Shashanq, son of *Uasarken II* and *Karāmā*.

Meḥt-usekh-meri-Mut, wife of *Uasarken II.*

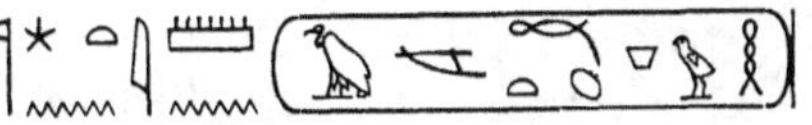

L. D., III, 256 *d.*

Ȧst-en-khebit, wife of *Uasarken II.*

L. D., III, 255 *h.*

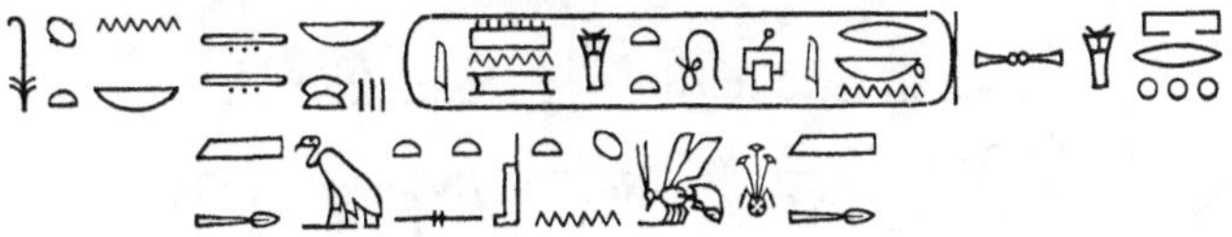

Mut-ḥetch-ānkh-s, wife of *Uasarken II*

(mother of Thekeleth II according to Legrain, *Annales*, VII, 47).

Stele of Ḥeru-pa-sen.

Namareth, son of *Uasarken II* and *Mut-ḥetch-ānkh-s.*

1. 

Figure at Karnak.

2. 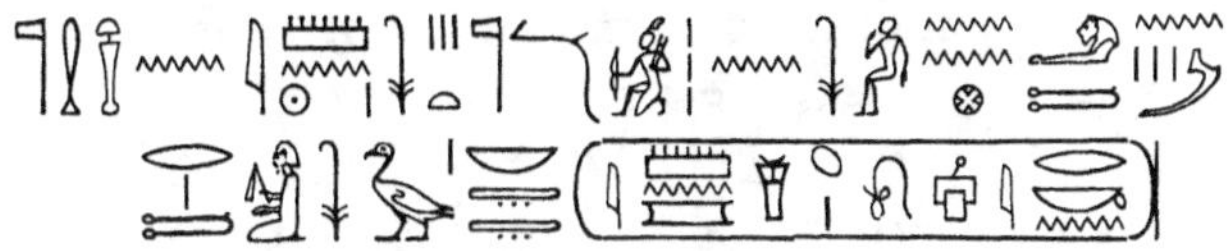

Khnem-ȧb-Ȧmen Shep-ben-Ȧpt.

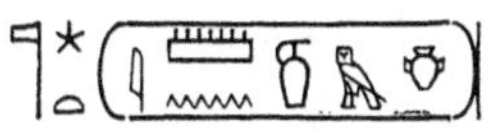

Legrain, *Recueil*, XXII, p. 131.

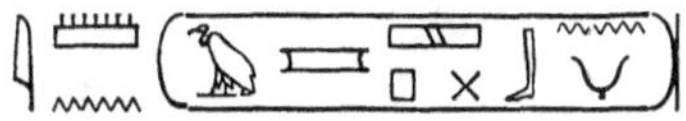

Tashā-kheper, daughter of *Uasarken II.*

 Naville, *Bubastis*, pl. 42 *c*.

Karāmāt, daughter of *Uasarken II.*

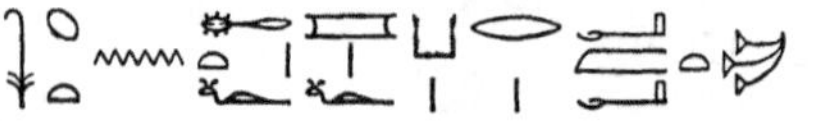 Naville, *Bubastis*, pl. 42 c.

...-*ȧrmer*, daughter of *Uasarken II.*

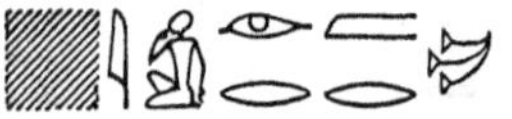 Naville, *Bubastis*, pl. 42 *c*.

Thes-Bast-peru, daughter of *Uasarken II.*

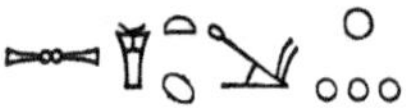 L. D., III, 255 *h*.

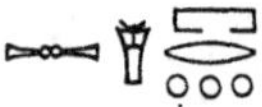 L. D., III, 255 *e*.

Thent-sepeḥ, daughter of *Uasarken II.*

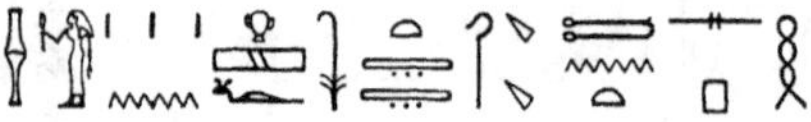 Stele of Ḥeru-pa-sen.

Ptaḥ-ḥetch-ānkh-f,
son of *Namareth* and *Thent-sepeḥ*.

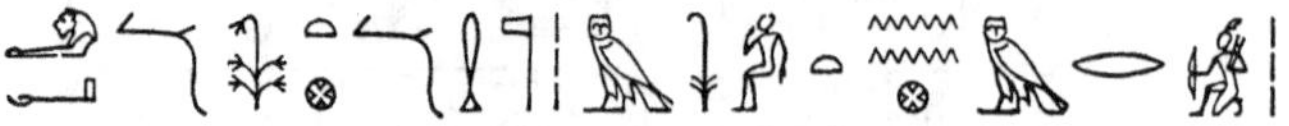

 Stele of Ḥeru-pa-sen.

Thent-sepeḥ, wife of *Ptaḥ-ḥetch-ānkh-f*.

Stele of Ḥeru-pa-sen.

Ptaḥ-ḥen, son of *Ptaḥ-ḥetch-ānkh-f* and *Thent-sepeḥ.*

Stele of Ḥeru-pa-sen.

Tcha-en-ka-Qemt, wife of *Ptaḥ-ḥen.*

Stele of Ḥeru-pa-sen.

Ḥeru-pa-sen, son of *Tcha-en-ka-Qemt* and *Ptaḥ-ḥen.*

Mariette, *Sérapéum*, plate 31.

Petpet-ṭāṭās, wife of *Ḥeru-pa-sen.*

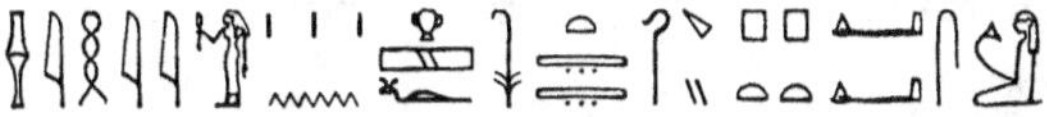

Stele of Ḥeru-pa-sen.

Ptaḥ-ḥen, son of *Ḥeru-pa-sen* and *Petpet-ṭāṭās.*

Stele of Ḥeru-pa-sen.

Merti-ru, wife of *Ptaḥ-ḥen.*

Stele of Ḥeru-pa-sen.

Ḥeru-pa-sen, son of *Ptaḥ-ḥen* and *Merti-ru.*

Stele of Ḥeru-pa-sen.

Åuuareth, son of *Uasarken.*

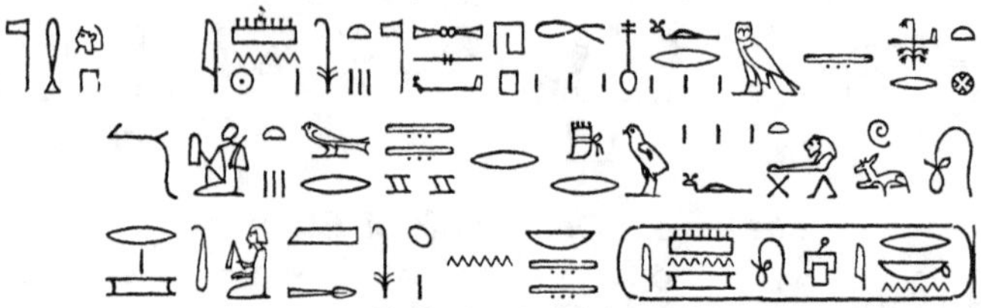

Stele in the British Museum, No. 1224.

Shepset-ṭent, sister of the preceding.

Stele in the British Museum, No. 1224.

Ḥeru-sa-Åst, a contemporary of *Uasarken II.*

I. Horus name	KA-NEKHT-KHĀ-EM-MAĀT.
II. N-U name	...
III. Golden Horus name	...
IV. Suten Båt name	RĀ-ḤETCH-KHEPER SETEP-EN-ÅMEN.
V. Son of Rā name	ḤERU-SA-ÅST-MERI-ÅMEN.

I.  Legrain, *Annales du Service,* VI, 123.

IV.  Legrain, *Annales*, VI, 123.

V.  *Ibid.*

Peṭā-Bast.

I. Horus name ...
II. N-U name ...
III. Golden Horus name ...
IV. Suten Båt name USER-MAĀT-RĀ-SETEP-EN-ÅMEN.
V. Son of Rā name PEṬĀ-BAST-SA-BAST-MERI-ÅMEN.

IV.  Wiedemann, *Recueil*, VIII, 63.

V. 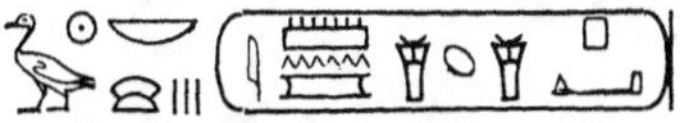 *Ibid.*

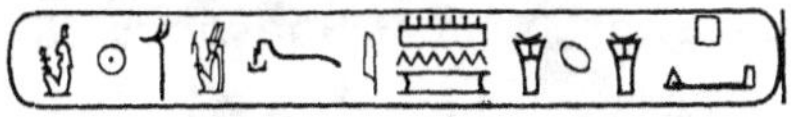 *Ibid.*

5. *Shashanq II*, son of *Uasarken II.*

I. Horus name USER-PEḤTI.
II. N-U name ...
III. Golden Horus name ...
IV. Suten Båt name RĀ-SESHESH-KHEPER-SETEP-EN-ÅMEN.
V. Son of Rā name SHASHA[NQ]-MERI-ÅMEN.

I.  Fragment in the British Museum (Birch, *Aeg. Zeit.*, X, 122).

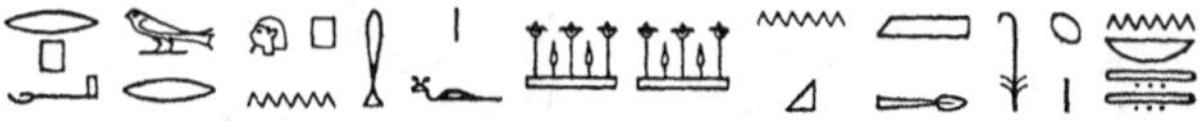

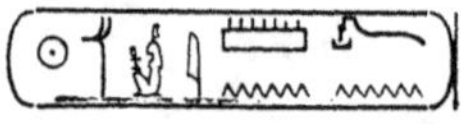

Chassinat, *Recueil*, XXII, p. 10.

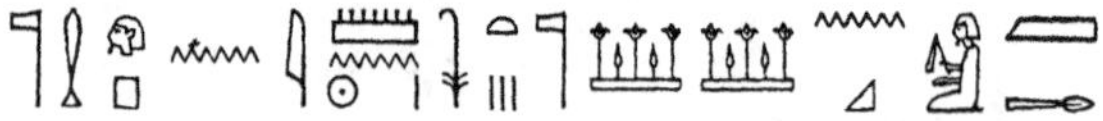

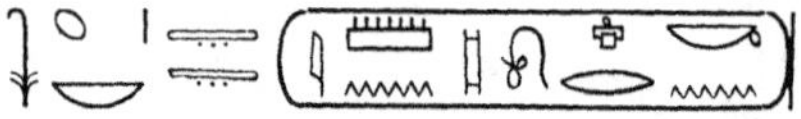

Alnwick Collection (Birch, p. 34).

IV. 

Stele in Florence (Berend, *Principaux Monuments*, Pt. 1, Paris, 1882, p. 78, No. 2577).

V. 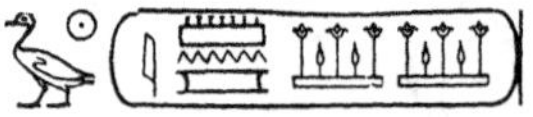

Nes-ta-neb-åshert,* wife of *Shashanq II.

Alnwick Collection, No. 313 (Birch, p. 34).

Ḥeru-sa-Åst,

son of *Shashanq II* and *Nes-ta-neb-åshert.*

Alnwick Collection, No. 313 (Birch, p. 34).

6 (?). *Thekeleth II.*

I. Horus name — KA-NEKHT-KHĀ-EM-UAST.

II. N-U name — ...

III. Golden Horus name — ...

IV. Suten Båt name — RĀ-ḤETCH-KHEPER-SETEP-EN-RĀ-MERI-ÅMEN.

V. Son of Rā name — THEKLETH-MERI-ÅMEN-MERI-ÅST.

I.

Legrain, *Annales*, III, p. 66.

IV.

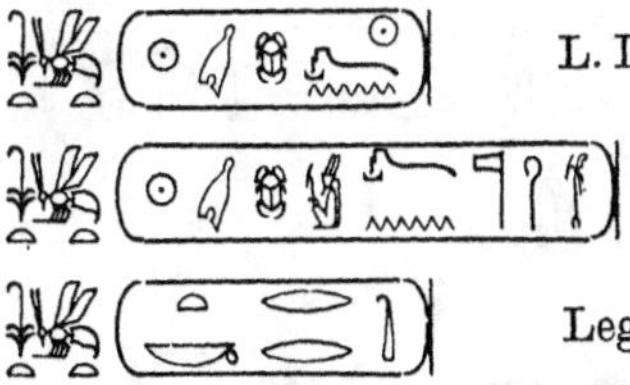

L. D., III, 255—257.

Legrain, *Annales*, IV, p. 183.

V.

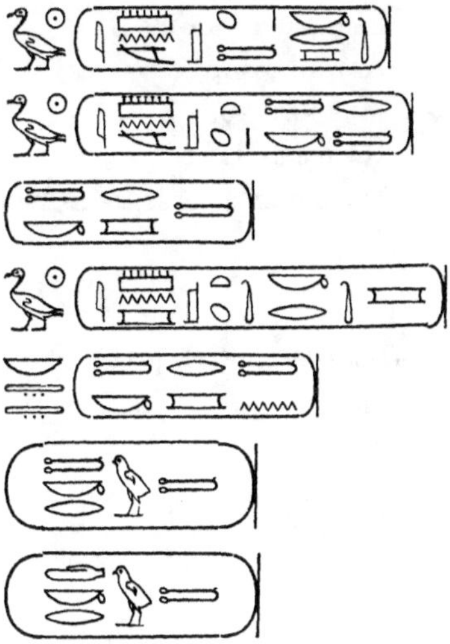

Temple at Karnak, etc., L. D., III, 255—257; Legrain, *Annales*, III, 66; Daressy, *Recueil*, XVIII, 52.

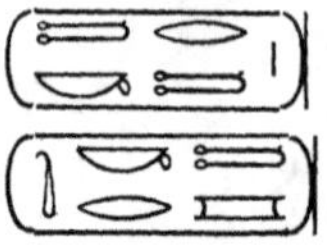

Åri-Bast-tchāāu, daughter of *Thekeleth II.*

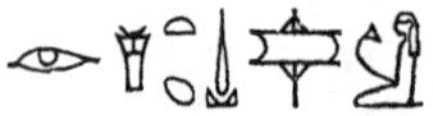 Mariette, *Monuments*, plate 77 *a.*

Thekeleth, Great Chief of the *Māshauasha.*

7 (?). *Uasarken-sa-Åst.*

I.	Horus name	KA-NEKHT-KHĀ-EM-UAST.
II.	N-U name	ÅST-ÅB-TAUI.
III.	Golden Horus name	MES-NETERU.
IV.	Suten Bȧt name	RĀ-USER-MAĀT.
V.	Son of Rā name	UASARKEN-SA-ÅST-MERI-ÅMEN.

I.  Legrain, *Recueil*, XXVIII, p. 30.

II.  Legrain, *Recueil*, XXVIII, p. 30.

III.  *Ibid.*

IV.  *Ibid.*

V. 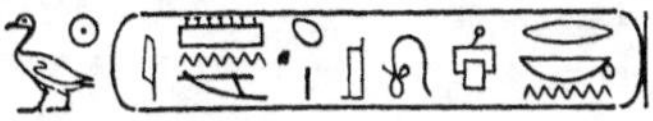 *Ibid.*

8 (?). *Thekleth-sa-Åst* (*Thekeleth III?*).

I. Horus name UATCH-TAUI.
II. N-U name UATCH-TAUI.
III. Golden Horus name UATCH-TAUI.
IV. Suten Båt name RĀ-USER-MAĀT-SETEP-EN-ÅMEN.
V. Son of Rā name THEKLETH-SA-ÅST-MERI-ÅMEN.

I.  Legrain, *Recueil*, XXVIII, p. 156.

II.  *Ibid.*

III.  *Ibid.*

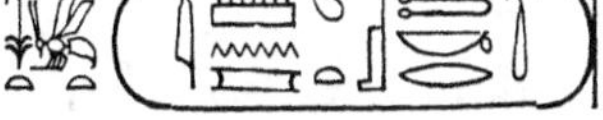 Legrain, *Annales*, VII, p. 156.

IV. 

Legrain, *Recueil*, XXVIII, p. 156.

V. 

Ibid.

9 (?). *Shashanq III.*

I. Horus name[1] ...
II. N-U name ...
III. Golden Horus name ...
IV. Suten Bât name Rā-user-Maāt-setep-en-Rā, or Ȧmen.
V. Son of Rā name Shashanq-sa-Bast-meri-Ȧmen-neter-ḥeq-Ȧnnu.

IV. 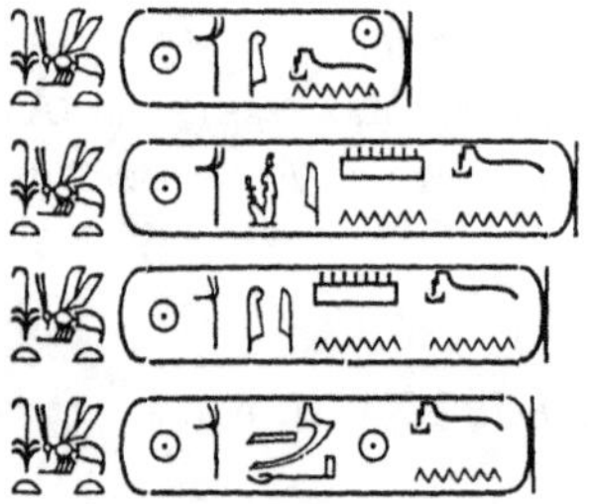

Chassinat, *Recueil*, XXII, 10; Daressy, *Annales*, IV, 284; L. D., III, 258; etc.

V. 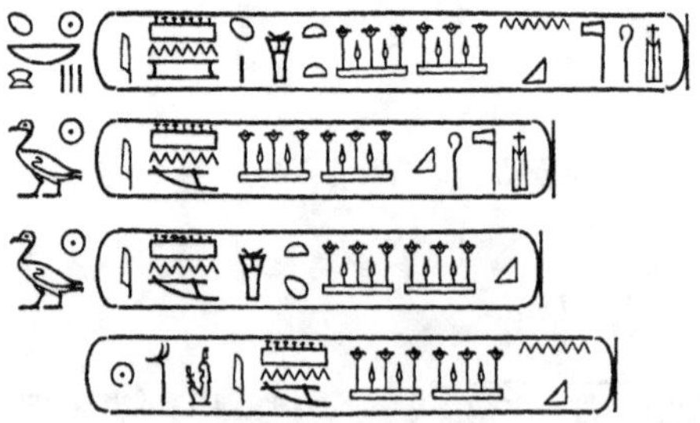

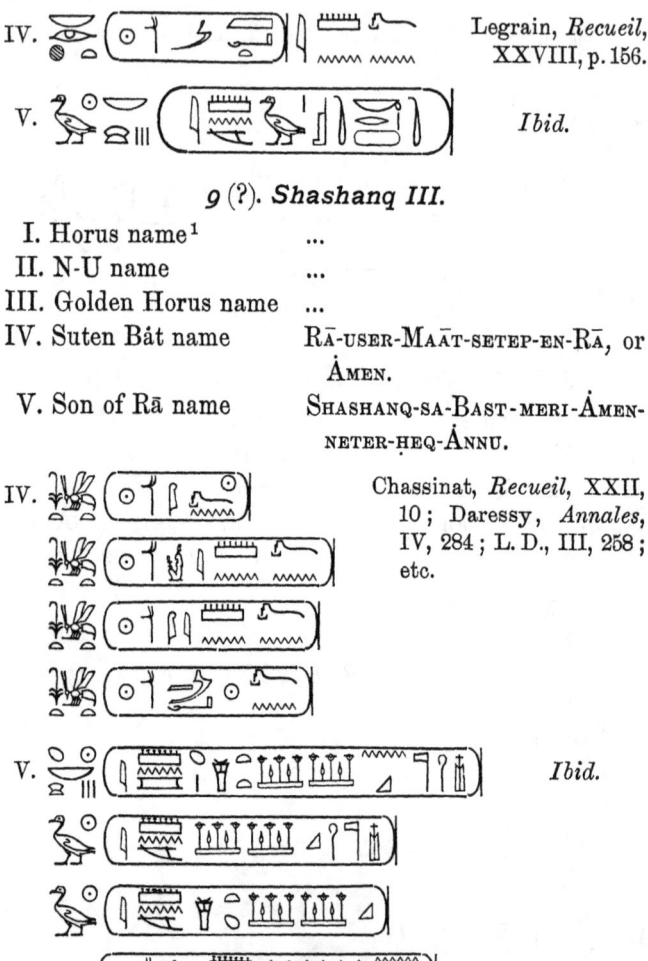

Ibid.

1. Perhaps Ka-nekht-Rā-meri. See Daressy, *Annales*, IV, 284.

10 (?). *Pa-mȧi.*

I. Horus name ...
II. N-U name ...
III. Golden Horus name ...
IV. Suten Bȧt name Rā-user-Maāt-setep-en-Ȧmen.
V. Son of Rā name Pa-mȧi-meri-Ȧmen.

IV. 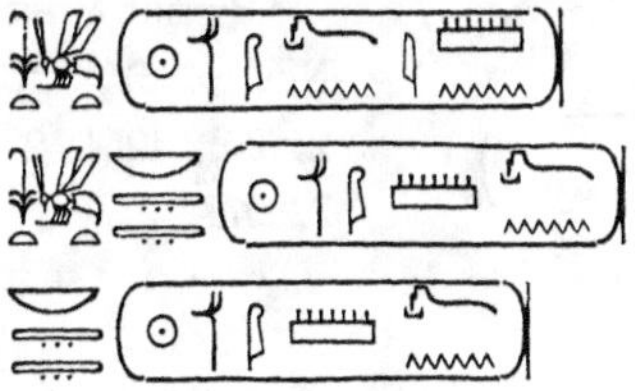

Mariette, *Sérapéum*, plates 26—28; Chassinat, *Recueil*, XXII, p. 11; etc.

V. 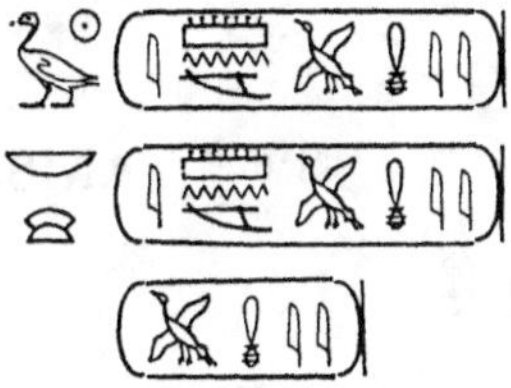

Ibid.

11 (?). *Shashanq IV.*

I. Horus name ...
II. N-U name ...
III. Golden Horus name ...
IV. Suten Bȧt name Rā-āa-kheper.
V. Son of Rā name Shashanq-meri-Ȧmen.

IV. 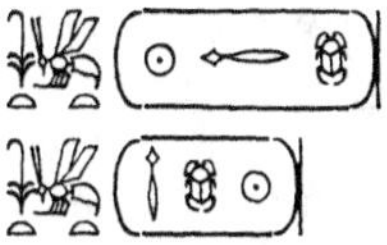

Mariette, *Monuments*, plate 70; J. de Morgan, *Catalogue*, p. 90; Mariette, *Sérapéum*, plates 29, 30, 31.

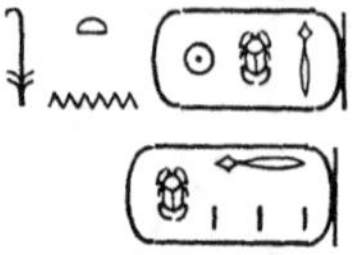

V. 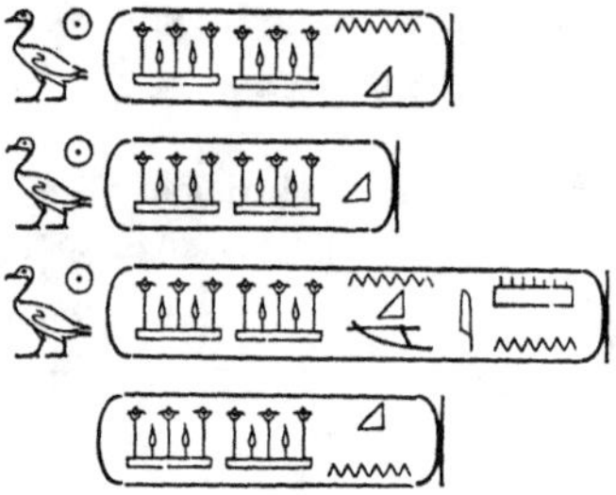

Mariette, *Monuments*, plate 70; Scarabs in the British Museum, Nos. 4361, 18520, 24230, 24254, 27280, 32307.

TWENTY-THIRD DYNASTY. FROM TANIS.

Peṭā-Bast.

IV. Suten Båt name Rā-seher-Åb.
V. Son of Rā name Peṭā-Bast.

IV. 

Shrine in the Louvre (Pierret, *Salle Historique*, p. 160, No. 649, Paris, 1889).

V. 

Legrain, *Aeg. Zeit.*, 1896, No. 26, p. 114.

Quay at Karnak.

Åuth, a contemporary of *Paṭā-Bast-meri-Åmen.*

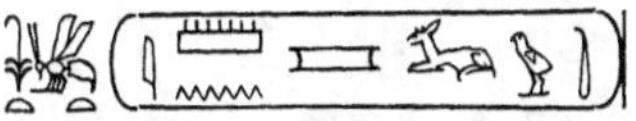

Legrain, *Aeg. Zeit.*, 1896, vol. XXXIV, p. 114.

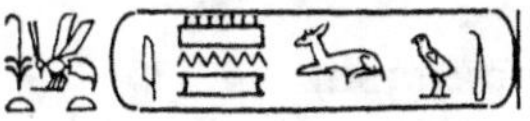

Uasarken III.

IV. Suten Båt name — RĀ-ĀA-KHEPER-SETEP-EN-ÅMEN.
V. Son of Rā name — UASARKENÅ-MERI-ÅMEN.

IV. 

Faïence ring at Leyden (Leemans, *Cat.*, I, 330).

V. 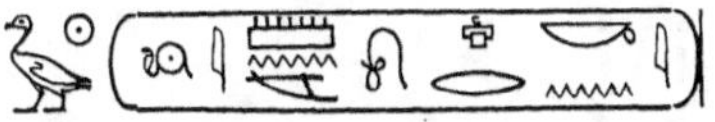

Faïence ring at Leyden.

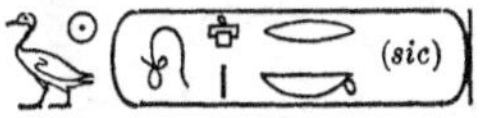

Gold aegis of Bast in the Louvre. (Cast in the British Museum, No. 34939.)

Ta-ṭā-Bast, wife or mother of *Uasarken III.*

Gold aegis of Bast in the Louvre. (Cast in the British Museum, No. 34939.)

Åuuareth,
son of *Uasarken III,* and high-priest of *Åmen.*

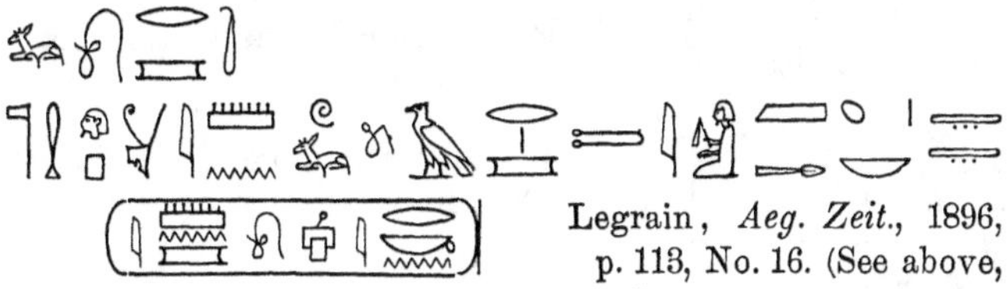

Legrain, *Aeg. Zeit.*, 1896, p. 113, No. 16. (See above, p. 52.)

Nes-ba-neb-Ṭeṭṭeṭ,
son of *Uasarken,* and high-priest of *Åmen.*

Inscription at Karnak (*Aeg. Zeit.*, XXXIV, p. 113).

Uasakuasa,
son of *Åuuareth,* and high-priest of *Åmen.*

Pectoral (Petrie, *H. E.*, p. 265).

Rā-user-Maāt Åmen-ruṭ, son of *Uasarken.*

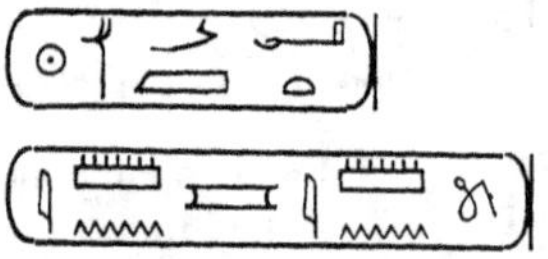

Legrain, *Recueil*, XXVIII, p. 30; *Recueil*, XIX, 20.

Rā-shepses Tafnekht I.

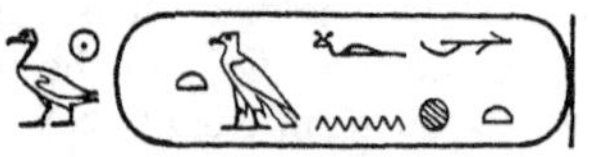

Mallet, *Recueil*, XVIII, p. 4 ff.

P-ānkhi, a Nubian king from Gebel Barkal.

IV. Suten Båt name }
V. Son of Rā name } P-ĀNKHI, or P-ĀNKHI-MERI-ÅMEN.

Stele in Cairo from Gebel Barkal (Mariette, *Monuments*, plates 1—6).

The following (Tafnekhth—Peṭā-Ȧst) were contemporaries of P-ānkhi, the Nubian :

Tafnekhth, prince of *Netert*.

Stele of P-ānkhi.

Nemareth, prince of *Ḥet-urt*.

Stele of P-ānkhi, line 17.

Nesthentmeḥ, wife of *Nemareth*.

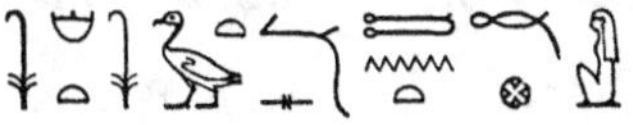

Stele of P-ānkhi.

Ȧuuapeth.

Stele of P-ānkhi.

Uasarken, king of *Pa-Bast* and *Uu-en-Rā-Nefert*.

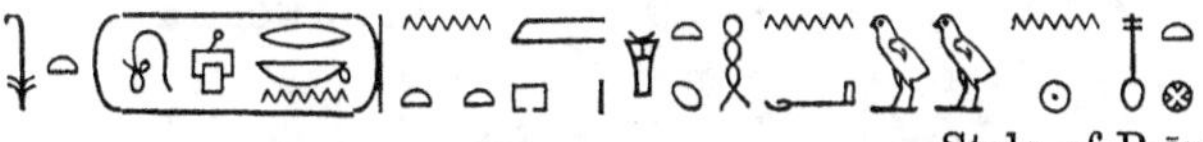

Stele of P-ānkhi.

Pef-tchāā-Bast.

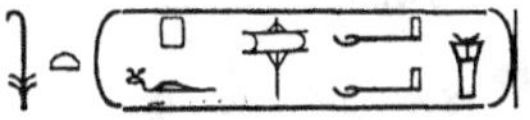

Stele of P-ānkhi.

Merkaneshu, Great Chief of the *Māshauāsha*.

Stele of P-ānkhi.

Tcheṭ-Åmen-åf-ānkh,
Great Chief of the *Māshauāsha.*

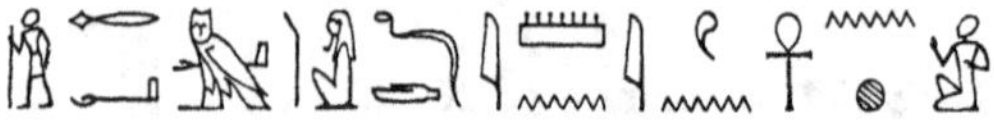

Stele of P-ānkhi.

Ānkh-Ḥeru, son of *Tcheṭ-Åmen-åf-ānkh.*

Stele of P-ānkhi.

Shashanq, Great Chief of the *Māshauāsha.*

Stele of P-ānkhi.

Tafnekhth, son of the Great Chief of the *Māshauāsha.*

Stele of P-ānkhi.

Pe-ma, Ḥā Prince and Chief of the *Māshauāsha.*

Stele of P-ānkhi.

Nekht-Ḥeru-en-shennu,
Ḥā Prince and Chief of the *Māshauāsha.*

Stele of P-ānkhi.

Pentaurt, Chief of the *Māshauāsha.*

Stele of P-ānkhi.

Penthbekhennu, Chief of the *Māshauāsha.*

Stele of P-ānkhi.

Ḥurebasa, a *Ḥā* Prince.

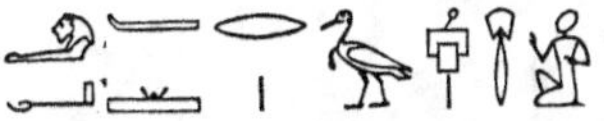 Stele of P-ānkhi.

Tcheṭtcheṭȧu, a *Ḥā* Prince.

 Stele of P-ānkhi.

Pa-bas, a *Ḥā* Prince.

 Stele of P-ānkhi.

Bakennifi, an *Erpā.*

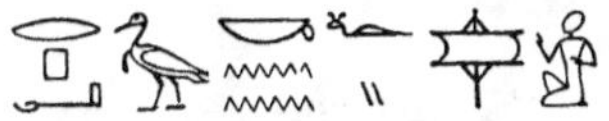 Stele of P-ānkhi.

Nes-na-qeti, Chief of the *Māshauāsha.*

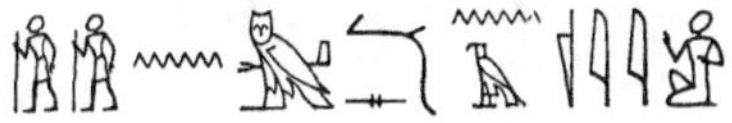 Stele of P-ānkhi.

Peṭā-Asṭȧ, an *Erpā.*

 Stele of P-ānkhi.

P-ānkhi.

IV. Suten Bȧt name Rā-user-Maāt.
V. Son of Rā name P-ānkhi-meri-Bast-uatch-taui.

IV.  Statue in Paris (Pierret, *Recueil,* I, 44).

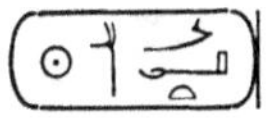 L. D., V, 14.

V.  Statue in Paris.

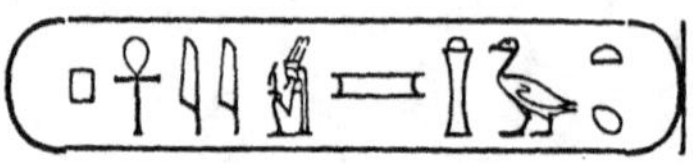 L. D., V, 14.

***Kenensat*, wife of *P-ānkhi* (*Rā-user-Maāt*, etc.).**

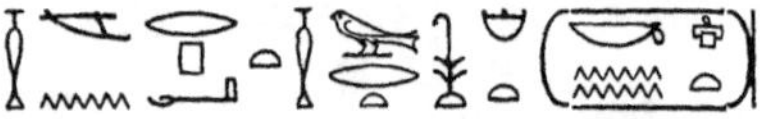 Pierret, *Recueil*, I, 44.

P-ānkhi.

I. Horus name	SEḤETEP-TAUI-F.
II. N-U name	...
III. Golden Horus name	...
IV. Suten Båt name	RĀ-SENEFER-F.
V. Son of Rā name	P-ĀNKHI.

I. 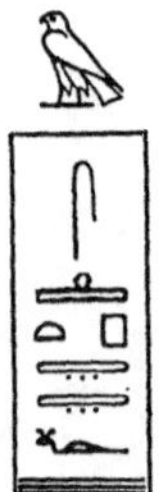 Altar at Gebel Barkal (without the *serekh*) L. D., V, 14.

IV.  Bandage in the British Museum, No. 6640. Altar L. D., V, 14.

V. 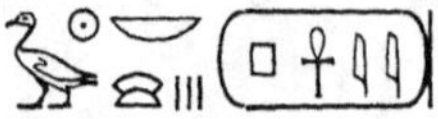 *Ibid.*

Kashta, son of *P-ānkhi-meri-Amen*.

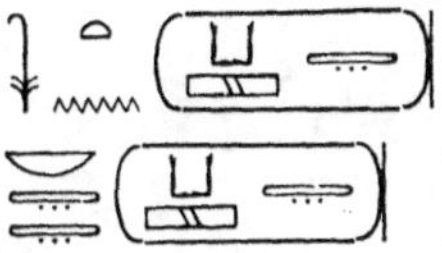

L. D., V, 1 *c*; and Daressy, *Recueil*, XXII, 142.

P-bathma, a wife of *Kashta*.

Daressy, *Recueil*, XXII, p. 142.

Shep-en-Åpt (*I*), a wife of *Kashta*.

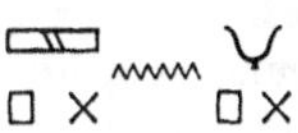

Golenischeff, *Ermitage*, p. 26.

Mut-khā-neferu Åmen-år-ṭās (*I*), daughter of *Kashta*.

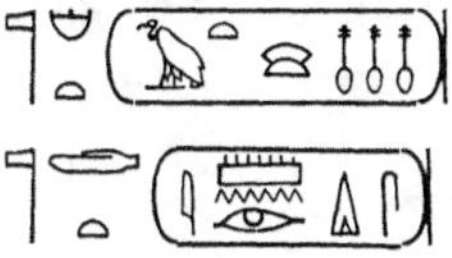

Steatite object in the British Museum, No. 29212.

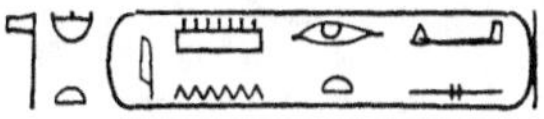

Statue in Cairo.

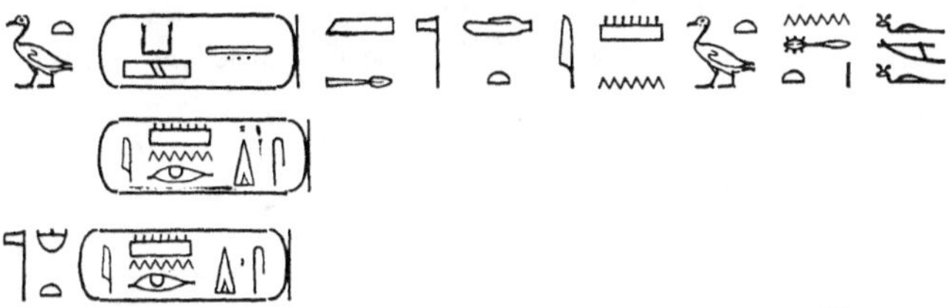

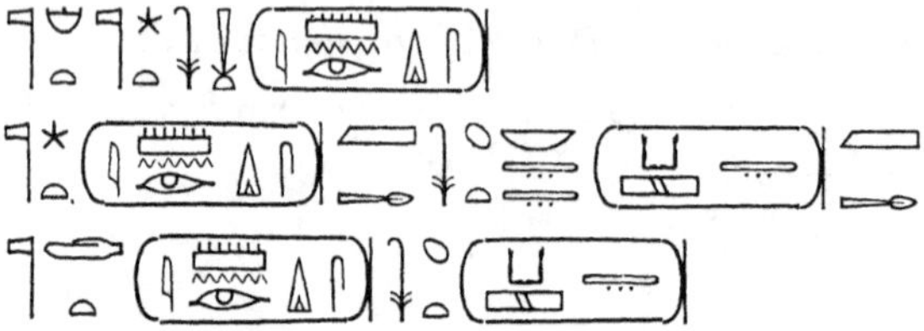

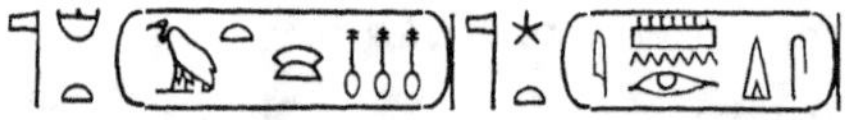

Bowl in the British Museum, No. 4701.

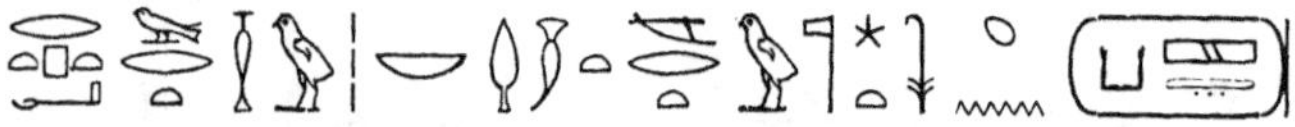

Figure of Åmenårṭās in the British Museum, No. 46699.

Alabaster bowl in the British Museum, No. 24709.

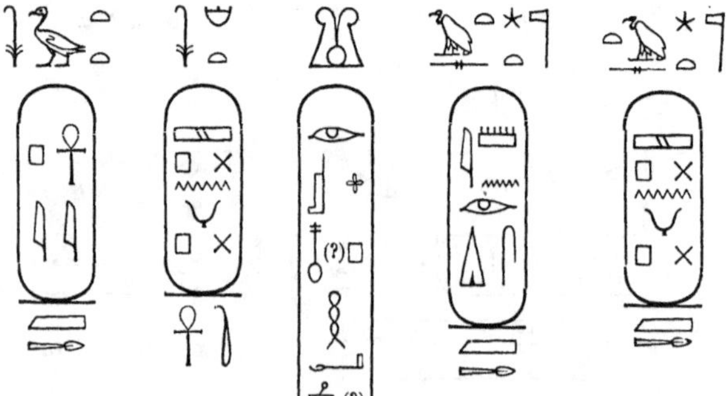

Base of a statue in the British Museum, No. 713.

Peksather, daughter of *Kashta*.

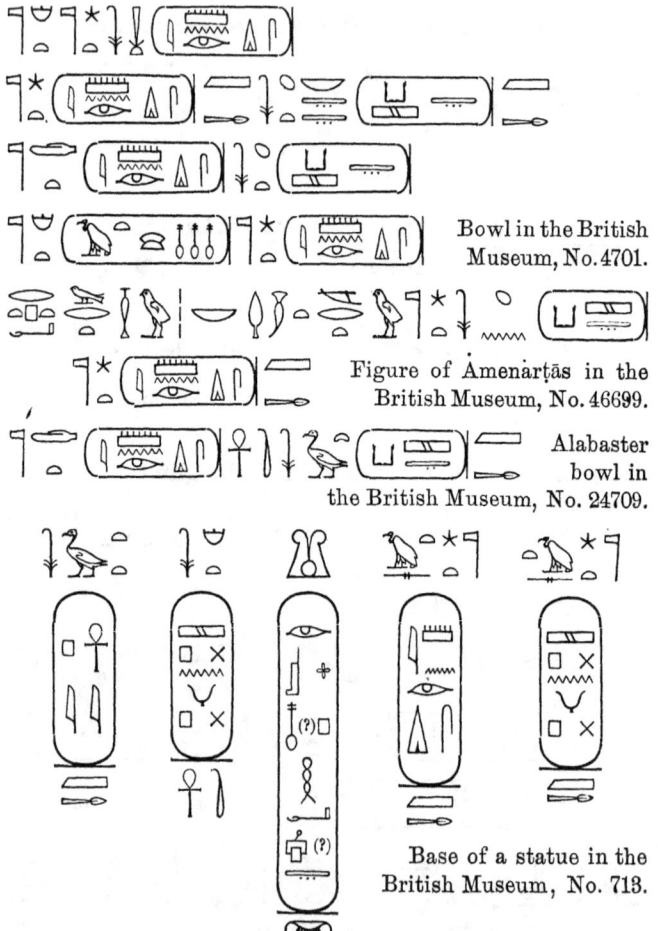

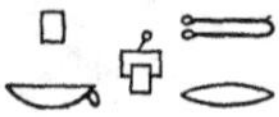

Daressy, *Recueil*, XXII, p. 142.

TWENTY-FOURTH DYNASTY. FROM SAÏS.

Tafnekht (*I*).

IV. Suten Båt name RĀ-SHEPSES.
V. Son of Rā name TAFNEKHT.

IV. 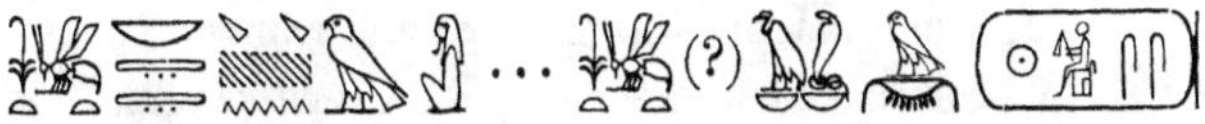

V. 

Stele in Athens, Mallet and Spiegelberg, *Recueil*, XVIII, p. 4; XXV, p. 191.

Bak-en-ren-f (*Bocchoris*).

IV. Suten Båt name RĀ-UAḤ-KA.
V. Son of Rā name BAK-EN-REN-F.

IV. 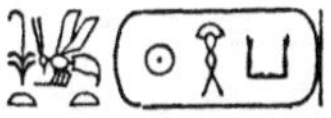

Stele from the Serapeum, Mariette, *Sérapéum*, plate 34.

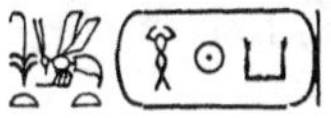

Lepsius, *Königsbuch*, 615 *b*.

V. 

Stele from the Serapeum, Mariette, *Sérapéum*, plate 34.

Lepsius, *Königsbuch*, No. 615 *b*.

Uaḥ-åb-Rā Tafnekht (*II*).

IV. Suten Båt name
V. Son of Rā name

IV. 

Inscription at Cairo (?).

V. 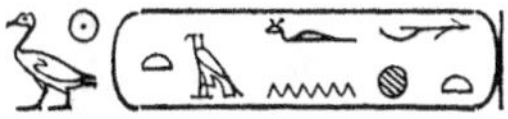

TWENTY-FIFTH DYNASTY. FROM NUBIA.

1. Shabaka, son of *Kashta*.

I. Horus name	SEQEB-TAUI.
II. N-U name	SEQEB-TAUI.
III. Golden Horus name	SEQEB-TAUI.
IV. Suten Båt name	RĀ-NEFER-KA-MERI-ÅMEN.
V. Son of Rā name	SHABAKA.

I. 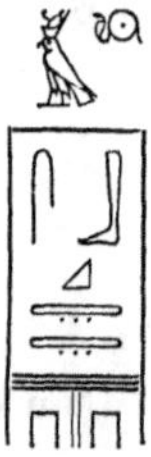 Karnak, L. D., V, 1 *a*.

II.  Great Temple at Karnak; Legrain, *Annales*, VII, 142.

III. 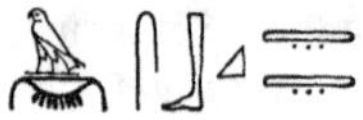 *Ibid.*

IV. 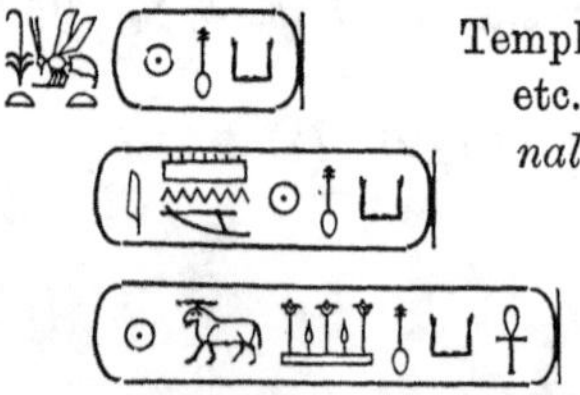 Temples of Karnak, Madînat Habû, etc.; L. D., V, 1—3; Legrain, *Annales*, VII, 142.

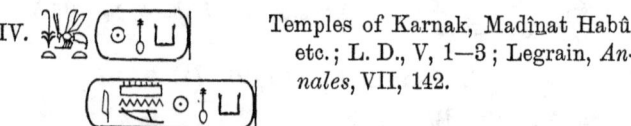

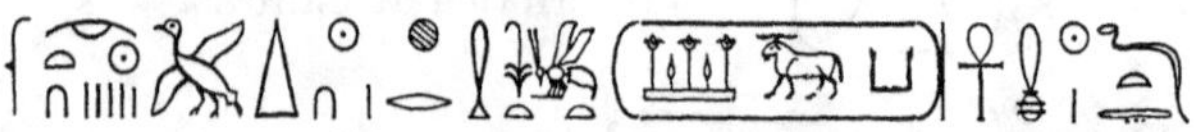

Figure in the British Museum, No. 24429.

V. 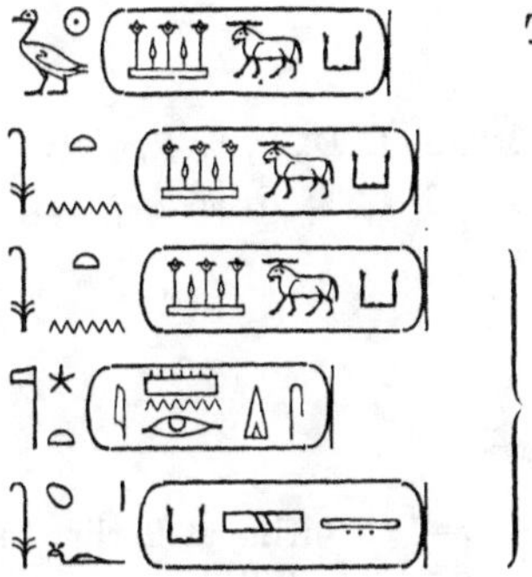

Temples of Karnak, Madînat Habû, etc.; L. D., V, 1—3; Legrain, *Annales*, VII, 142.

Rock in Wâdî Ḥammâmât; L. D., V, 1 *e*.

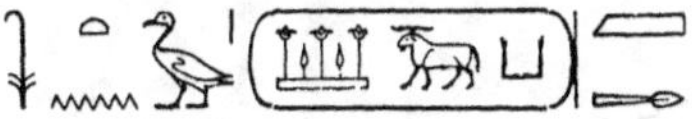

Legrain, *Annales*, VII, 189.

Ȧmenȧrṭās (II), wife of *Shabaka*.

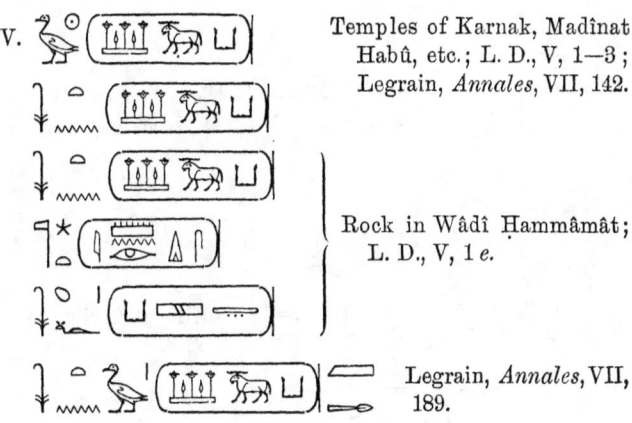

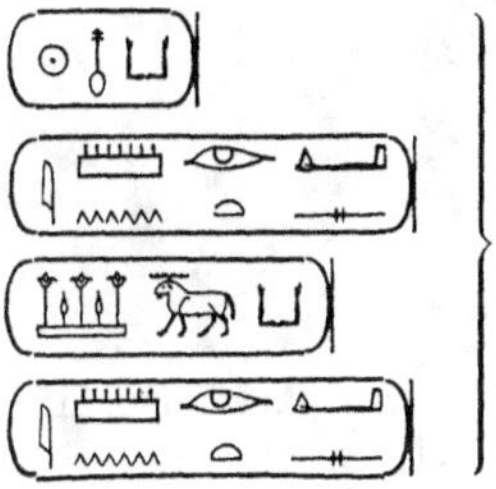

Mariette, *Karnak*, plate 45 *c*.

2. *Shabataka*, son of *Shabaka*.

I. Horus name	ṬEṬ-KHĀ.
II. N-U names	1. SEKHĀ-MAĀT-MERI (?)-TAUI.
	2. ĀA-SHEFIT-TAIU-NEBU.
III. Golden Horus names	1. HER-ḤER-NEKHT.
	2. ĀA-KHEPESH-Ḥ...-NEBU.
IV. Suten Bȧt name	RĀ-ṬEṬ-KHĀU.
V. Son of Rā name	SHABATAKA-MERI-ȦMEN.

I. 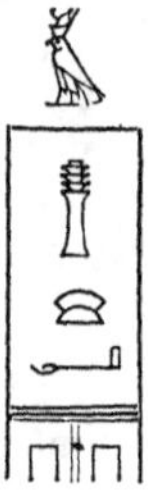

Shrine at Berlin, L. D., V, 3, 4; *Aeg. Zeit.*, 1896, p. 115, No. 33; *Recueil*, XXII, 125.

II. 1. 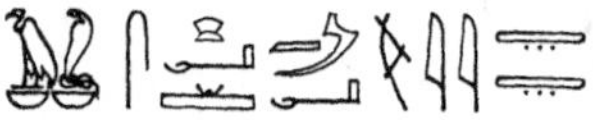

Shrine at Berlin, L. D., V, 3, 4.

2. 

III. 1. 

Ibid.

2. 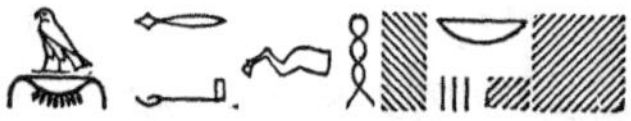

IV. 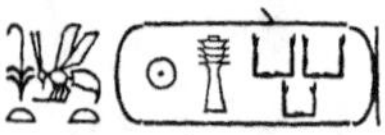

L. D., V, 3, 4; *Aeg. Zeit.*, 1896, p. 115; *Recueil*, XXII, p. 125.

Bronze shrine of Åmen in the British Museum, No. 11013.

V. 

L. D., V, 3, 4; *Aeg. Zeit.*, 1896, p. 115; *Recueil*, XXII, p. 125.

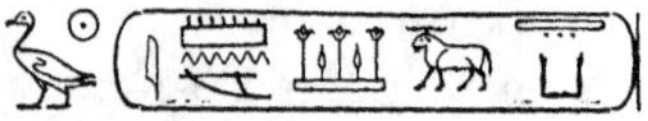

P-ānkhi, son of *Kashta*, brother and husband of *Åmenårṭās* (*I*).

I. Horus name — SMA TAUI.
II. N-U name — MES-ḤEM (?).
III. Golden Horus name — SĀSHT-QENNU.
IV. Suten Båt name — RĀ-MEN-KHEPER.
V. Son of Rā name — P-ĀNKHI, son of ÅMEN, born of MUT.

I. 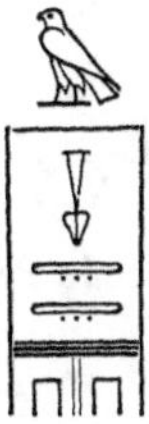 Stele in Paris, Prisse, *Monuments*, plate 4.

II.  *Ibid.*

III.  *Ibid.*

IV. 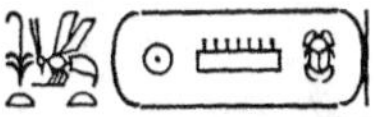 *Ibid.*

V. 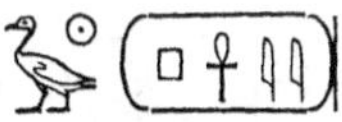 *Ibid.*

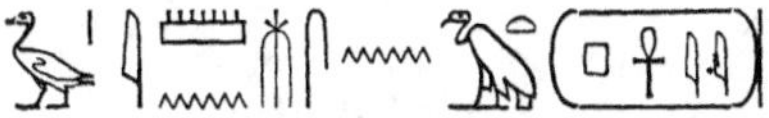

Shep-en-Åpt (*II*), daughter of *P-ānkhi* and *Åmenårṭās* (*I*).

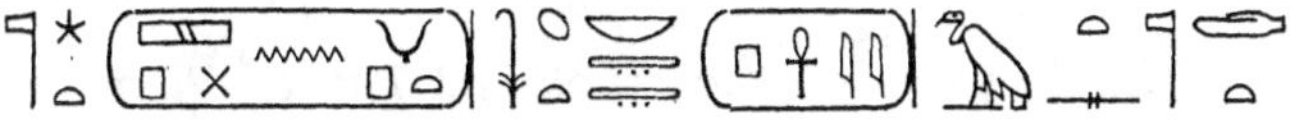

 Shrine in Cairo ; Legrain, *Annales*, VII, 189.

Mutȧrṭās, daughter of *P-ānkhi* and *Ȧmenȧrṭās (I).*

Stele in Paris, Prisse, *Monuments,* plate 4.

Peṭā-Ȧmen-n, husband of *Mutȧrṭās.*

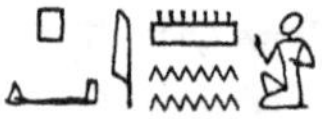

Stele in Paris.

Ānkh-Shep-en-Ȧpt,
daughter of *Peṭā-Ȧmen-n* and *Mutȧrṭās.*

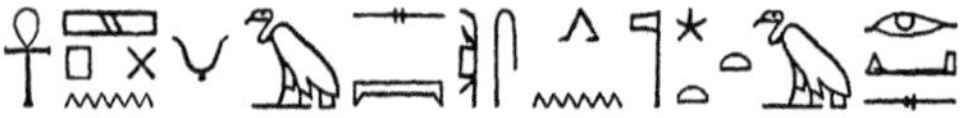

Stele in Paris.

Uaḥ-ȧb-Rā, son of *Peṭā-Ȧmen-n* and *Mutȧrṭās.*

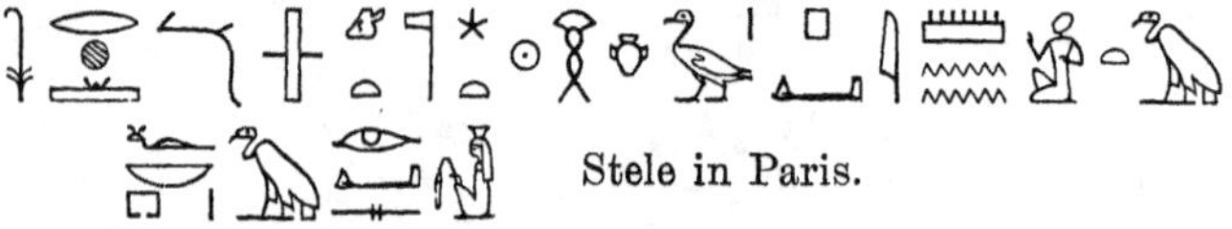

Stele in Paris.

Psemthek, son of *Uaḥ-ȧb-Rā.*

Stele in Paris.

Tan-ṭā-Bast, wife of *Psemthek.*

Stele in Paris.

Peṭā-Net, son of *Psemthek* and *Tan-ṭā-Bast.*

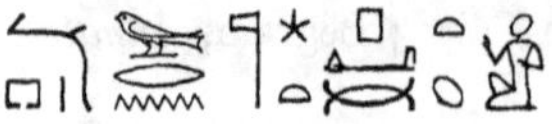

Stele in Paris.

Shashanq, **son of** ***Peṭā-Net.***

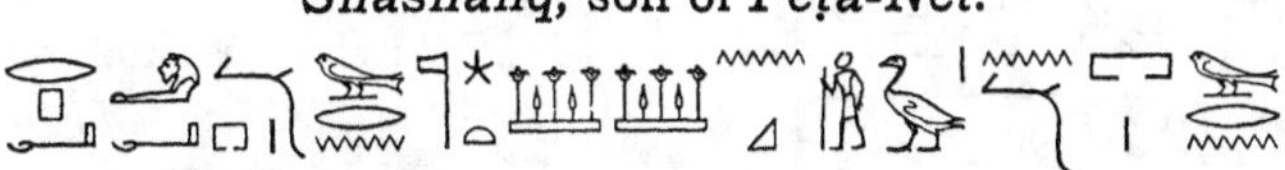

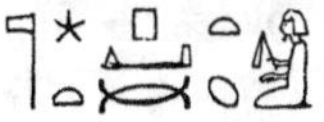 Stele in Paris.

Thent-kheta, **a queen, daughter of** ***Paṭā-Net.***

3. Taharq, or *Taharqa.*

I. Horus name	QA-KHĀU.
II. N-U name	QA-KHĀU.
III. Golden Horus name	KHU-TAUI.
IV. Suten Båt name	RĀ-NEFER-TEM-KHU.
V. Son of Rā name	TAHARQ, or TAHARQA.

I.  Temple at Gebel Barkal, L. D., V, 8.

II. *Ibid.*

III. 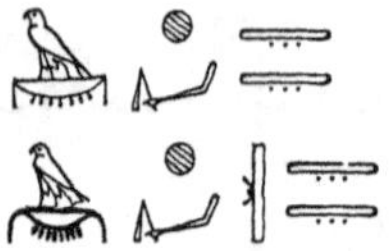 *Ibid.*

IV. 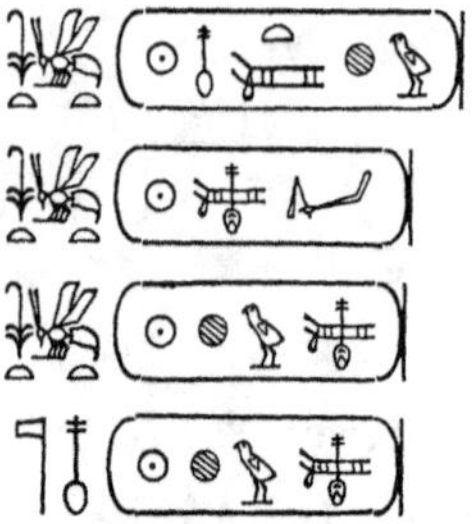

Temple at Gebel Barkal, L. D., V, 5; Mariette, *Karnak*, plate 45; Mariette, *Monuments*, plates 79—87; Chassinat, *Recueil*, XXII, p. 18; Stele of Taharqa, Maspero, *Annales*, IV, 179.

 L. D., V, 6 *b*.

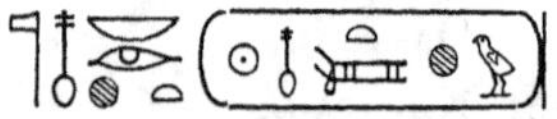 Weigall, *Annales*, VIII, 40.

V.  Maspero, *Annales*, IV, 179.

 *Ibid.*

 Weigall, *Annales*, VIII, 40.

 Legrain, *Annales*, VII, 189.

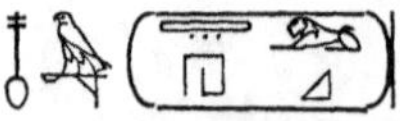 Temple at Gebel Barkal, L. D., V, 5—12, etc.

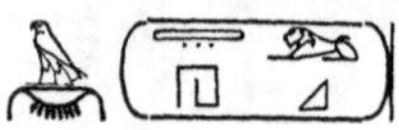

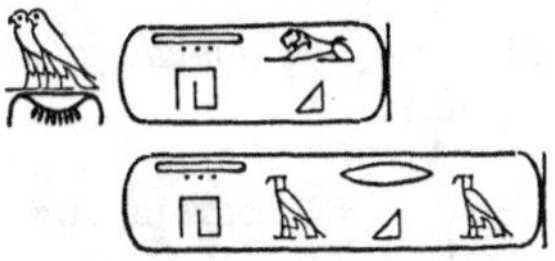

Shep-en-åpt II, a wife of *Taharqa.*

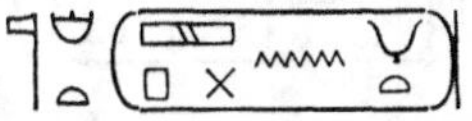 Legrain, *Aeg. Zeit.*, 1897, p. 17.

Åmenṭākhet, wife of *Taharqa.*

 Temple at Gebel Barkal, L. D., V, 5.

Āqleq, mother of *Taharqa.*

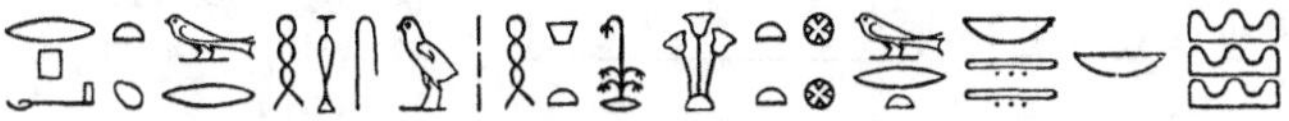

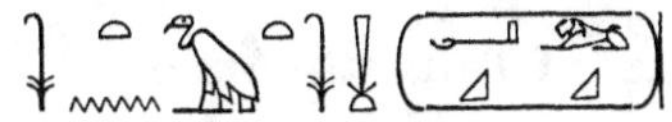 Temple at Gebel Barkal, L. D., V, 7 *c.*

4. *Tanuath-Åmen.*

I. Horus name	UAḤ-MERT.
II. N-U name	...
III. Golden Horus name	...
IV. Suten Båt name	RĀ-BA-KA.
V. Son of Rā name	ÅMEN-TANUATH.

I.  Temple of Osiris-Ptaḥ at Karnak, Mariette, *Monuments*, plate 80.

IV. 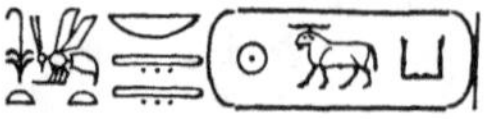 Mariette, *Monuments*, plates 7 and 80.

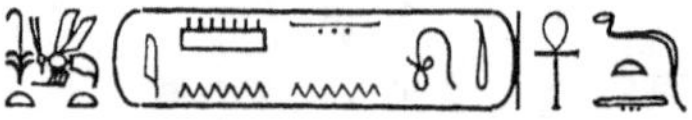 Legrain, *Annales*, VII, 189.

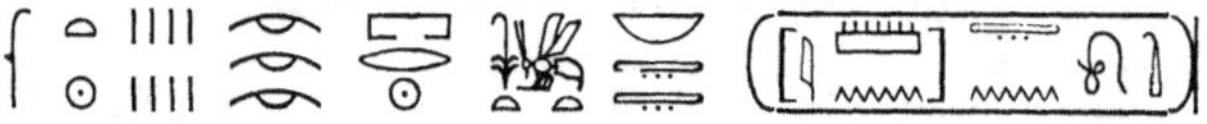

 *Ibid.*, VII, 226.

V. 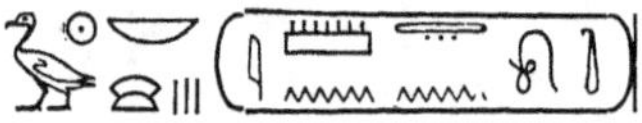 Mariette, *Monuments*, plates 7 and 80.

Kereȧrḥenti (?), wife of *Tanuath-Ȧmen.*

 Stele at Cairo, Mariette, *Monuments*, plate 7.

Qelhetat, sister of *Tanuath-Ȧmen.*

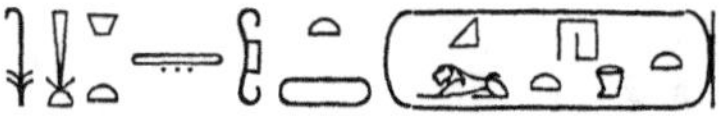 Stele at Cairo, Mariette, *Monuments*, plate 7.

TWENTY-SIXTH DYNASTY. FROM SAÏS.

1. Psemthek I (*Psammetichus*).

I. Horus name	Ā-Ȧb.
II. N-U name	Neb-ā.
III. Golden Horus name	Qennu, or Qen.
IV. Suten Bȧt name	Rā-uaḥ-ȧb.
V. Son of Rā name	Psemthek.

I.

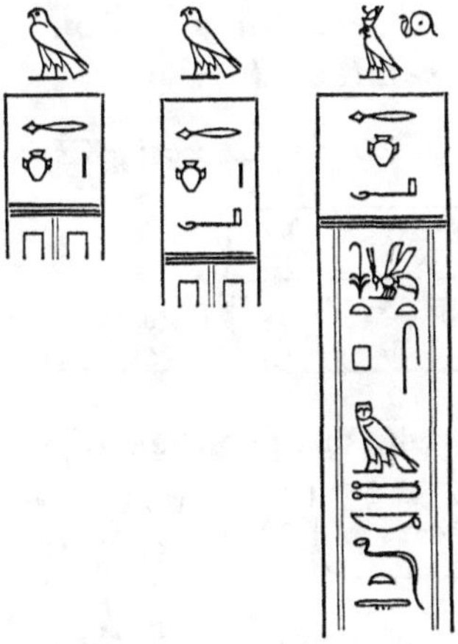

Stele from Mendes, Brugsch, *Thesaurus*, p. 738; Tomb at Thebes.

II.

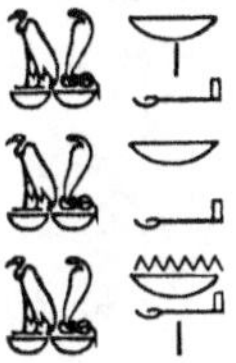

Stele from Mendes, Brugsch, *Thesaurus*, p. 738.

III.

Ibid.

IV.

Prisse, *Monuments*, plate 35, 4; Quay at Karnak, *Aeg. Zeit.*, 1896, pp. 116, 117.

V.

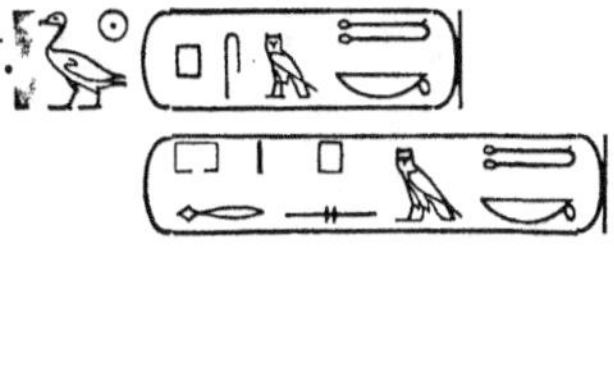

Ibid.

Mut-maat-Rā-ḥent-neferu Shep-en-åpt*, wife of *Psemthek I.

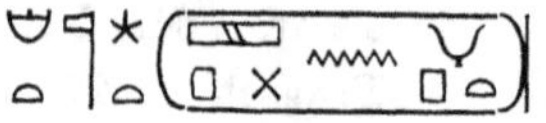

Daressy, *Recueil*, XX, p. 83.

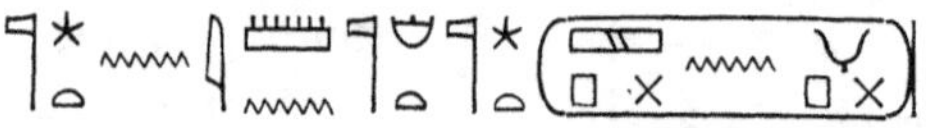

Her prenomen was 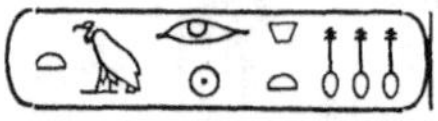 Daressy, *Recueil*, XVII, 118.

Meḥt-en-usekht*, wife of *Psemthek I.

Daressy, *Recueil*, XX, p. 83.

***Net-åqert*, daughter of *Meḥt-en-usekht*.**

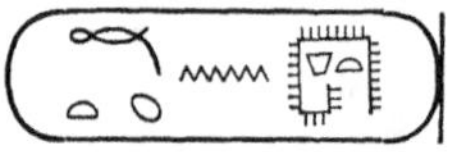

Daressy, *Recueil*, XX, 83; Legrain, *Annales*, VII, 53.

2. *Nekau*, son of *Psemthek I.*

I.	Horus name	SA-ÅB.
II.	N-U name	MAĀT-KHERU.
III.	Golden Horus name	NETERU-MERI.
IV.	Suten Bȧt name	RĀ-NEM (or UḤEM)-ÅB.
V.	Son of Rā name	NEKAU.

I. 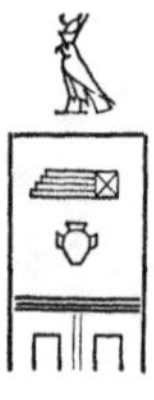

Stele at Leyden; Chassinat, *Recueil*, XXII, p. 21.

II.  Stele at Leyden.

III. 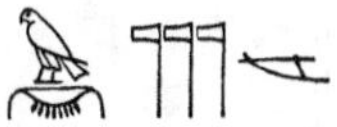 *Ibid.*

IV 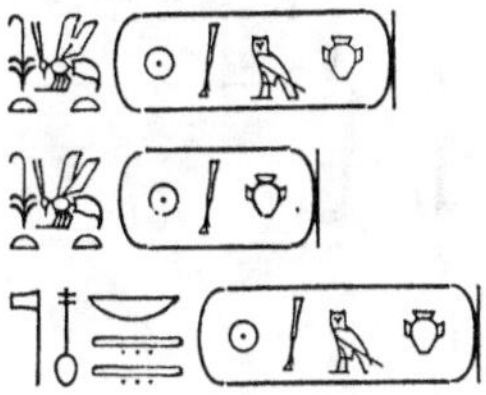 Inscriptions at Ṭûrah, and Ḥammâmât, L. D., III, 273 ; Stele at Leyden ; Chassinat, *Recueil*, XXII, p. 21.

V.  *Ibid.*

Net-Ȧqert Shep-en-Ȧpt III, daughter of *Psemthek I* and *Shep-en-Ȧpt II,* wife of *Nekau.*

I. Horus name	URT.
II. N-U name	...
III. Golden Horus name	...
IV. Suten Bȧt name	MUT-NEBT-NEFERU.
V. Daughter of Rā name	NET-ȦQERT-MERI-MUT.

I.  Tomb at Asâsîf.

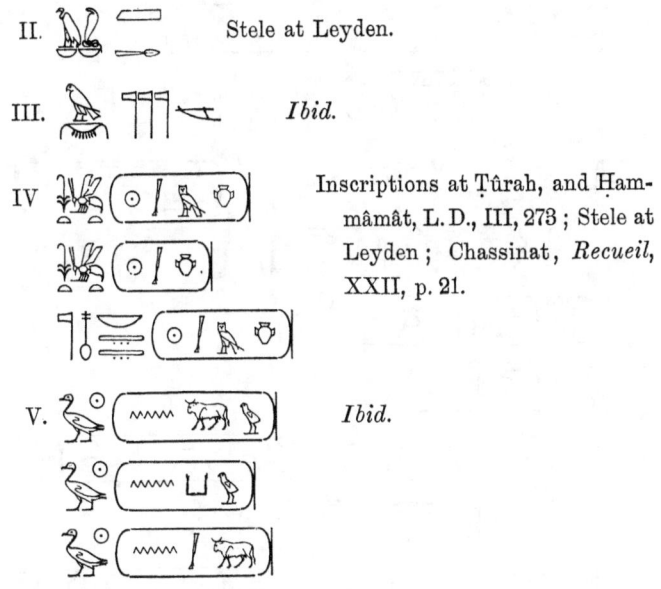

IV. 

 Tomb at Asâsîf.

V. 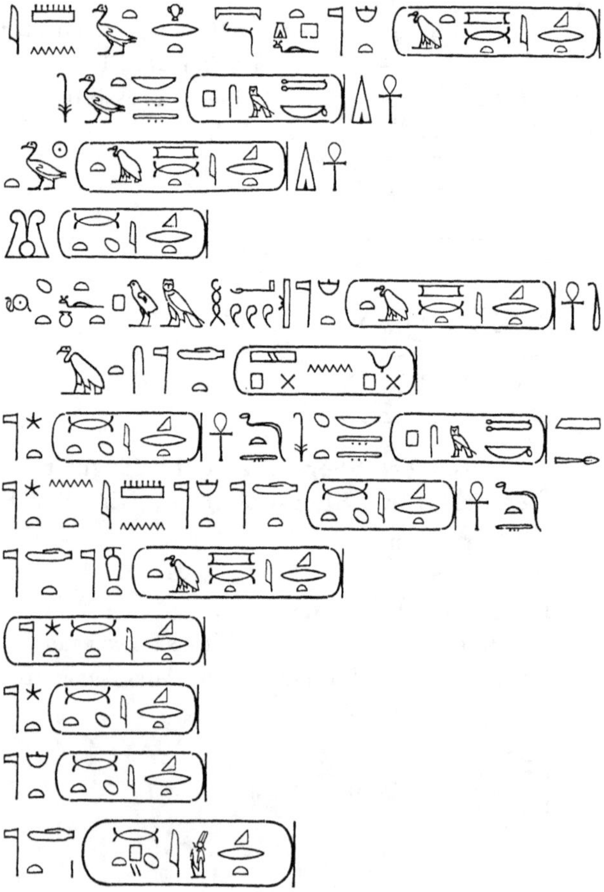

3. *Psemthek II*, son of *Nekau.*

I. Horus name	MENKH-ȦB.
II. N-U name	USER-Ā.
III. Golden Horus name	SENEFER-TAUI.
IV. Suten Båt name	RĀ-NEFER-ȦB.
V. Son of Rā name	PSEMTHEK. With additions: NEB-PEḤTI, and MEN-KA-RĀ.

I. 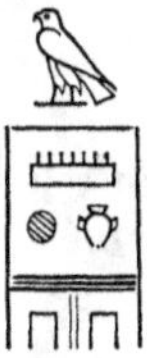

Temple at Philae, L. D., III, 274 *d*; Lepsius, *Aeg. Zeit.*, VI (1868), p. 85; J. de Morgan, *Catalogue*, tome I, p. 114.

II. 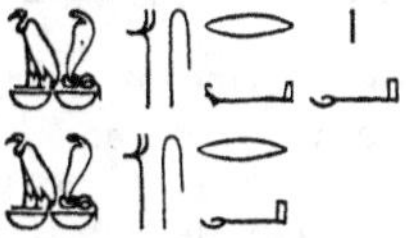

Temple at Philae; de Morgan, *Catalogue des Inscriptions*, tome I, p. 114.

III. 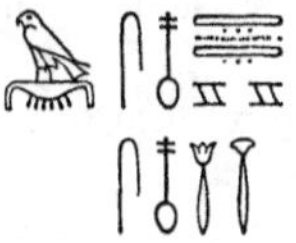

Slab in Pompeii, Lepsius, *Aeg. Zeit.*, VI (1868), p. 85; Quay at Elephantine, J. de Morgan, *Catalogue*, tome I, p. 114; Daressy, *Recueil*, XVI, 47.

IV. 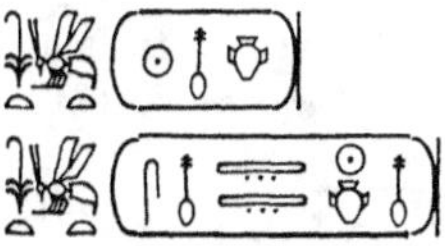

L. D., III, 273 *c*, 274 *d*, 275 *e*; slab in Pompeii, and Quay at Elephantine; Daressy, *Recueil*, XVI, 47.

V. 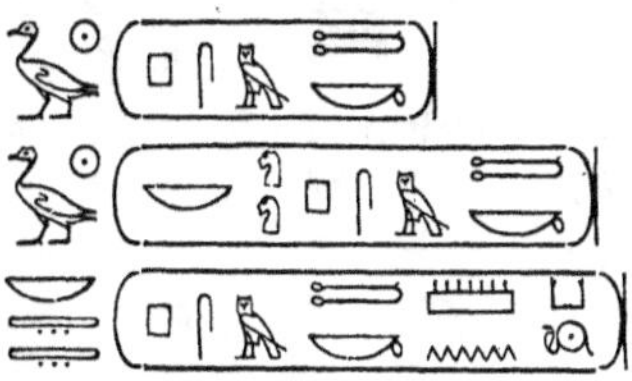

L. D., III, 273 *c*, 274 *d*, 275 *e*; Daressy, *Recueil*, XVI, 47.

Takhauath, wife of *Psemthek II.*

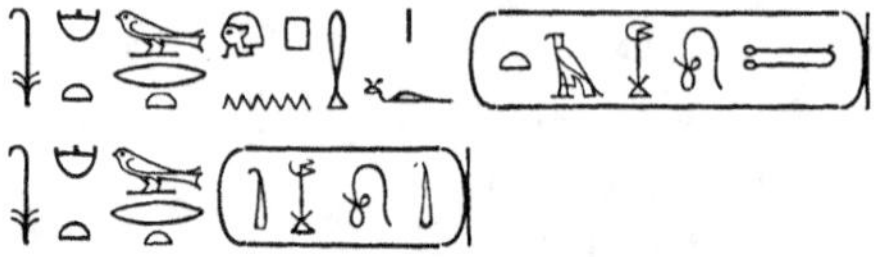

Sarcophagus in the British Museum, No. 32.

Psemthek, son of *Psemthek II.*

Daressy, *Recueil,* XVI, 46.

Mut-meri-Ḥeqt-neferu Ānkh-nes-nefer-ȧb-Rā, daughter of *Psemthek* and *Takhauath.*

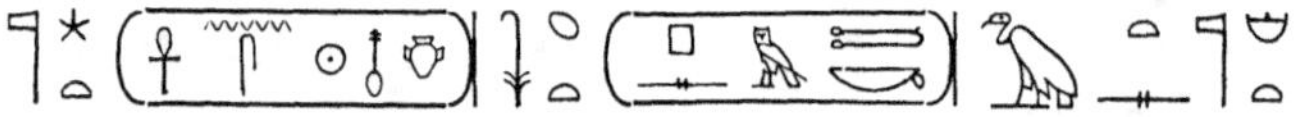

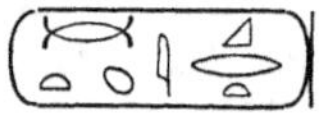

Fragment of a shrine of Ȧsȧr Pa-meres, Legrain, *Annales,* VI, 131.

Slab in the British Museum, No. 907.

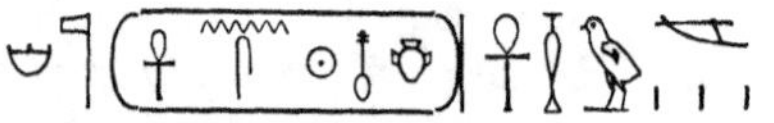

Bronze figure of Harpocrates dedicated by the Queen, British Museum, No. 41607.

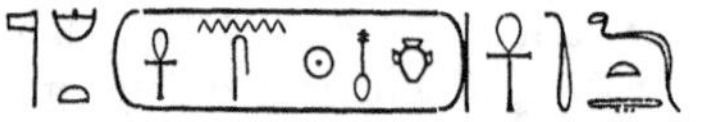

Stele at Cairo, Maspero, *Annales,* V, 85.

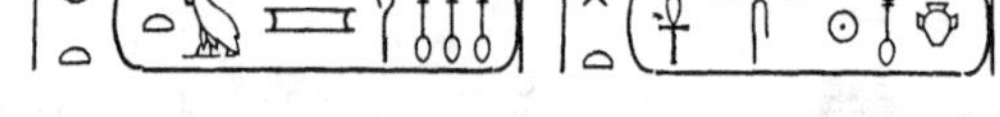

Statuette, Maspero, *Annales,* V, 90.

Slab in the British Museum, No. 907.

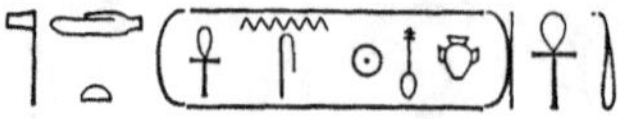

Net-mer-tef-s, daughter of *Psemthek II*.

 Daressy, *Recueil*, XVI, 46.

... *meri*, daughter of *Psemthek II*.

 Daressy, *Recueil*, XVI, 46.

Ȧst-[*em*]-*khebit*, daughter of *Psemthek II*.

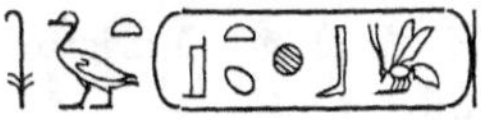 Daressy, *Recueil*, XVI, 46.

4. *Uaḥ-ȧb-Rā* (*Hophrā*).

I. Horus name	UAḤ-ȦB.
II. N-U name	NEB-KHEPESH.
III. Golden Horus name	SUATCH-TAUI.
IV. Suten Bȧt name	RĀ-ḤĀĀ-ȦB.
V. Son of Rā name	RĀ-UAḤ-ȦB.

I.  Black basalt column (*Annales*, II, 239).

II.  Stele, Mariette, *Monuments*, plate 30 *b*.

III.  *Ibid*.

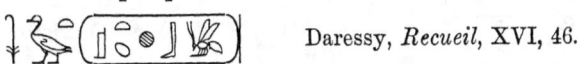

A stele at Bologna (No. 1938) gives the following variants:

I. 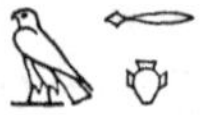 Āa-Ȧb.

II.  Neb-nekht.

III. 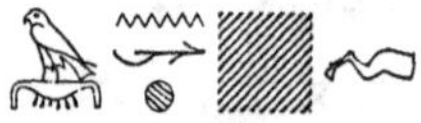 Nekht ... khepesh.

Legrain, *Annales*, VIII, 54.

IV. 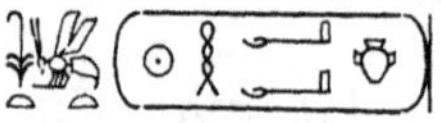 L. D., III, 274 *k* and *m*.

V.  L. D., III, 274 *k* and *m*; Mariette, *Monuments*, plate 30 *b*.

 Ushabti at Cairo (*Annales*, II, 237).

5. *Ȧāḥmes-sa-Net* (*Amasis*).

I. Horus name — Smen-Maāt.
II. N-U name — Sa-Net-Sebṭ (or Sepṭ)-taui.
III. Golden Horus name — Seṭep-neteru.
IV. Suten Båt name — Rā-Khnem-Ȧb.
V. Son of Rā name — Ȧāḥmes-sa-Net.

I. 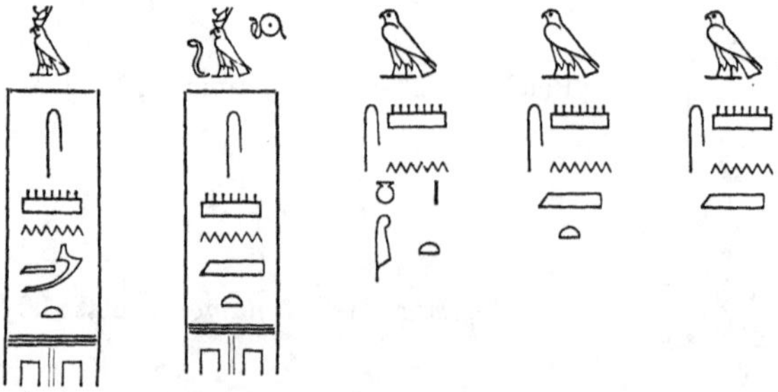

Inscriptions at Karnak, Biggah, etc.; L. D., III, 274 *o* and *p*; Daressy, *Recueil*, XXII, 2.

II. 

Inscription at Ḥammâmât, L. D., III, 275 *b*; Daressy, *Recueil*, XXII, 2.

III. 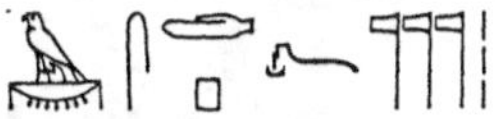

Do. Do.

IV. 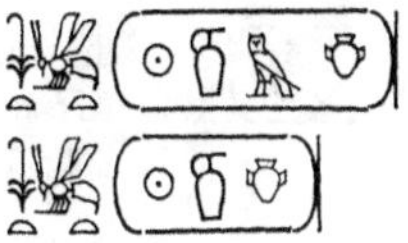

L. D., III, 275 *b*; Daressy, *Recueil*, XXII, 2, etc.

V. 

L. D., III, 274 *p*, 275 *b* and *c*; Maspero, *Recueil*, XV, 86; Daressy, *Recueil*, XXII, 2.

Mut-meri-ḥeqt-neferu Ānkh-nes-nefer-àb-Rā, **daughter of *Psemthek II,* wife of *Àāḥ-mes.***

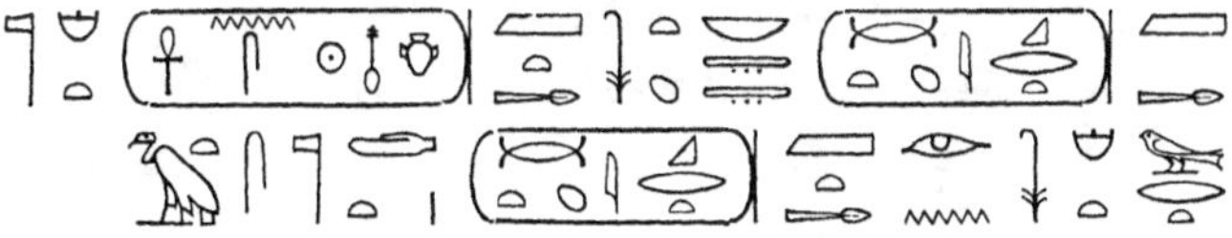

Sarcophagus in the British Museum, No. 32.

Thent-Kheta, wife of *Åāḥmes*.

Stele in the Louvre, Pierret, *Catalogue*, p. 71, No. 309; Chassinat, *Recueil*, XXI, p. 63.

Psemthek, son of *Åāḥmes* and *Thent-Kheta*.

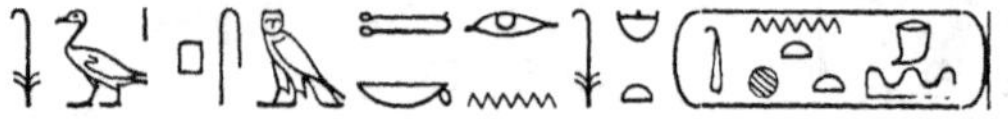

Chassinat, *Recueil*, XXI, 63.

Sebastet-nekht-ru, wife of *Åāḥmes*.

Stele in Paris, Chassinat, *Recueil*, XXII, p. 171, CIV.

Pa-sen-Khensu, son of queen *Sebastet-nekht-ru*.

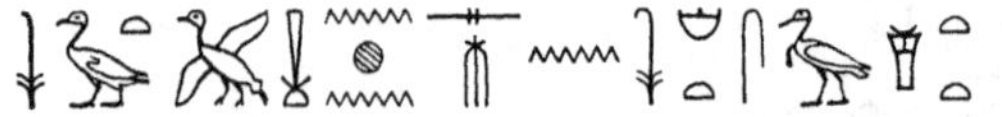

Stele in Paris, Chassinat, *Recueil*, XXII, p. 171, CIV.

Ta-sheret-Ast (or *Ta-kharṭ-Åst*), mother of *Åāḥmes*.

Daressy, *Recueil*, XXII, 143.

6. Psemthek III.

I.	Horus name	ȦP-ȦĀḤ-TAUI.
II.	N-U name	...
III.	Golden Horus name	...
IV.	Suten Bȧt name	RĀ-ĀNKH-KA-EN.
V.	Son of Rā name	PSEMTHEK.

I.  Temple at Karnak.

IV. 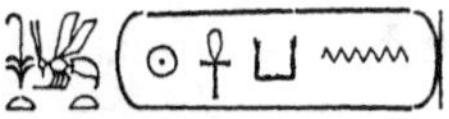 L. D., III, 275 *f* and *g*.

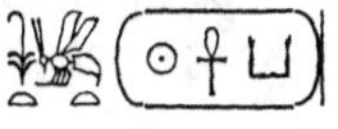 Brugsch, *Thesaurus*, p. 637.

V.  L. D., III, 275 *f* and *g*.

Ānkh-nes-nefer-ȧb-Rā, daughter of *Psemthek III.*

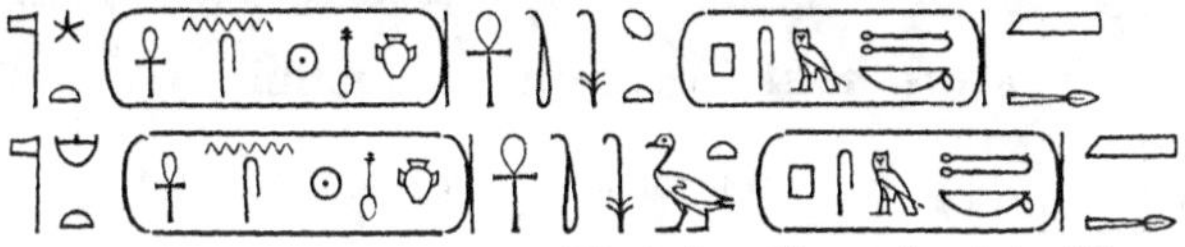

Mariette, *Karnak*, plate 56 *a* and *c*.

Tefnut-meri, a queen.

 Legrain, *Annales*, V, 131.

Rā-user-Maāt-setep-en-Ȧmen Ȧmen-ruṭ.

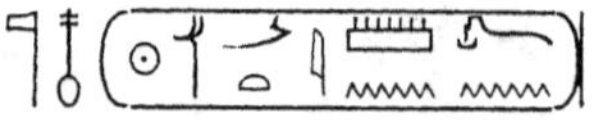

Vase in the Louvre, Pierret, *Recueil*, tome II, p. 80.

Ibid.

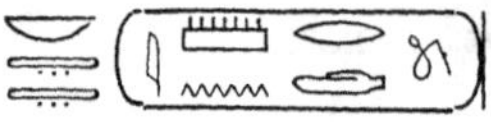

Plank at Berlin, L. D., III, 284 *a*.

Ȧri-Bast-utchat-nifu.

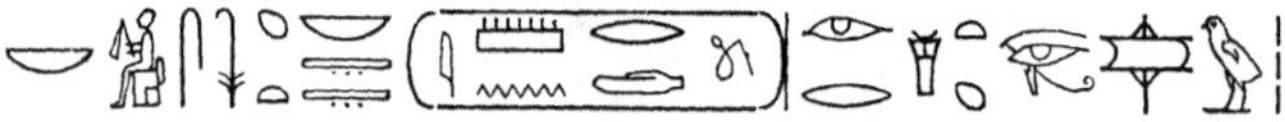

Plank at Berlin, L. D., III, 284 *a*.

Ānkh-nes-nefer-ȧb-Rā,
a princess and high-priestess of ***Ȧmen.***

Legrain, *Annales*, VIII, 129.

Nebt-Nehet, a queen (position doubtful).

Legrain, *Proc. Soc. Bibl. Arch.*, XXV, 357; Legrain, *Annales*, V, 141.

Nekau-shefit (?) (position doubtful).

Wiedemann, *Recueil*, VIII, 64.

Rā-ȧri-ȧb (position doubtful).

Bead at Paris, Petrie, *Scarabs*, No. 2143.

The following has been published by Maspero (*Annales*, VII, 59), and Weigall (*Annales*, VIII, 107), but Maspero has shewn that the inscription has been formed by some ignorant mason who joined the nomen of a Psemthek to the prenomen of Thothmes III. 

TWENTY-SEVENTH DYNASTY. FROM PERSIA.

Kembåthet (*Cambyses*).

I. Horus name	SMA-TAUI.
II. N-U name	...
III. Golden Horus name	...
IV. Suten Båt name	RĀ-MESUṬH.
V. Son of Rā name	KEMBÅTHET, or KENBUTCHA, or KAMBASUṬENT.

I. 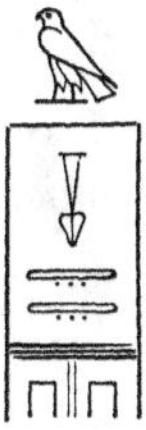 Brugsch and Bouriant, *Livre des Rois*, p. 120.

IV.  Vatican naophoros, Brugsch, *Thesaurus*, p. 637.

V. [1] Brugsch, *Thesaurus*, p. 637; L. D., III, 283 *m*, etc.

1. The Persian original of the name Cambyses is:—

Ka-[*m*]-*b* - *u* - *j* - *i* - *ya*.

(Behistun Inscription, ed. L. W. King., l. 39 ff.)

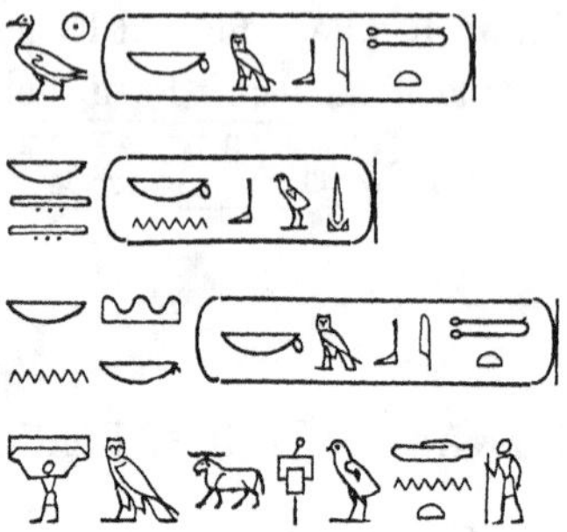

Stele of Nastȧsen at Berlin, L. D., V, 16, line 39.

Ȧnthriuasha (*Darius Hystaspes*).

I. Horus name	Ȧnthriuasha, Ser-ta-rest-meri.
II. N-U name	...
III. Golden Horus name	...
IV. Suten Bȧt name	Rā-setut.
V. Son of Rā name	Ȧnthriusha, or Ȧnthrusha, or Ṭeriusha, or Taruasha, or Tarusha, or Neṭruȧā, or Nenthrisha.

I. 

Temple at Khargah, Brugsch, *Reise*, plate 8.

Legrain, *Annales*, VIII, 50.

IV. 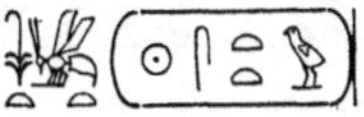 Temple at Khargah, Brugsch, *Reise*, plate 8.

V. 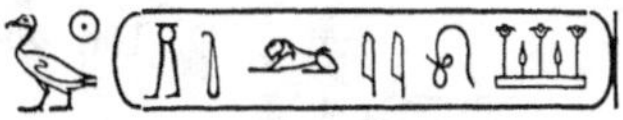 [1] *Ibid.*, and L. D., III, 283.

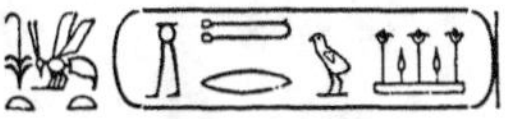

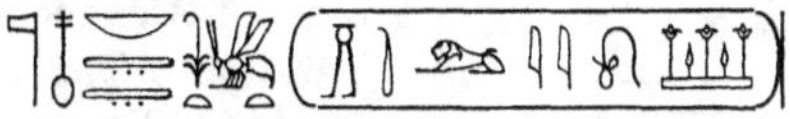 Legrain, *Annales*, VIII, 51.

 Do. Do.

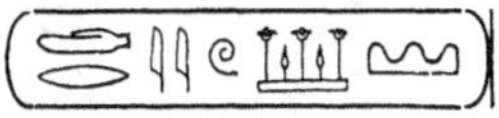

1. The Persian original of the name Darius is:—

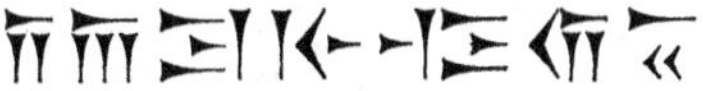

D - a - r - ya - w - u - sh.

Khshairsha, or *Khshiarsha*, i. e., *Xerxes*, the Great Pharaoh.

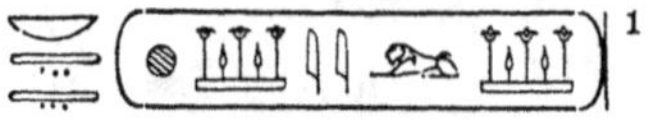

Inscriptions at Ḥammâmât, L. D., III, 283.

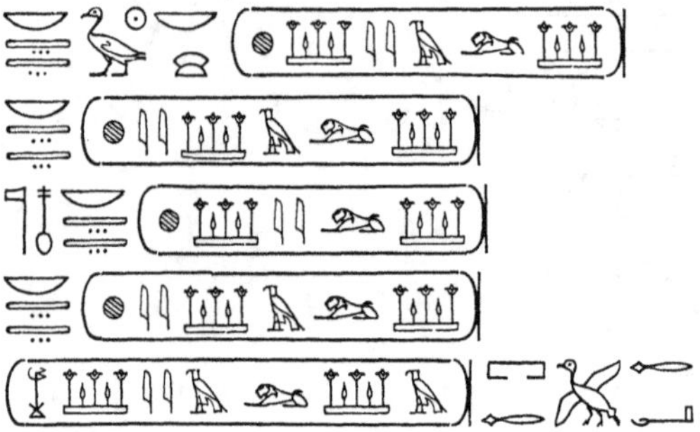

Khabbesha.

IV. Suten Bȧt name SENEN-EN-PTAḤ-SETEP-[EN]-TANEN.
V. Son of Rā name KHABBASHA-MERI-RĀ.

IV. 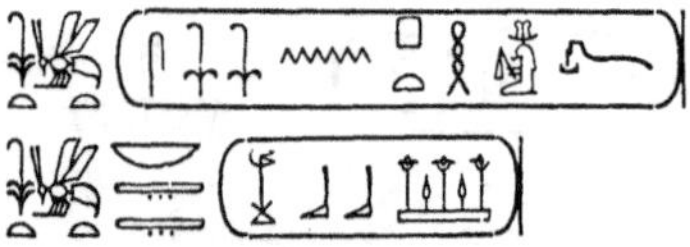

Stele of Alexander II, Mariette, *Monuments*, plate 14, lines 7, 14, 17.

V. 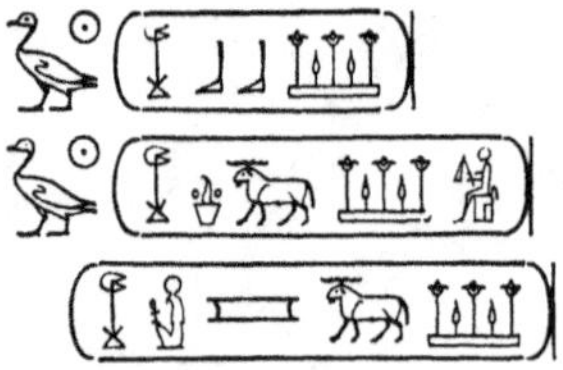

1. The Persian original of the name in cuneiform is:—

Kh - sh - ya - a - r - sh - a.

Papyrus Libbey, ed. W. Spiegelberg, Strassburg, 1907, p. 1.

Artakhashasha[1] (*Artaxerxes*).

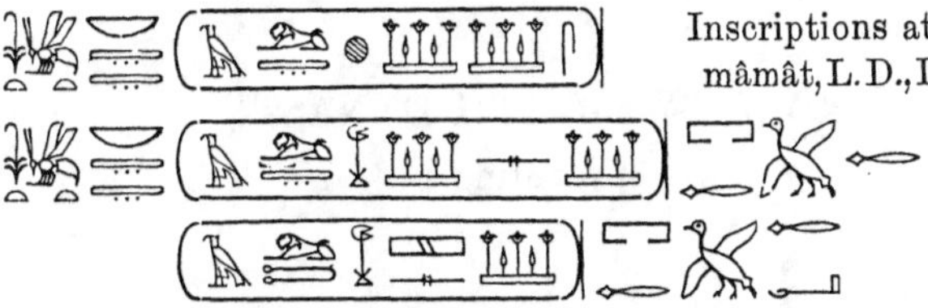

Inscriptions at Ḥammâmât, L. D., III, 283.

Ȧnthriuasha (*Darius II*).

IV. Suten Bȧt names 1. ȦMEN-RĀ-MERI.

2—4. ȦMEN-RĀ-NEB-HEBT-NETER-ĀA-USER-KHEPESH-MERI.

V. Son of Rā name ȦNTHRIUASHA.

IV. 1. 

Temple in the Oasis of Khârgah; see Brugsch, *Reise*, plate 8, and Lepsius, *Aeg. Zeit.*, 1874, p. 73.

2. 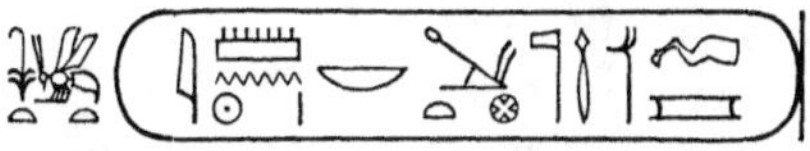

3. 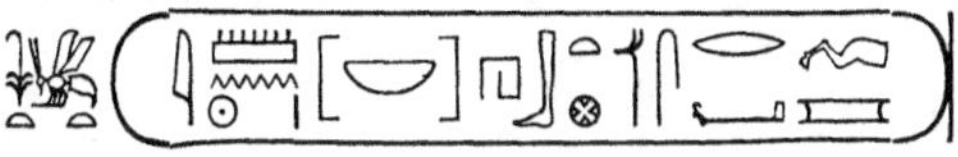

4. 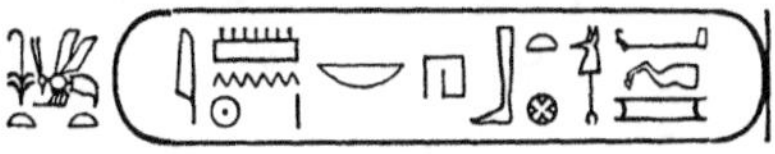

1. The Persian original of this name in cuneiform is :—

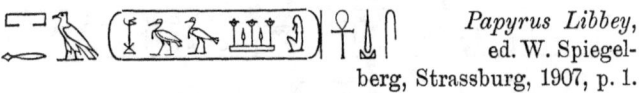

A - r - ta - kh - sh - tr - a.

V. 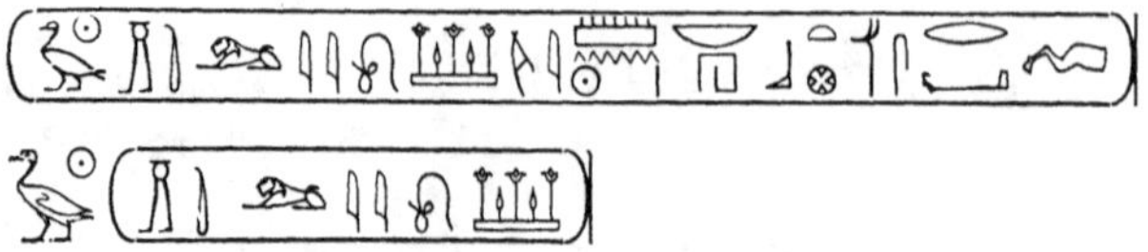

TWENTY-EIGHTH DYNASTY.

[Wanting.]

TWENTY-NINTH DYNASTY. FROM MENDES.

1. *Naifāaiuruṭ.*

I. Horus name	USER-...
II. N-U name	...-NETERU-SETEP.
III. Golden Horus name	...
IV. Suten Bȧt name	RĀ-BA-EN-NETERU-MERI.
V. Son of Rā name	NAIF-ĀAIU-RUṬ.

I. 

Brugsch and Bouriant, *Livre des Rois*, p. 123.

II. 

Karnak.

IV. 

Pierret, *Recueil des Inscriptions*, tome II, p. 1.

V. 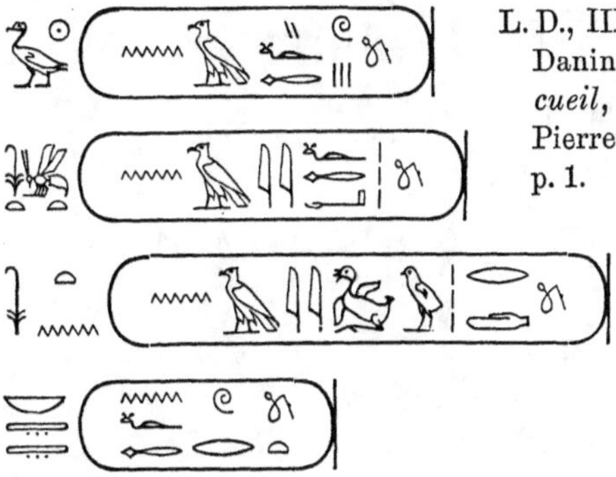

L. D., III, 284 *b* and *c*; Daninos Pâshâ, *Recueil*, IX, 19, etc.; Pierret, *Recueil*, t. II, p. 1.

2. *Haḳer.*

I. Horus name	Ā A-ÀB-MERI-TAUI.
II. N-U name	QENU.
III. Golden Horus name	SEḤETEP- or SETEP-NETERU.
IV. Suten Bàt name	RĀ - KHNEM - MAĀT - SETEP - EN-KHNEMU.
V. Son of Rā name	HAḲER, or HEKER.

I. 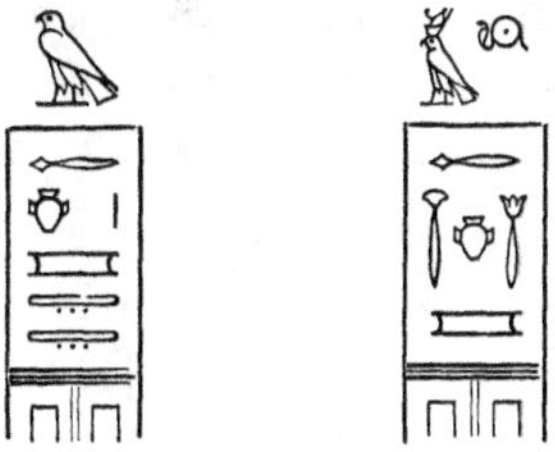

Temple at Madînat Habû, L. D., III, 284 *h* and *i*; Kamal Bey, *Annales*, IV, 91.

II. 

Temple at Madînat Habû.

Kamal Bey, *Annales*, IV, 91.

III. 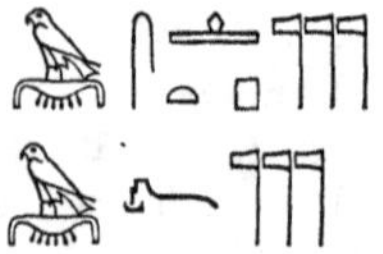

Temple at Madînat Habû.

Do. Do.

IV. 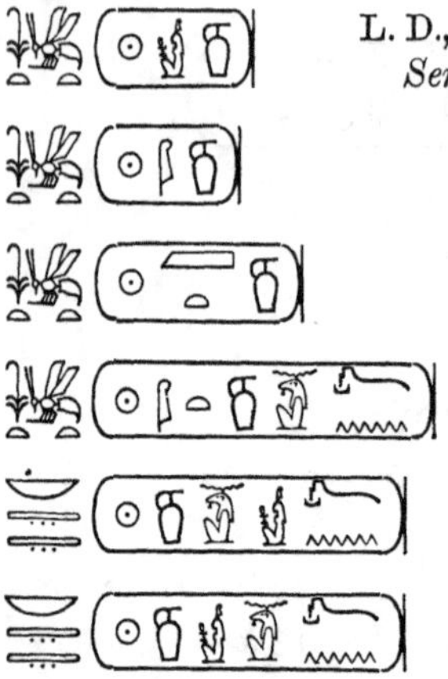

L. D., III, 284 *f*, *h* and *i*; *Annales du Service*, VI, 222.

V. 

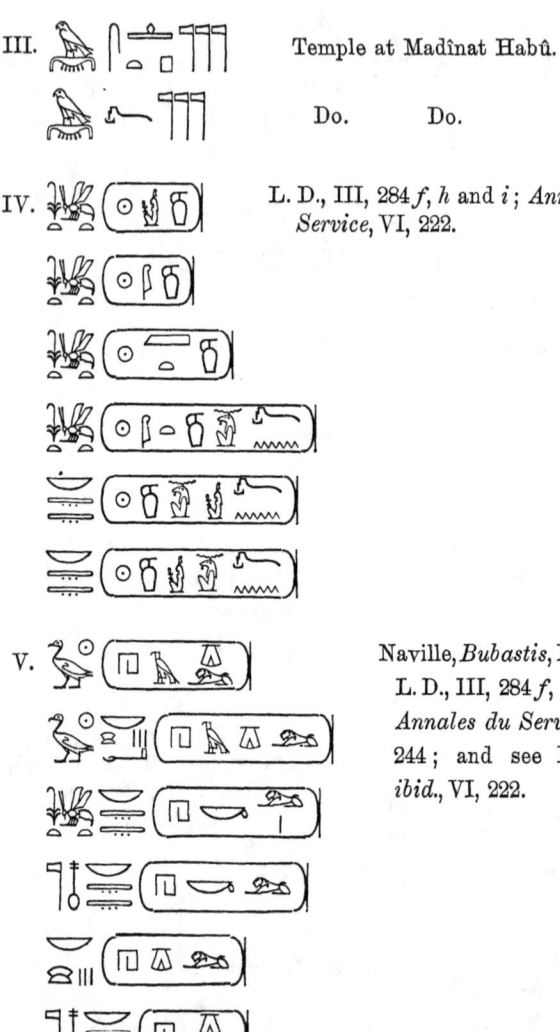

Naville, *Bubastis*, XLIII *b*; L. D., III, 284 *f*, *h* and *i*; *Annales du Service*, III, 244; and see Legrain, *ibid.*, VI, 222.

3. *P-sa-Mut.*

I. Horus name	ĀA-PEḤTI-UAḤ·SEPU.
II. N-U name	...
III. Golden Horus name	...
IV. Suten Båt name	RĀ-USER-PTAḤ-SETEP-EN.
V. Son of Rā name	P-SA-MUT.

I. 

L. D., III, 259 *a* and *b*; and Maspero, *Recueil*, VI, 20.

IV. 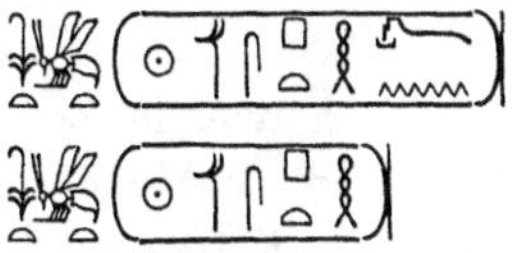

Ibid., VI, 20.

V. 

Ibid., VI, 20, 1.

THIRTIETH DYNASTY. FROM SEBENNYTUS.

Nekht-Ḥeru-ḥeb (*Nektanebês*).

I. Horus names 1. Mer-taui.
2. Mer-taui-māk-Q̣emt.
3. Thāma.

II. N-U name Seher-ȧb-neteru.

III. Golden Horus name Smen-hepu.

IV. Suten Bȧt name Senetchem-ȧb-Rā-setep-en-Ȧmen.

V. Son of Rā name Nekht-Ḥeru-ḥeb-meri-Ȧmen-sa-Rā.

1. 2. 3.

I. 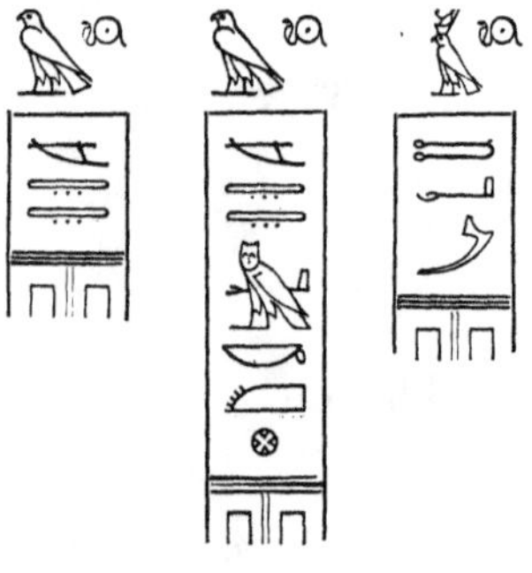

Inscriptions in the Wâdî Ḥammâmât and at Karnak, L. D., III, 287.

II. 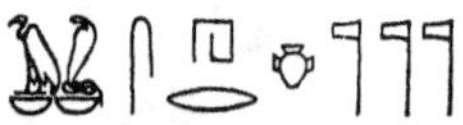

Inscriptions at Karnak.

III. 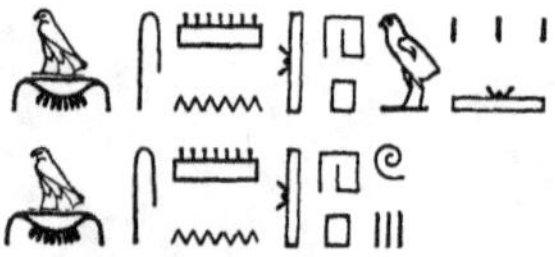

Ibid.

IV. 

Sarcophagus in the British Museum, No. 10.

V. 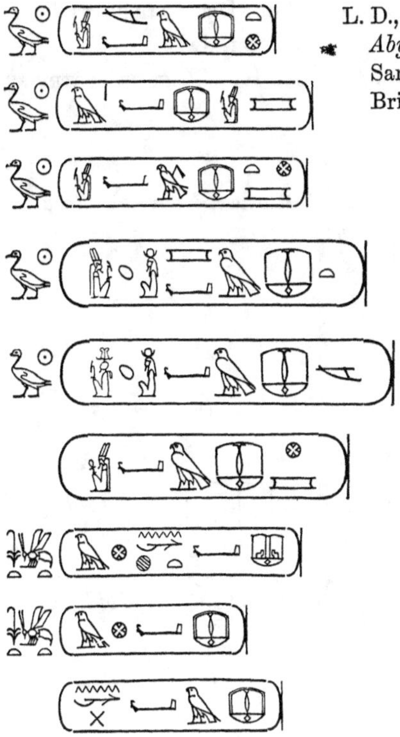

L. D., III, 287; Mariette, *Abydos*, II, plate 42 *b*; Sarcophagus in the British Museum.

***Net-khaṭeb-àri-bent*, wife of *Nektanebês*.**

Mariette, *Monuments*, plate 95.

Tche-ḥrȧ (*Teôs*).

I. Horus name — KHĀ-EM-MAĀT-SEM-TAUI.
II. N-U name — MAĀT-MERI-SEKHUT-NETERU-PAU.
III. Golden Horus name — KHUI-BEQT-UĀF-SEMTI.
IV. Suten Båt name — RĀ-ÅRI-MAĀT-EN.
V. Son of Rā name — ÅN-ḤER-TCHE-ḤRÅ-SETEP-EN.

I.  Temple at Karnak, Bouriant, *Recueil*, XI, p. 153

II.  *Ibid.*

III.  *Ibid.*

IV.  *Ibid.*

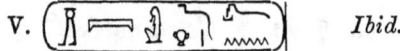

V. 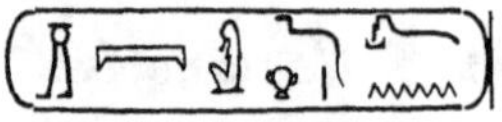 *Ibid.*

 Legrain, *Recueil*, XXVIII, p. 34.

Nekht-neb-f (*Nektanebos*).

I. Horus name	Ṭemaā.
II. N-U name	Smenkh-taui.
III. Golden Horus name	Ȧri-neteru-meri.
IV. Suten Bȧt name	Rā-kheper-ka.
V. Son of Rā name	Nekht-neb-f.

I. 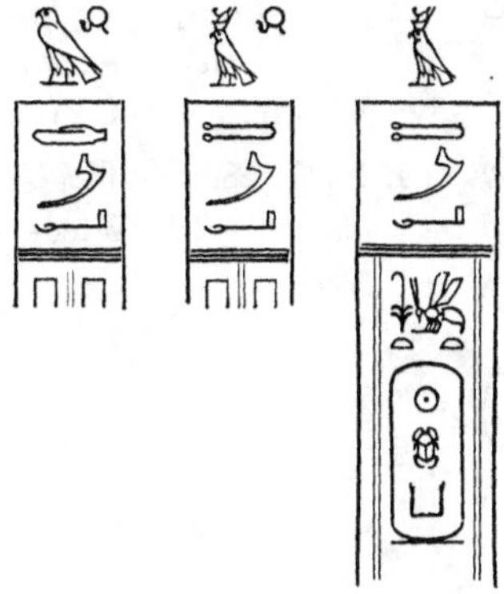

Door at Philae, L. D., III, 286; Wiedemann, *Recueil*, p. 118.

II. 

L. D., III, 286; statue from Ṣafṭ al-Ḥenna (Naville, *Goshen*, plate I); Wiedemann, *Recueil*, VI, p. 118.

III. 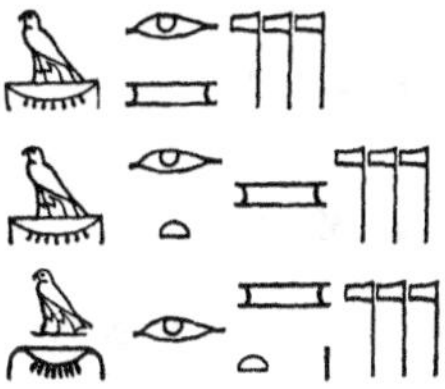

L. D., III, 286; Naville, *Goshen*, plate I; Wiedemann, *Recueil*, VI, p. 118.

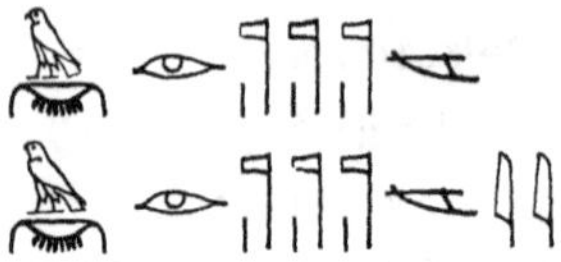

IV. 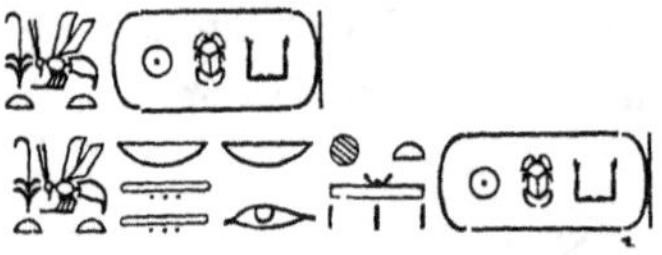

Door at Philae, L. D., III, 286; statues in the British Museum; Naville, *Goshen*, plates I—IV; Wiedemann, *Recueil*, VI, p. 118.

V. 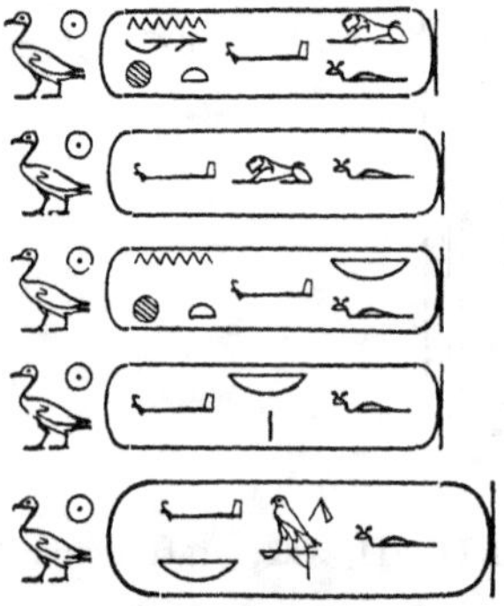

L. D., III, 286; Naville, *Goshen*, plates I—IV; Wiedemann, *Recueil*, VI, p. 118.

Tcheṭ-ḥrȧ, father of *Nekht-neb-f.*

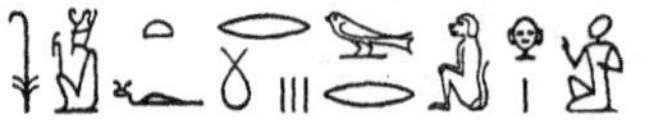

Coffin in Berlin.

Mert-Ḥāp, daughter of *Nekht-neb-f.*

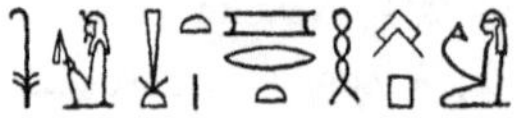

Coffin in Berlin.

Nes-ba-Ṭeṭṭeṭ, husband of *Mert-Ḥāp.*

Coffin in Berlin.

Thekhabes, daughter of *Mert-Ḥāp.*

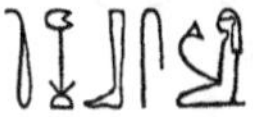

Coffin in Berlin.

Peṭā-Ȧmen, husband of *Thekhabes.*

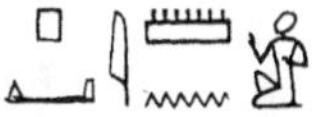

Coffin in Berlin.

Nekht-neb-f, son of *Peṭā-Ȧmen* and *Thekhabes.*

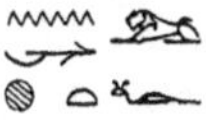

Coffin in Berlin.

The following kings cannot at present be placed.

Ḳer (?)*-taui-f Rā-...-ȧb-khent.*

I.

IV.

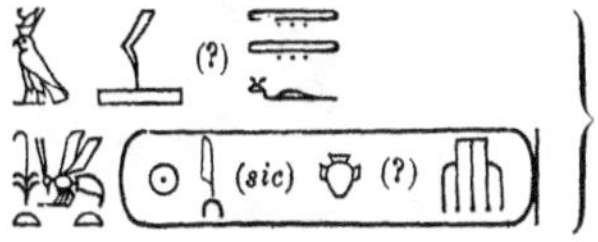

Rock at Mulukab, Breasted, *Temples of Lower Nubia*, p. 57; Photograph in Weigall, *Report*, 1907, plate 49, p. 65.

Meri-taui Ḥeru-taui (?).

I.

IV.

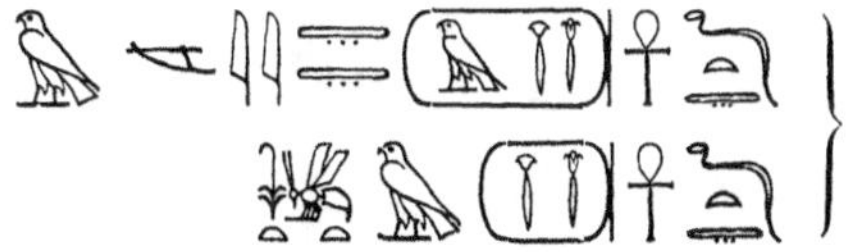

Weigall, *Report*, p. 58.

Rā-qa-ka Ȧn.

I. Horus name SENEFER-TAUI-F.
II. N-U name RĀ-QA (or ḤĀĀ)-KA.
III. Golden Horus name RĀ-QA (or ḤĀĀ)-KA.
IV. Suten Bȧt name RĀ-QA (or ḤĀĀ)-KA.
V. Son of Rā name ȦN (?).

I. 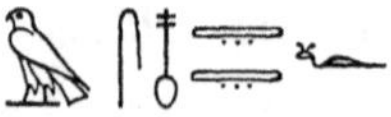 Weigall, *Report*, plates 54, 64.

II. III.  *Ibid.*

IV.  *Ibid.*

V.  *Ibid.*

 *Ibid.*

MACEDONIANS AND PTOLEMIES.

Alexander the Great.

I. Horus names	1. Ḥeq-qennu.
	2. Ḥeq-qennu-teken-semti.
	3. Māk-Qemt.
II. N-U name	...
III. Golden Horus name	...
IV. Suten Båt name	Meri-Åmen-setep-en-Rā.
V. Son of Rā name	Alksånṭrs-sa-Åmen.

1. 2. 3.

I.

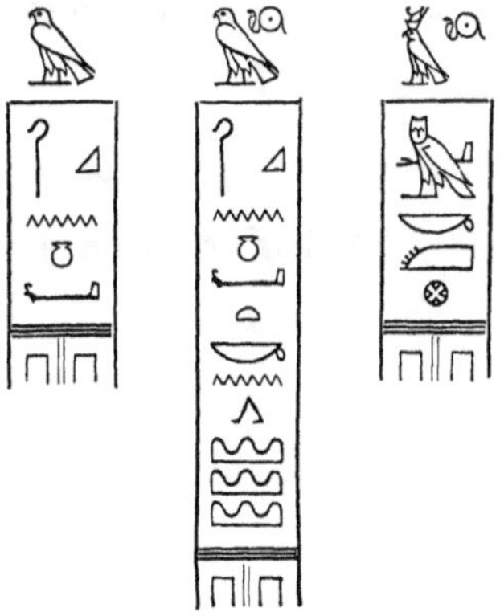

Karnak, L. D., IV, 3, 4.

IV. 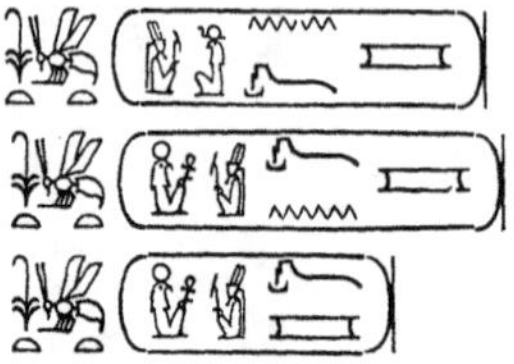 Karnak, L. D., IV, 3, 4, 5.

V. 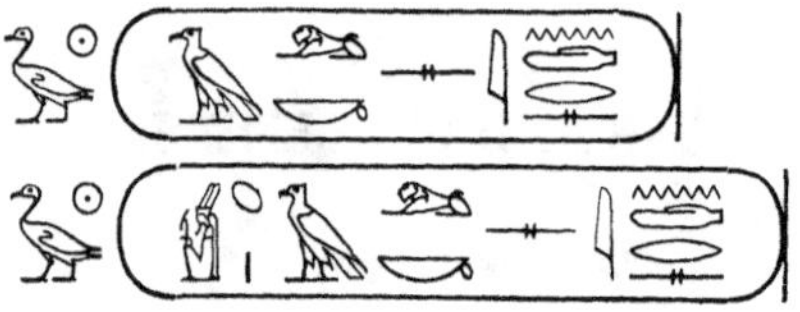 *Ibid.*

Philip Arrhidaeus.

I. Horus names 1. RĀ-...-TAUI.
2. KA-NEKHT-MAĀT-MERI.

II. N-U name ḤEQ-SEMTI.

III. Golden Horus name MER-...ÅU.

IV. Suten Båt names 1—2. MERI-ÅMEN-SETEP-EN-RĀ.
3. RĀ-USER-KA-MERI-ÅMEN-SETEP-EN-RĀ

V. Son of Rā name PHILIUPUS, PLIPUS, PILIPPAS.

1. 2.

I.  Lepsius, *Königsbuch*, plate 51.

II. 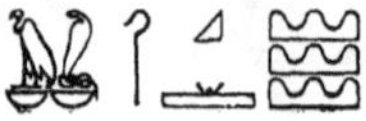 *Ibid.*

III. 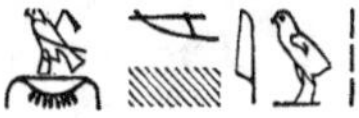 *Ibid.*

IV. 1. 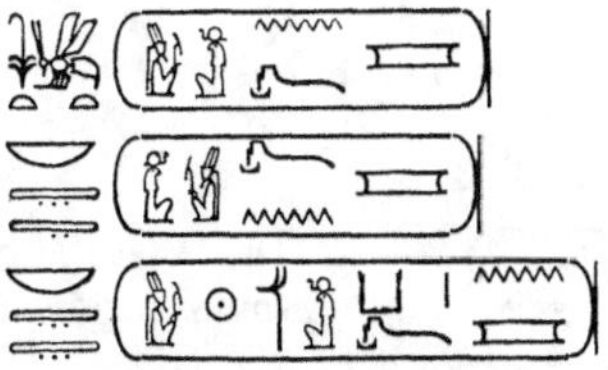 Karnak, L. D., IV, 2.

2.

3.

V. 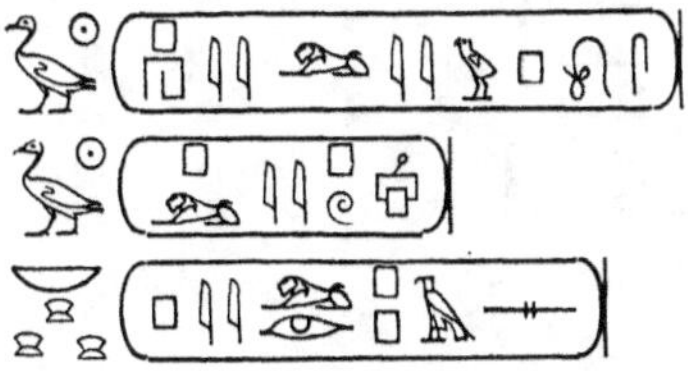 *Ibid.*

Alexander II.

I. Horus name	ḤUN-USER-PEḤTI.
II. N-U name	NETERU-MERI-ERṬĀ-NEF-ȦAT-EN-TEF-F.
III. Golden Horus name	ḤEQ-EM-TA-TCHER-F.
IV. Suten Bȧt name	RĀ-ḤĀĀ-ȦB-SETEP-EN-ȦMEN.
V. Son of Rā name	ARKSȦNTRS.

I.  Stele of Alexander, Mariette, *Monuments*, plate 14.

II.  *Ibid.*

III. 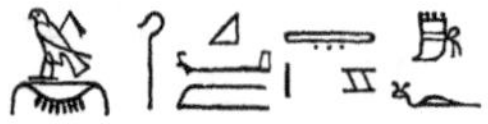 *Ibid.*

IV. 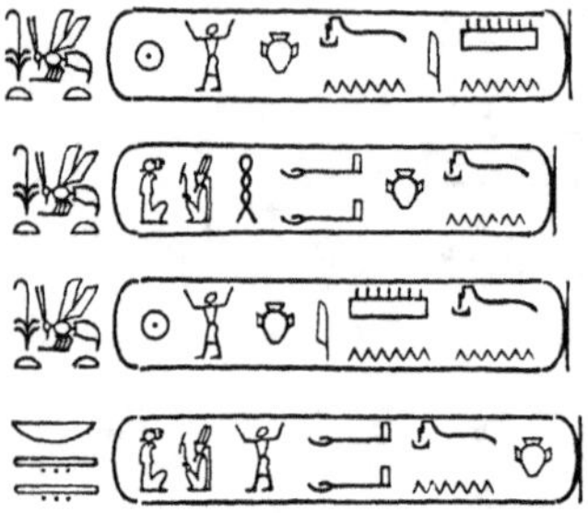 L. D., IV, 1; Mariette, *Monuments*, plate 14.

V. 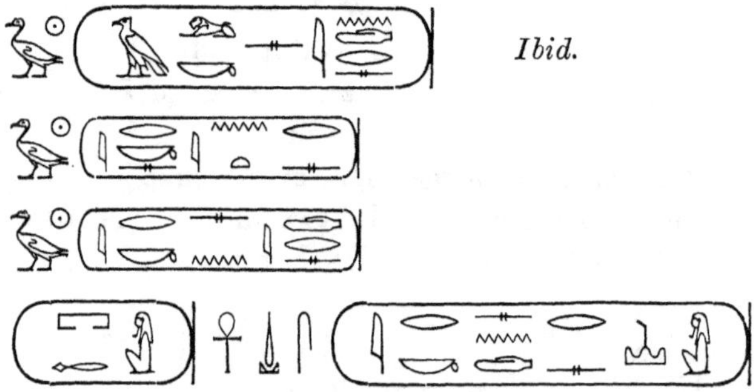 *Ibid.*

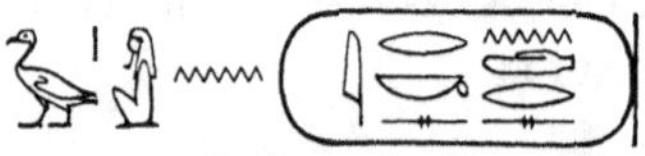 Papyrus of Nesi Ȧmsu, col. XVII,[1] Budge, *Archaeologia*, vol. LII, Pt. 2, p. 489.

1. This papyrus was written in  of Alexander, son of Alexander.

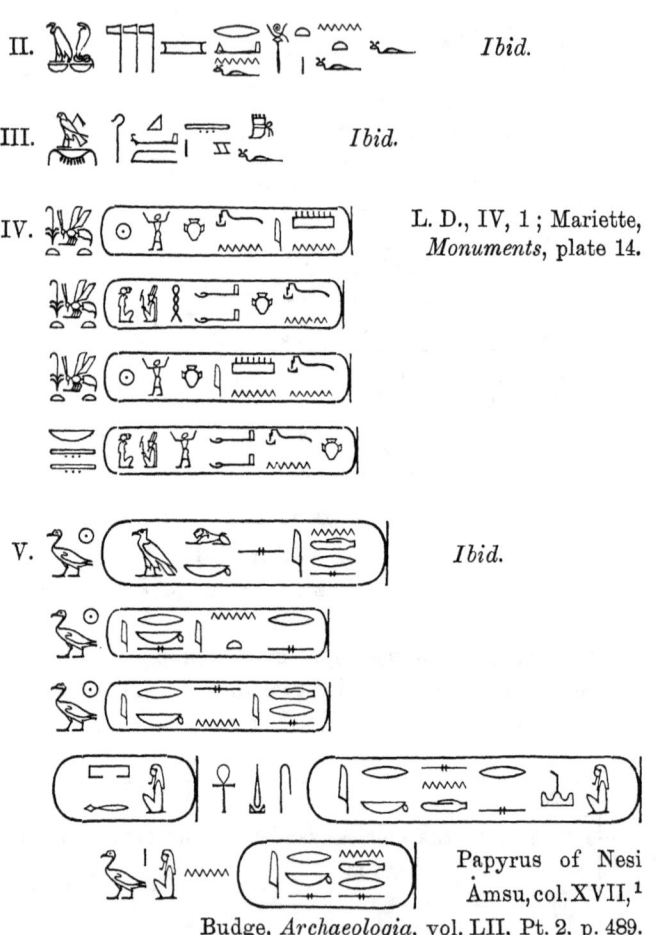

Ptolemy I Soter I, Satrap[1] of Egypt.

I. Horus name	...
II. N-U name	...
III. Golden Horus name	...
IV. Suten Båt names	Setep-en-Rā-meri-Åmen and Rā-kheper-ka.
V. Son of Rā name	Ptulmis.
VI. Surname	Netch = Soter.

IV.  Lepsius, *Königsbuch*, plate 51.

 *Ibid.*

V.  *Ibid.*

VI.  Ptolemy I. Lepsius, *Königsbuch*, plate 51.

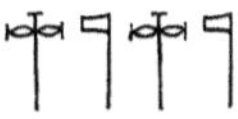 Ptolemy I and Berenice. Lepsius, *Königsbuch*, plate 51.

Bereniket (*Berenice*), fourth wife of *Ptolemy I,* whom she married about B. C. 316.

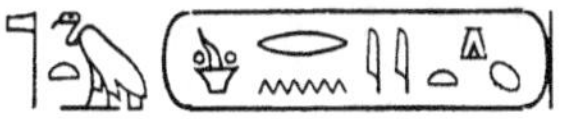 Lepsius, *Königsbuch*, plate 51.

1 In Egyptian, Khshtrep .

Piltara, or *Pilatra*, daughter of *Ptolemy I.*

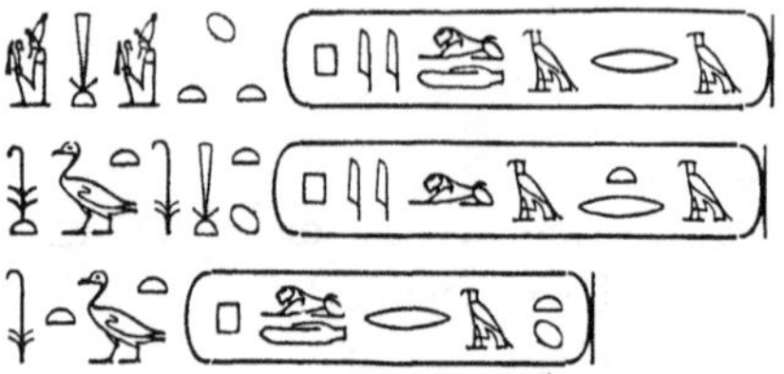

Lepsius, *Königsbuch*, plate 52.

Ptolemy II Philadelphus.

I. Horus name — Ḥunnu-qenu.
II. N-U name — Ur-peḥti.
III. Golden Horus name — Skhā-n-s-tef-f.
IV. Suten Båt name — Rā-user-ka-meri-Åmen.
V. Son of Rā name — Ptulmis.
VI. Official surname — Mer-sen = Philadelphus.
VII. Alexandrian title of the King and Queen
Neterui-senui = Adelphoi.

I.

L. D., IV, 7 ; Lepsius, *Königsbuch*, plate 51.

II.

Ibid.

III. 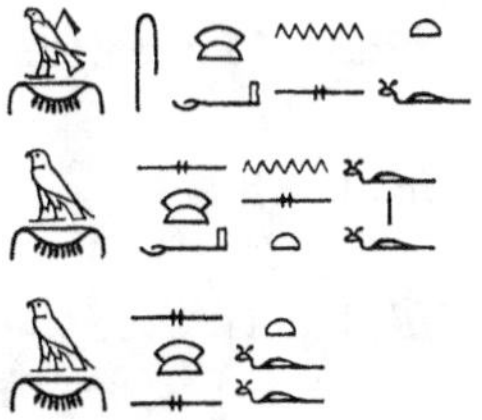 *Ibid.*

IV. 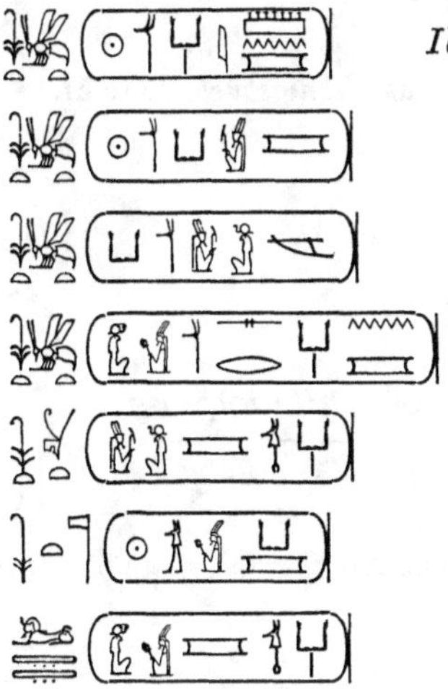 *Ibid.*

V. 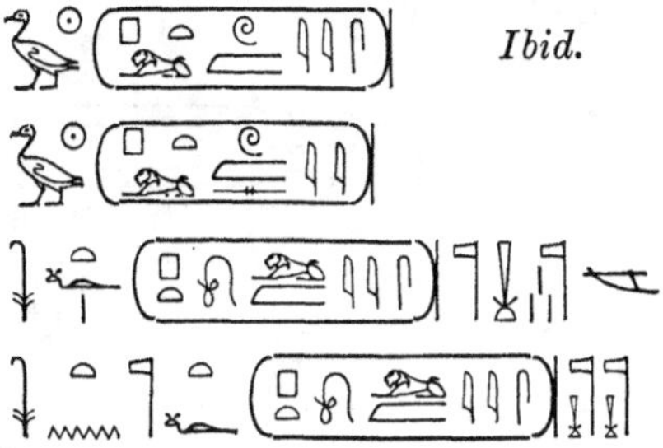 *Ibid.*

Stele of Pithom, line 25.

Ibid., line 8.

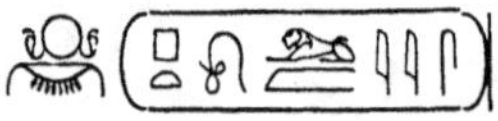

Ibid., line 11.

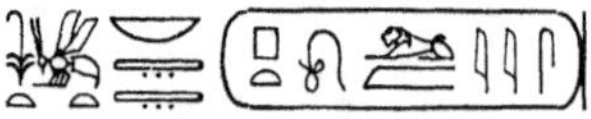

Ibid., line 23.

VI. 

Lepsius, *Königsbuch*, plate 51.

VII. 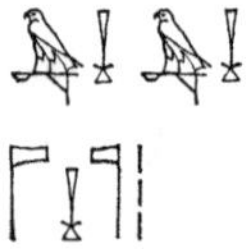

Ibid.

Arsenat (*Arsinoë Philadelphus*).

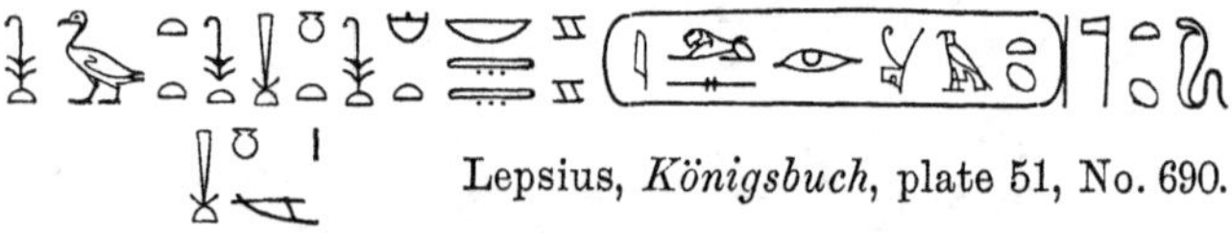

Lepsius, *Königsbuch*, plate 51, No. 690.

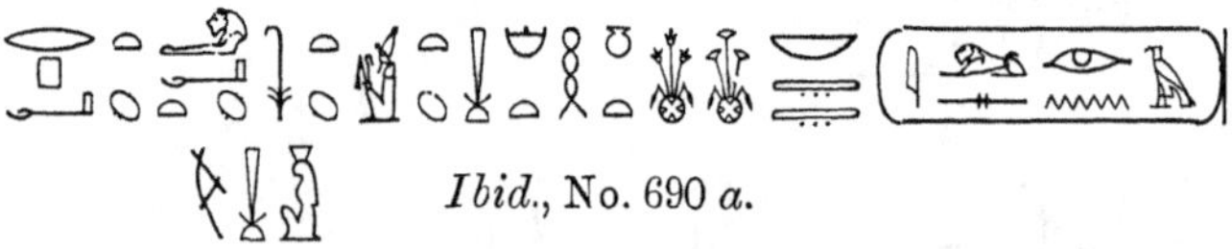

Ibid., No. 690 *a*.

Ibid., No. 690 *b*.

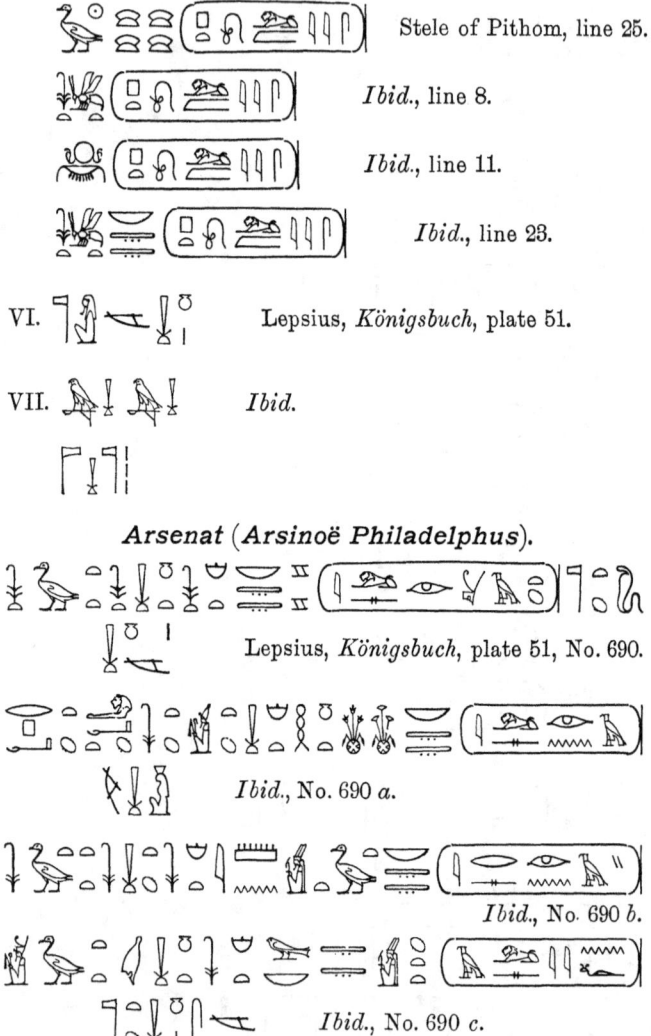

Ibid., No. 690 *c*.

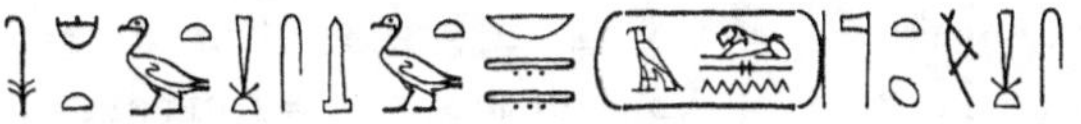

Ibid., plate 52, No. 690 *d.*

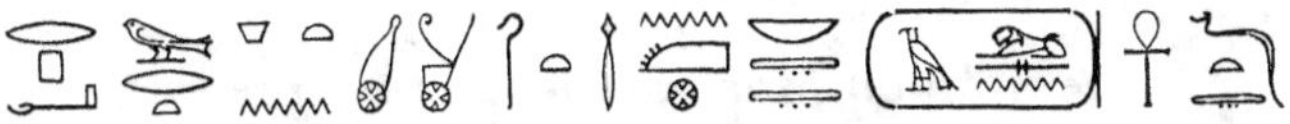

Ibid., No. 690 *f.*

Ibid., No. 690 *g.*

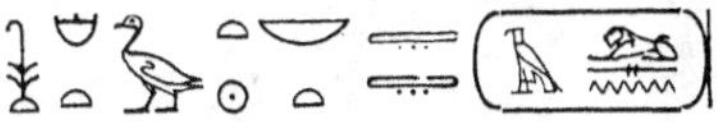

Ibid., No. 690 *i.*

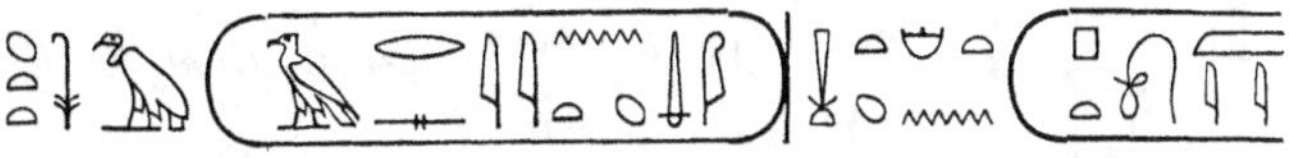

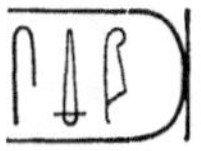

Ibid., No. 690 *l.*

Ibid., No. 690 *k.*

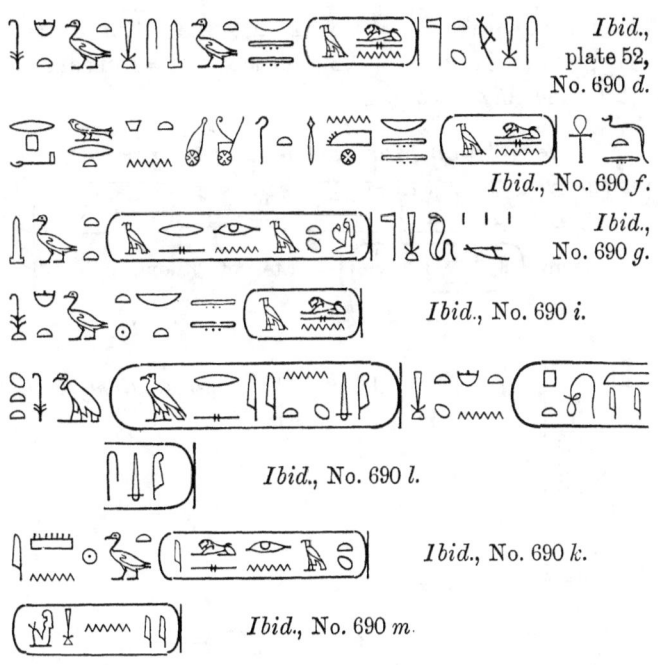

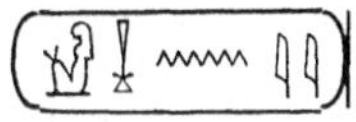

Ibid., No. 690 *m.*

Ptolemy III Euergetes I.

I. Horus name	Ḥekenu - neteru - ret-ḥer-f-em-shep-f-sutenit-mā-tef-f.
II. N-U name	Qen-netchet-neteru-menkh-en-ta-merȧ.
III. Golden Horus name	Ur - peḥti - ȧri - khu - neb - seṭu-Ptaḥ-mȧ-Ȧthi-Rā-mȧ.
IV. Suten Bȧt name	Neterui-senui-āā-en-Rā-setep-en-Ȧmen-sekhem-ānkh.
V. Son of Rā name	Ptulmis - ānkh - tchetta - meri-Ptaḥ-āā-en-neterui-senui.

VI. Official surname P-NETER-MENKH = EUERGETES.
VII. Alexandrian title NETERUI-MENKHUI = EUERGETAI.
(of the king and queen).

Khnem-àb-en-Maāt-meri-neteru Arsenati.

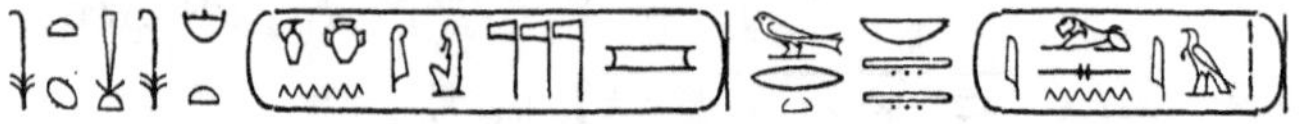

(var. 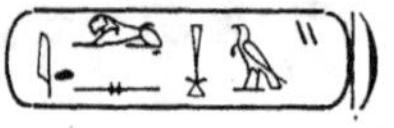 Stele of Pithom, ed. Naville.

I.  L. D., IV, 9—13; Lepsius, *Königsbuch*, plate 52, No. 692.

 *Ibid.*

II. 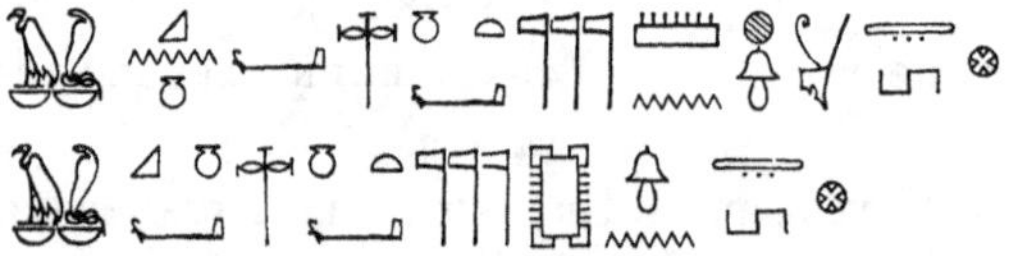 *Ibid.*

III.  *Ibid.*

IV. 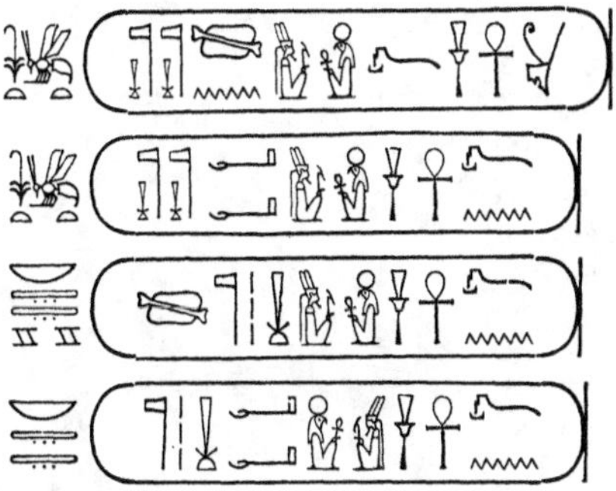 *Ibid.*

V. 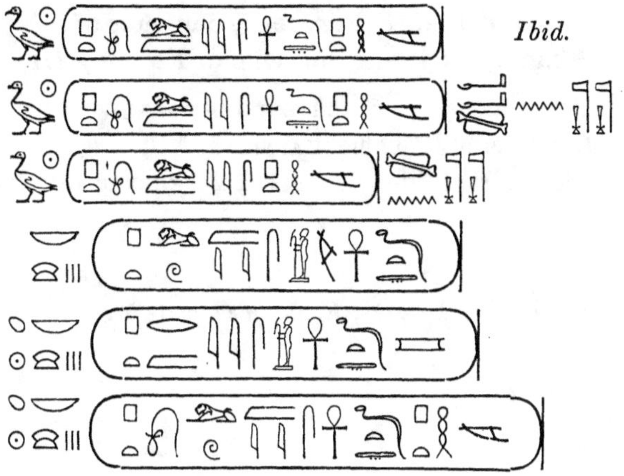 *Ibid.*

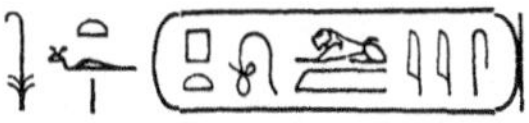 *Ibid.*

VI. 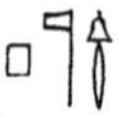 *Ibid.*

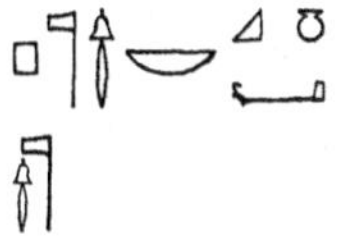

VII.  *Ibid.*

Barnikat, Berenice II, daughter of *Magas of Cyrene* and wife of *Ptolemy III.*

I. Horus name	Ḥeqt-àri-en-ḥeqt.
V. Daughter of Rā name	Barnikat.
VII. Alexandrian title	Netert-menkhet-meri-neterti.

I.  Lepsius, *Königsbuch*, plate 52.

V.  *Ibid.*

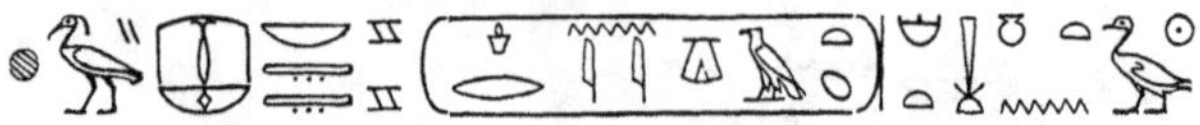

 *Ibid.*

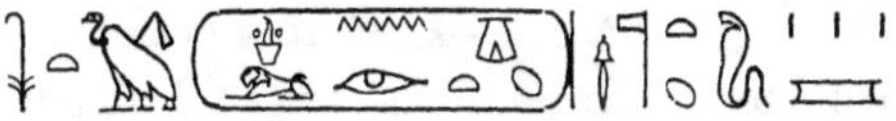 *Ibid.*

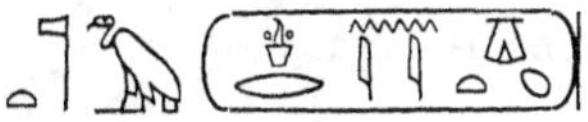 *Ibid.*

VII. 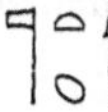 *Ibid.*

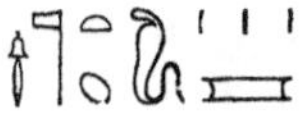

***Barnikat, Berenice,* daughter of *Ptolemy III* and *Berenice II* (died March, B. C. 238).**

 Decree of Canopus, lines 27 and 28.

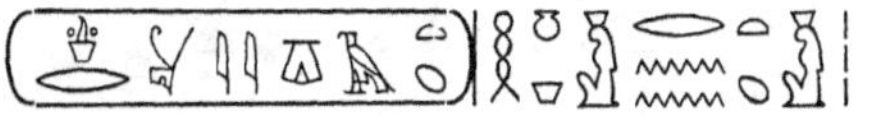 *Ibid.*, lines 31 and 32.

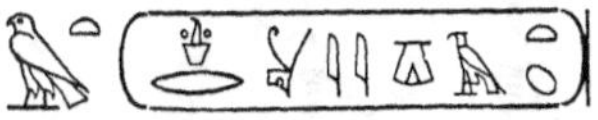 *Ibid.*, line 31.

Ptolemy IV. Philopator.

I. Horus name	ḤUNNU-QEN-SKHĀ-EN-SU-TEF-F.
II. N-U name	UR-PEḤTI-MENKH-ȦB-KHER-NETERU-NEBU-NETCHTI-HAMEMET.
III. Golden Horus name	SUTCHA-BAQT-SḤETCH-MAĀU-PAU-SMEN-HEPU-TEḤUTI-ĀA-ĀA-NEB-SEṬ-PTAḤ-TANEN-MȦ (variant MERI)-ȦTHI-RĀ-MȦ.
IV. Suten Bȧt name	NETERUI-MENKHUI-ĀA-PTAḤ-SETEP-EN-KA-USER-RĀ-SEKHEM-ĀNKH-ȦMEN.

V. Son of Rā name	PTULMIS-ĀNKH-TCHETTA-ȦST-MERI.
VI. Official surname	NETER-MERI-TEF = PHILOPATOR.
With his wife	NETERUI-MERUI-ȦTFU.

I. 

L. D., IV, 14–17; Lepsius, *Königsbuch*, plate 53, No. 694.

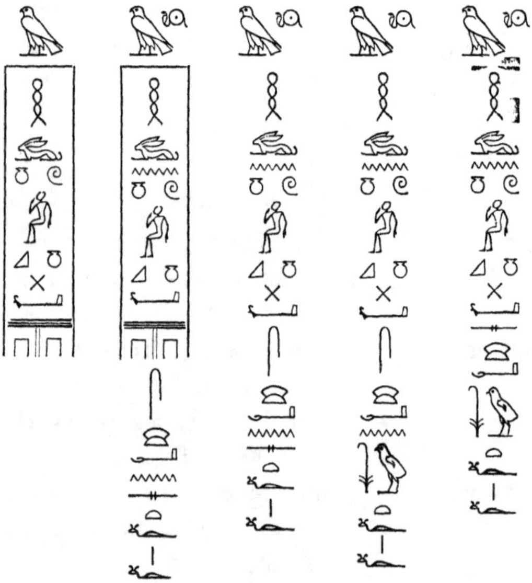

Ibid.

II. 

 *Ibid.*

III. 

 *Ibid.*

IV. 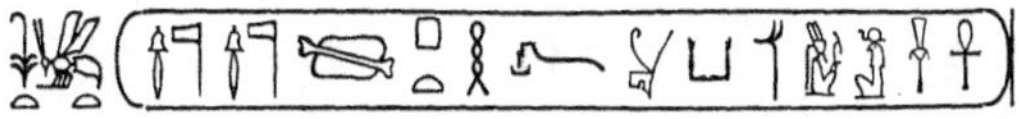 *Ibid.*

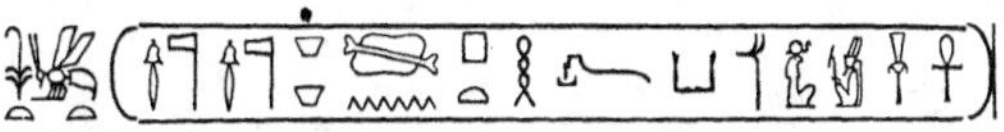

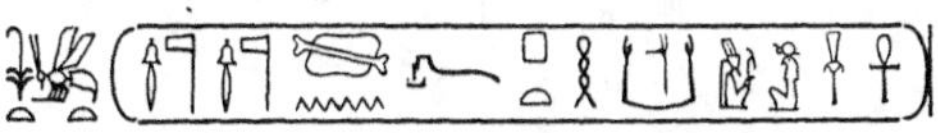

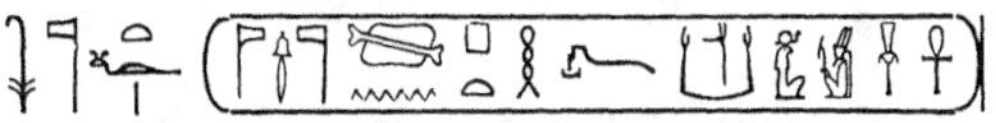

V. 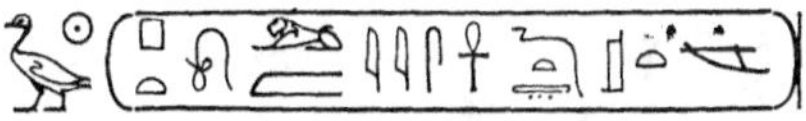 *Ibid.*

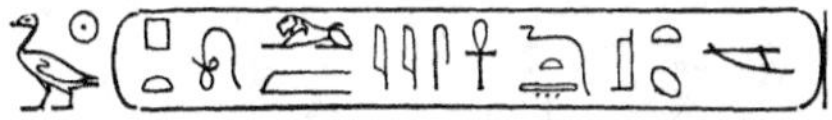

VI.  *Ibid.*

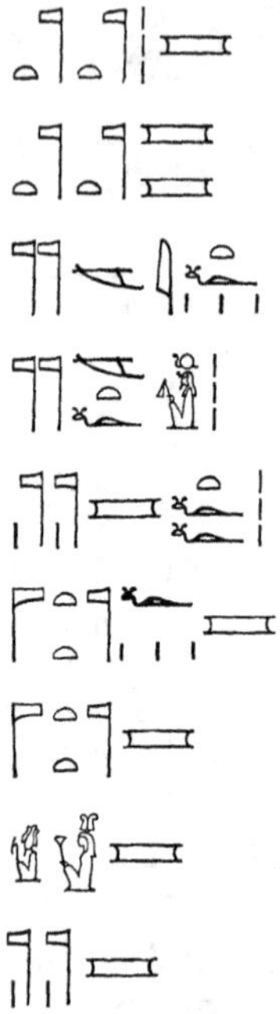

Arsinat, Arsinoë III, wife of *Ptolemy IV.*

Lepsius, *Königsbuch*, plate 53, 695 *a* ff.

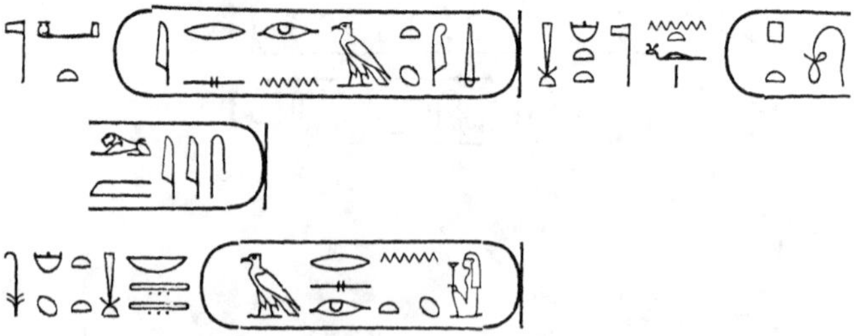

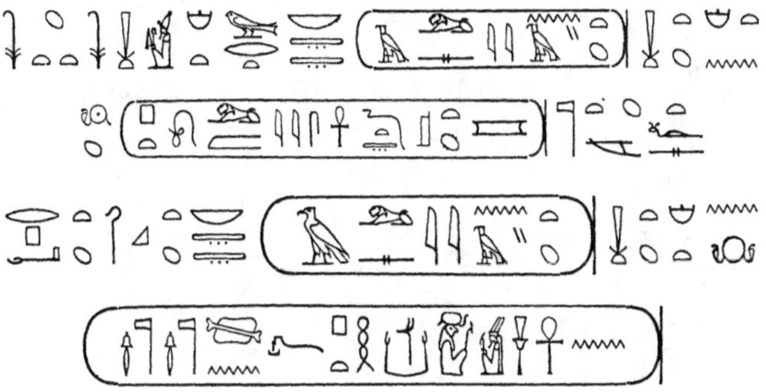

Ptolemy V. Epiphanes.

I. Horus name	ḤUNNU-KHĀUI-EM-SUTEN-ḤER-ÅST-TEF-F.
II. N-U name	UR-PEḤTI-SMEN-TAUI-SNEFER-TA-MERÅ-MENKH-ÅB-KHER-NETERU.
III. Golden Horus name	UATCH-ĀNKH-EN-HAMEMET-NEB-SEṬ-MÅ-PTAḤ-TANEN-ÅTHI-RĀ-MÅI.
IV. Suten Båt name	NETERUI-MERUI-[Å]TUI-ĀĀ-SETEP-EN-PTAḤ-USER-KA-RĀ-ÅMEN-SEKHEM-ĀNKH.
V. Son of Rā name	PTULMIS-ĀNKH-TCHETTA-PTAḤ-MERI.
VI. Official surname	P-NETER-PER = EPIPHANES.
VII. Titles of honour	1. NETCH BAQET, *i. e.*, "Defender of Egypt".
	2. NEB-NEFERU, *i. e.*, "Lord of good deeds".

I. 

L. D., IV, 18—20; Lepsius, *Königsbuch*, plates 23, 24.

II. 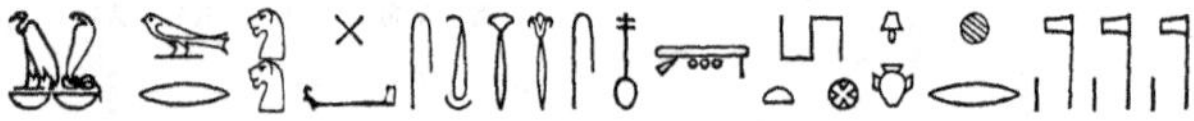

III. 

IV. 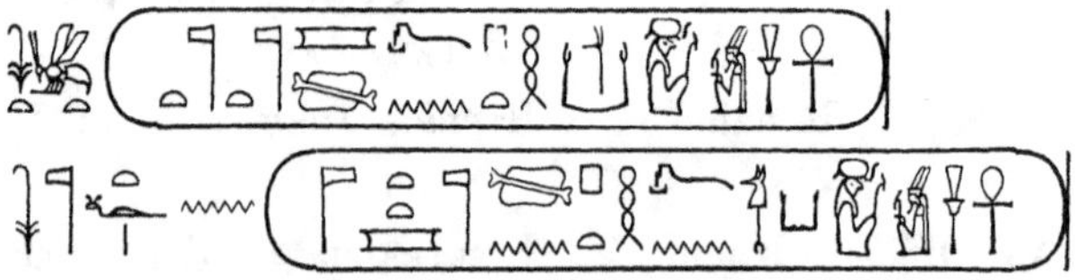

V. 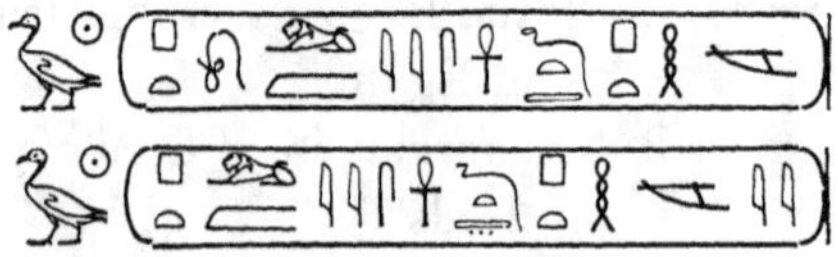

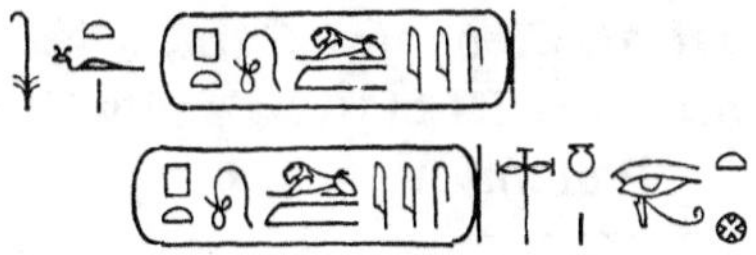

VI.

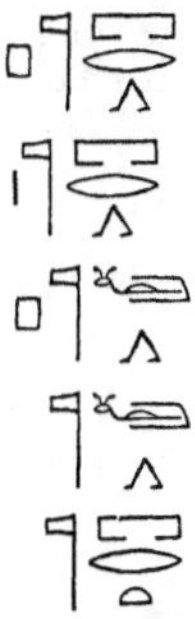

VII.

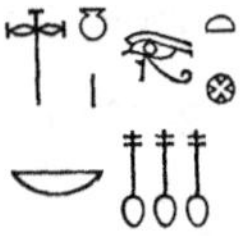

Ptolemy V and *Cleopatra Syra*, the gods *Epiphanes*.

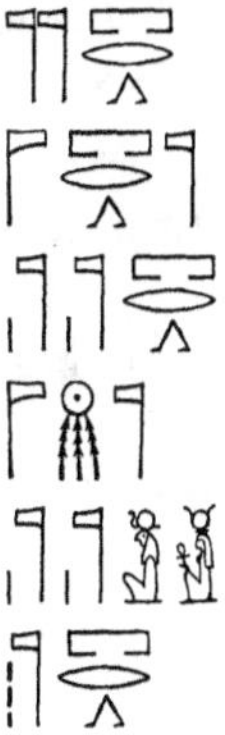

Klaupatrat, Cleopatra Syra, daughter of *Antiochus III* of Syria and wife of *Ptolemy V.*

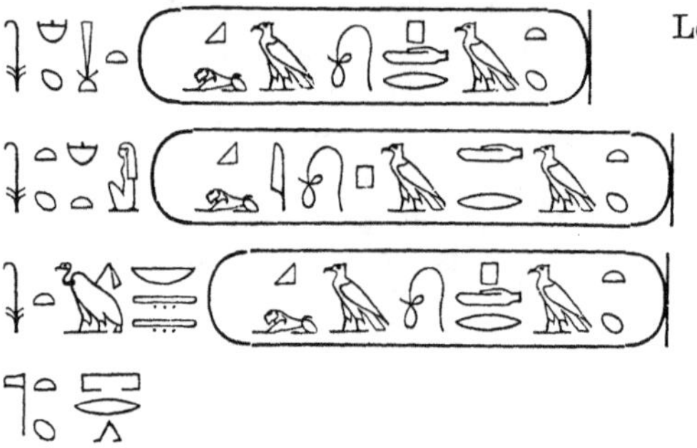

Lepsius, *Königsbuch*, plate 54, No. 697, *a* ff.

Ptolemy VI (?) *Eupator.*

Official surname  = Eupator.

Lepsius, *Königsbuch*, plate 54, No. 698.

Ptolemy VII (?) *Philometor I.*

I. Horus name	Ptaḥ-Tanen-em-khat-f-sensen-Ḥāp-ānkh-ḥer-meskhent-sen.
II. N-U name	Em-maāt-skhā-en-su-tef-f.
III. Golden Horus name	Ur-peḥti-neb-ḥebu-mȧ-tef-f-Ptaḥ-Tanen-tef-neteru-ȧthi-Rā-mȧ.
IV. Suten Bȧt name	Neterui-perui-āā-Ptaḥ-kheper-setep-en-Rā-ȧri-Maāt-Ȧmen.
V. Son of Rā name	Ptulmis-ānkh-tchetta-Ptaḥ-meri.
VI. Official surname	P-neter-mut-f-meri = Philopator.

I.

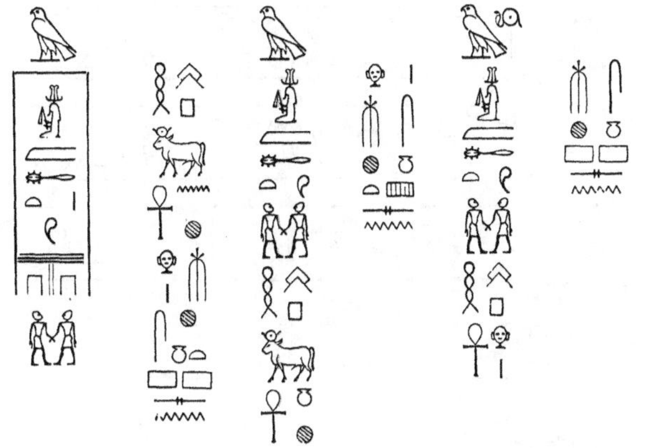

L. D., IV, 21—27 ; Lepsius, *Königsbuch*, No. 699.

II.

III.

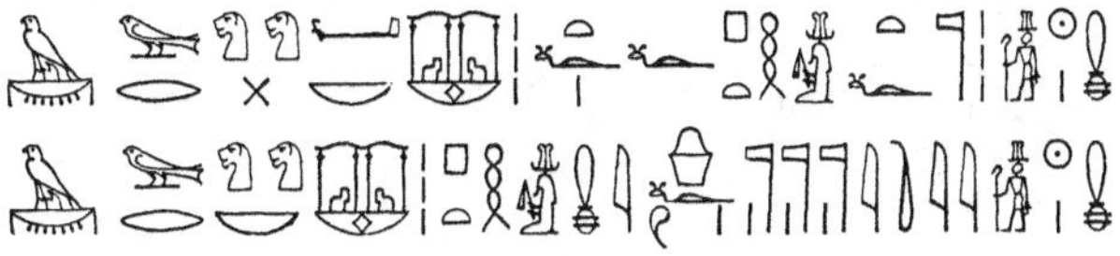

IV.

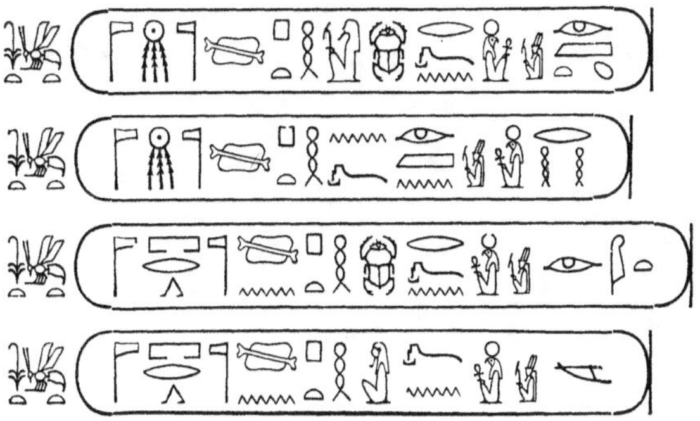

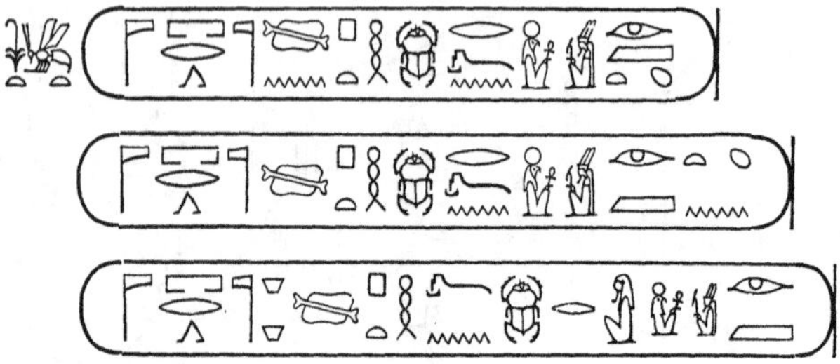

V. 

VI. 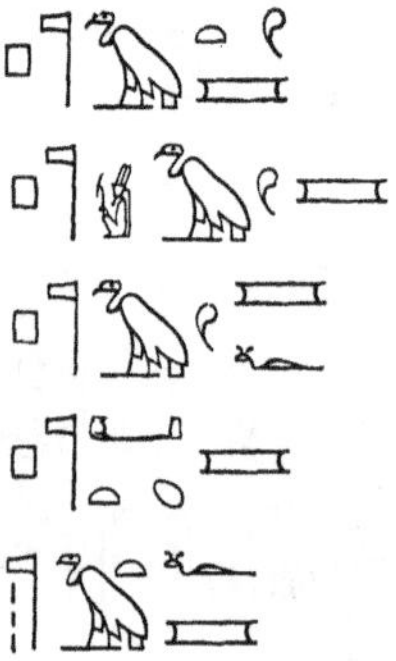

Ptolemy VII and *Cleopatra II Philometores.*

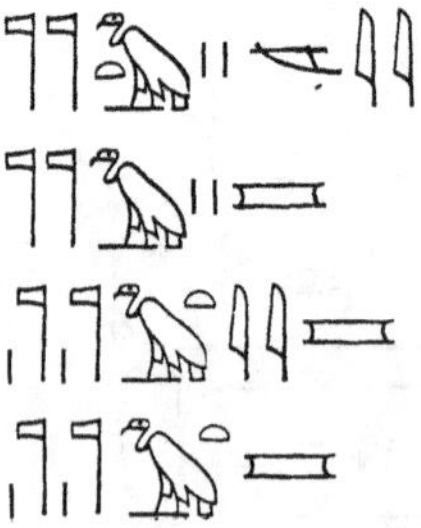

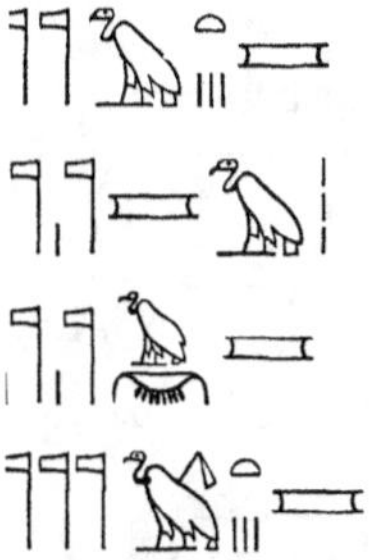

Kluapetrat, Cleopatra Soteira, **wife of** ***Ptolemy VII.***

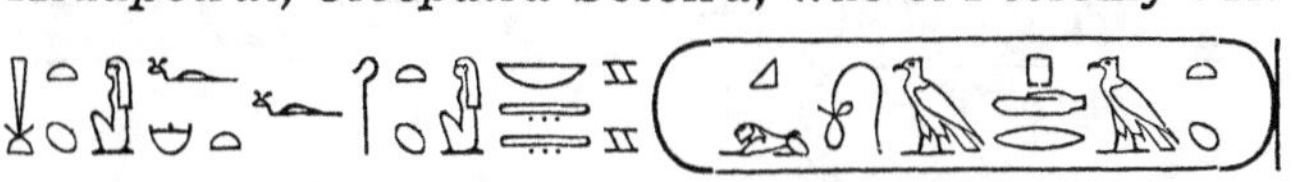

Lepsius, *Königsbuch*, No. 70 *a* ff.

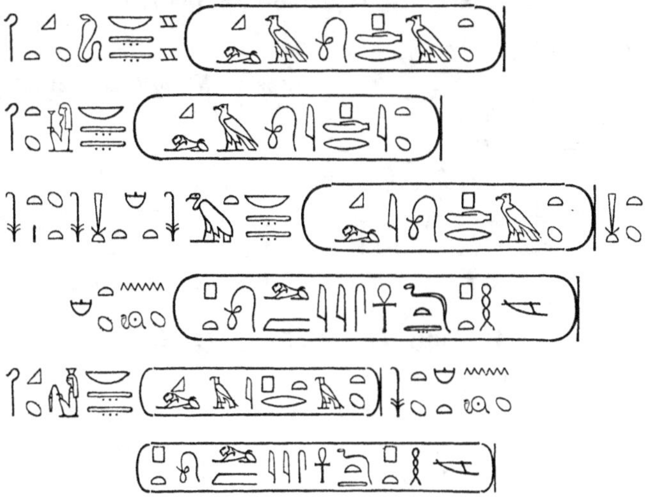

Ptolemy VII
and his sister-wife *Cleopatra II* and brother.

1. 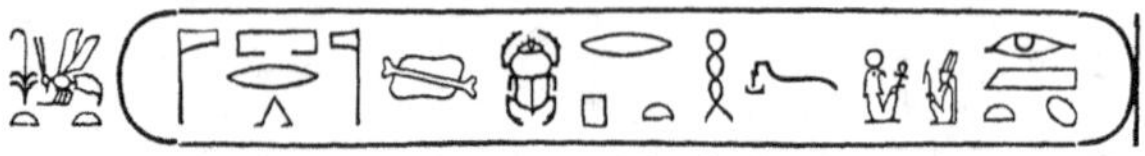

Lepsius, *Königsbuch*, plate 55, No. 701.

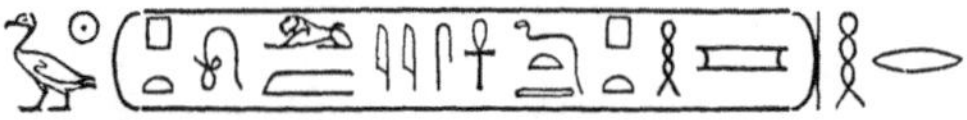

2. 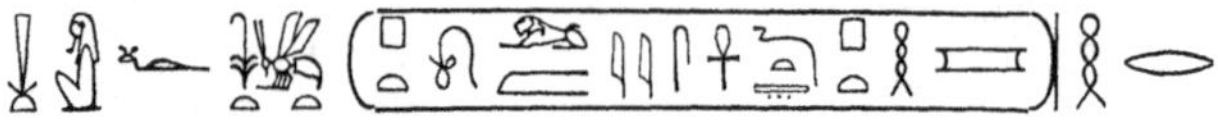

3. 

Official surname — NETERIU-MERIU-MUT = Philometores.

Ptolemy VIII (?) *Philopator II.*

Official surname —

Lepsius, *Königsbuch*, plate 55, No. 704.

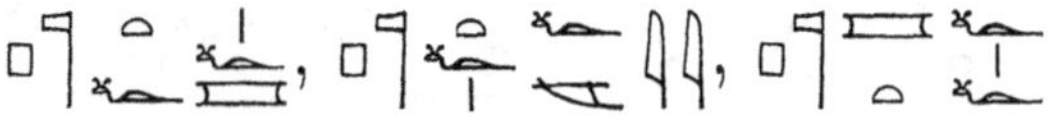

P-NETER-ḤUNNU-TEF-F-MERI = NEOS PHILOPATOR.

Ptolemy IX (?) *Euergetes II.*

I. Horus names

1—6. ḤUNNU-ḤEKENT-ÀM-ĀNKH-F ḤER-NEST-ÀTEF-F-MĀRET-SEPU-TCHESER-MES-KHĀU-F-ḤER-ḤĀP-ĀNKH.

7. Ḥunnu-ḥekennu-neteru-ret-ḥer-f-shep-nef-nefert-suteniu-mā-tef-f-resu-kher-sentṭ-f-Ȧmentet-Ȧbtet-kher-en-shefit-f.

8. Ḥunnu-ḥekent-ḥer-ȧst-tef-f-tȧat-tche-serti-en-suten-neteru-setep-en-Tem-tchesef.

9. Ḥunnu-ḥer-peti-paut-sa-Ȧsȧr-mes-en-Ȧst.

II. N-U name Seher-ȧb-taui.

III. Golden Horus name

Ur-peḥti-neb-setṭ-tef-f-mȧ-Ptaḥ-Tanen-tef-neteru-ȧthi-Rā-mȧ.

IV. Suten Bȧt name

Neterui-perui-āā-en-Ptaḥ-setep-en-Rā-ȧri-maāt-sekhem-ānkh-Ȧmen.

V. Son of Rā name

Ptulmis-ānkh-tchetta-Ptaḥ-meri.

VI. Official surname Neter-menkh = Euergetes.

VII. Titles of honour 1. Neb-qen = Nikephoros.

2. Seḥetep-tef-f.

I. 1. 

L. D., IV, 29—30; Lepsius, *Königsbuch*, plates 55 and 56.

2. 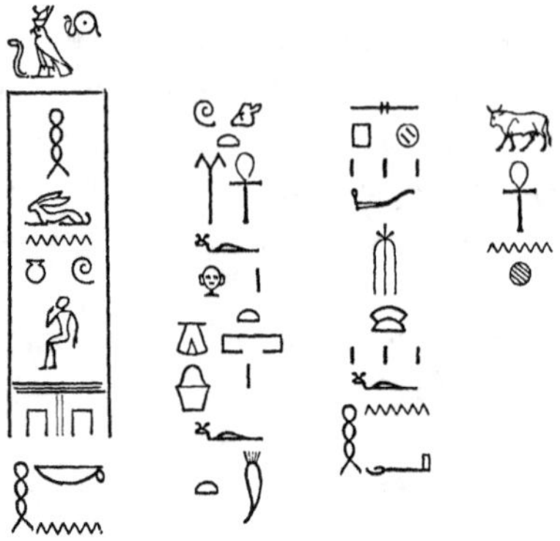

3. 

4. 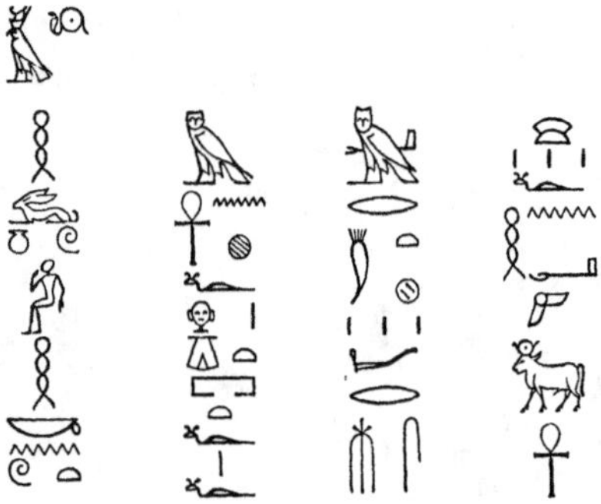

5.

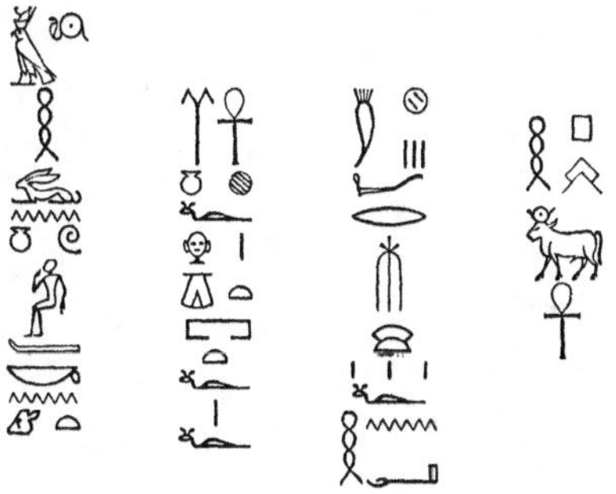

6.

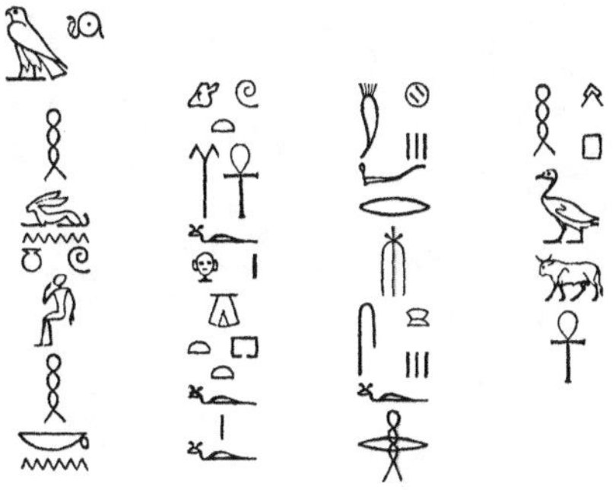

7.

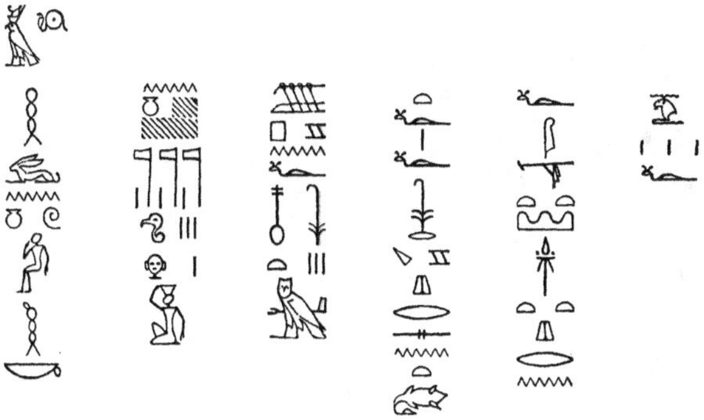

8.

9.

II.

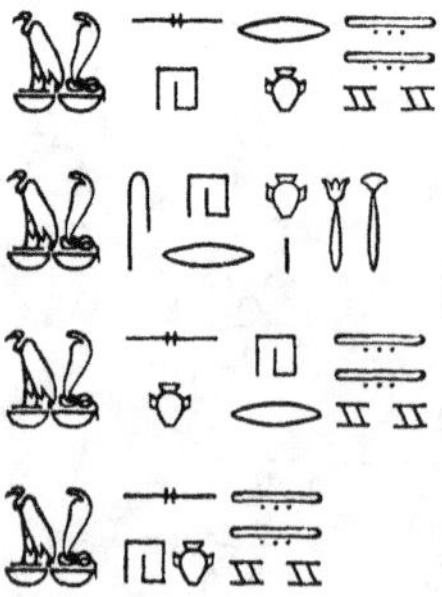

III.

IV.

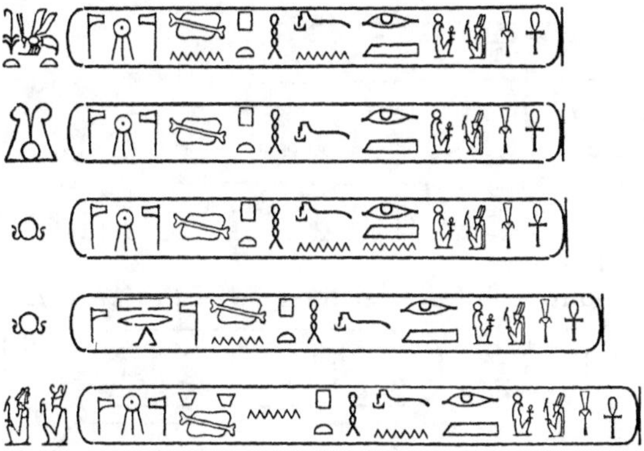

V.

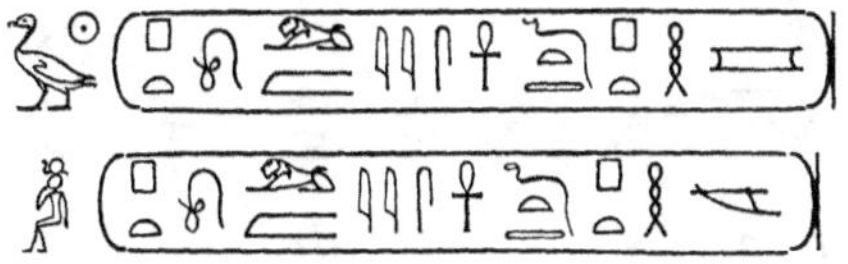

VI.

VII. 

Ptolemy IX,
Cleopatra Soteira, and *Cleopatra Kokke.*

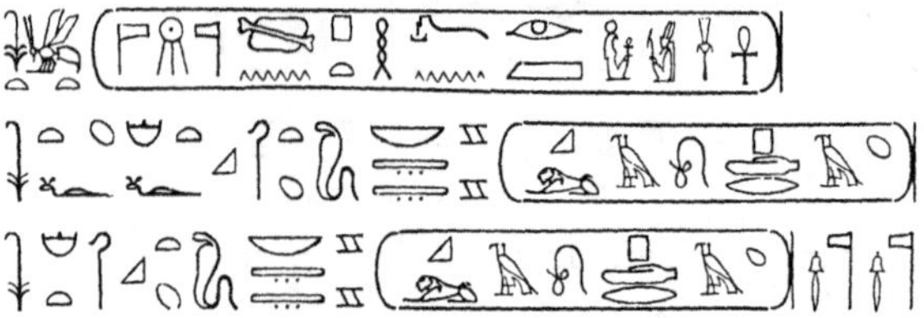

Cleopatra Soteira, sister-wife of *Ptolemy IX.*

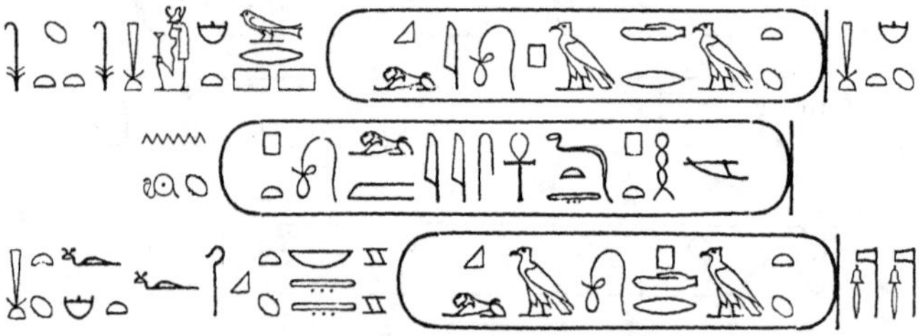

Ptolemy IX and *Cleopatra II.*

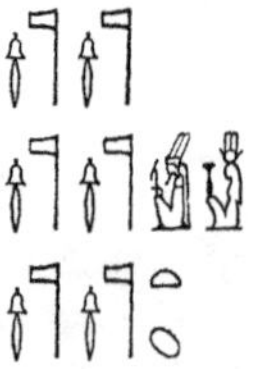

VI. Official surname NETERUI-MENKHUI = EUERGETAI.

Ptolemy IX, Cleopatra II, and *Cleopatra III.*

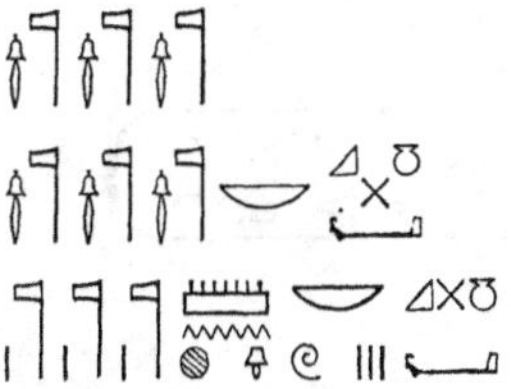

VI. Official surname NETERIU-MENKHIU = EUERGETAI.
VII. Title of honour NEBU-QEN = NIKEPHORES.

Klauapatrat, Cleopatra Kokke, niece and wife of *Ptolemy IX.*

I. Horus name KAT-NEKHTET-ḤERT.
IV. Daughter of Rā name KLAUAPATRAT.
VI. Official surname TA-NETERT-SEN-MERI = PHILADELPHUS.

I.  Lepsius, *Königsbuch*, plate 57, No. 709.

IV. 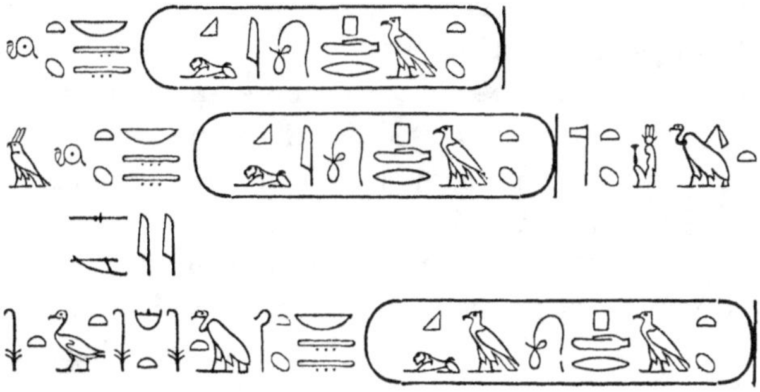

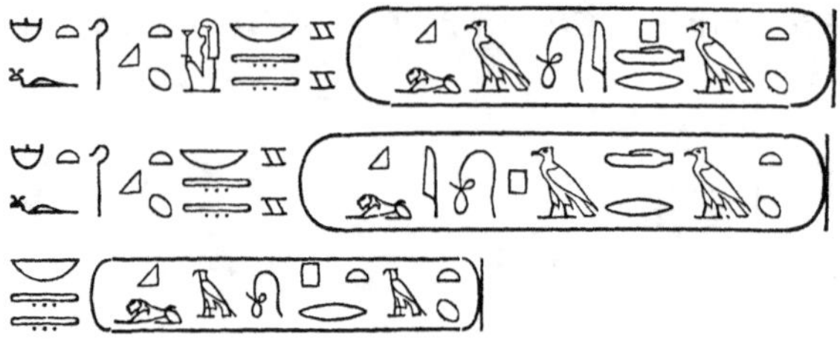

VI. 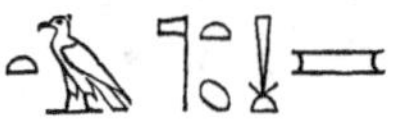

Ptolemy X Soter II (or *Philometor II*).

I. Horus name

Ka-nekht-mȧ-ȧthi-Ṭeṭ-per-em-Ta-merȧt-Ḥāp-ānkh-mȧ-erṭā-nef-seṭut-āsht-uru-mȧ-Ptaḥ-Tanen-ȧtef-neteru.

II. N-U name

Ur-peḥti-ḥent-sha-en-neḥeḥ-nefer-ȧb ...-neferu-Teḥuti-āa-āa-mȧ-neb-shefit-mȧ-Neb-tcher-ṭeṭṭeṭ-sutenit-Rā-mȧ-em-āu-ȧb-ḥeq-em-pa-Shu-thet-nef-nest-en-Seb-erṭā-nef-ānkh-user-en-Ȧsȧr.

III. Golden Horus name ...

IV. Suten Bȧt name

Āā-en-neter-menḥ-netert-menḥet-setep-en-Ptaḥ-ȧri-Maāt-Rā-sekhem-ānkh-Ȧmen.

With additions : Netchti Mut-s-meri.

V. Son of Rā name

Ptulmis-ānkh-tchetta-Ptaḥ-meri.

VI. Official surnames 1. Netchti = Soter.

2—5. Mut-f-meri = Philometor.

I. 

L. D., IV, 40—42; Lepsius, *Königsbuch*, plate 57, No. 711.

II. 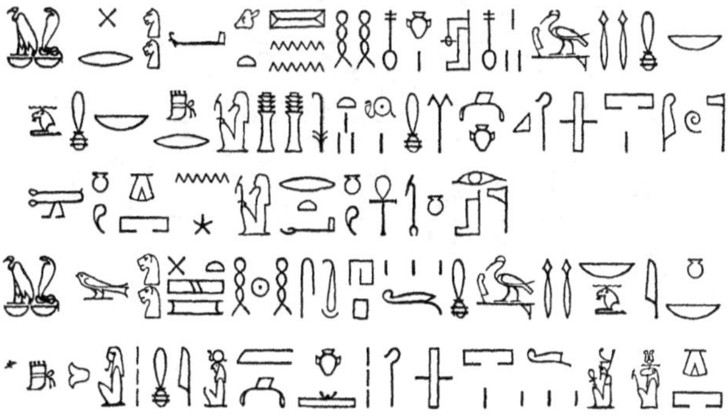

IV. 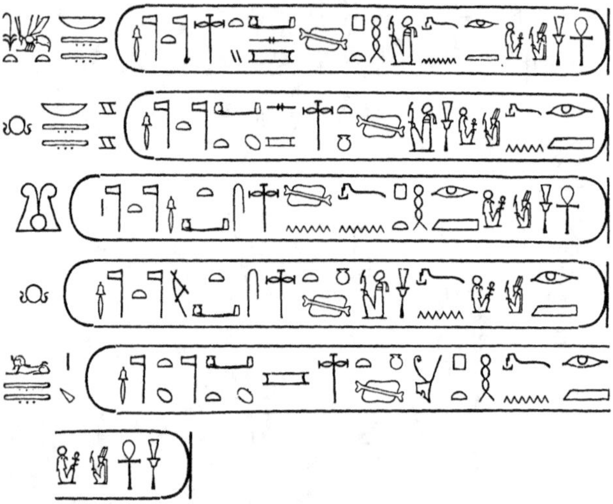

V. 

VI. 1. 

2. 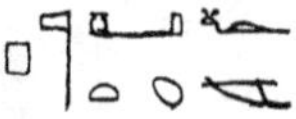

3. 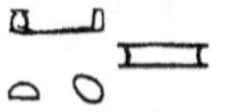

4. 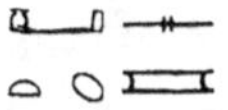

5. 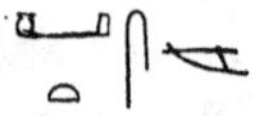

Ptolemy X and *Cleopatra IV, Philometores.*

Lepsius, *Königsbuch*, plate 57.

Ptolemy X, Cleopatra IV, and Cleopatra V Selene, Philometores.

Lepsius, *Königsbuch*, plate 57.

Klaupatrat, Cleopatra IV, sister-wife of *Ptolemy X.*

Lepsius, *Königsbuch*, plate 57, No. 713.

Cleopatra IV and *Cleopatra V Selene,* wives of *Ptolemy X.*

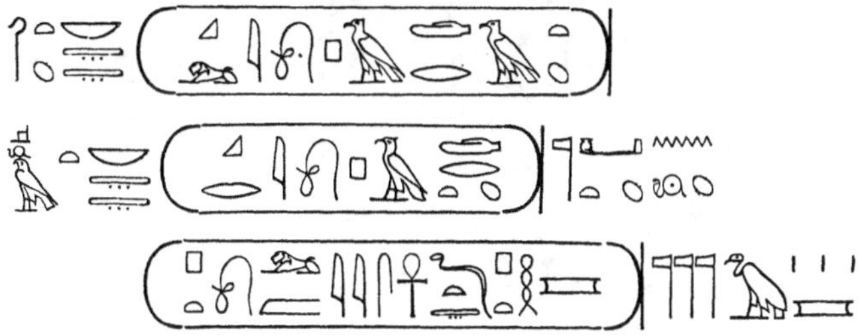

Ptolemy XI Alexander I.

I. Horus name

PTAḤ-EM-KHAT-KHNEM-EN-SU-ḤĀP-ĀNKH-ḤER-MESKHENTI-ḤUNNU-NEFER-MĀRET-MERT-SEKHĀ-EN-SU-MUT-F-ḤER-NEST-TEF-F-ṬEMA-Ā-ḤU-SEMTI-THET-EM-SEKHEM-F-RĀ-MȦ-F-EM-KHUT.

II. N-U name SEHER-ȦB-TAUI-KA-NEKHT-SEKHEM-SHA-ḤEḤ.

III. Golden Horus name

ĀA-ȦB-NETERU-MERI-BAQET-ȦTHI-ḤEQ-UATCHTI-ĀQ-F-TA-MERȦT-EM-ḤETEP-MEN-F-ṬIU-F-EM-ĀḤĀ-NETERIT-EM-SA-F-ERṬĀ-NEF-SEṬU-ĀSHT-URU-ȦN-PTAḤ-TEF-NETERU-ERṬĀ-EN-SUTENIT-EN-RĀ-ȦMEN-RĀ-NEKHT-Ȧ-ȦMEN-EN-NEB-MAĀT-ȦRI-MAĀT-SMEN-HEPU-TEḤUTI-MȦ.

IV. Suten Bȧt name

NETERUI-MENKHUI-ĀĀ-PTAḤ-SETEP-EN-ȦRI-MAĀT-RĀ-ȦMEN-SENEN-ĀNKH-EN.

V. Son of Rā name PTULMIS-TCHETU-NEF-ARKSȦNTRS-ĀNKH-TCHETTA-PTAḤ-MERI.

VI. Official surname P-NETER-MUT-F-MERI = PHILOMETOR.

I.

L. D., IV, 43—46; Lepsius, *Königsbuch*, plate 58, No. 714.

II. 

III. 

IV. 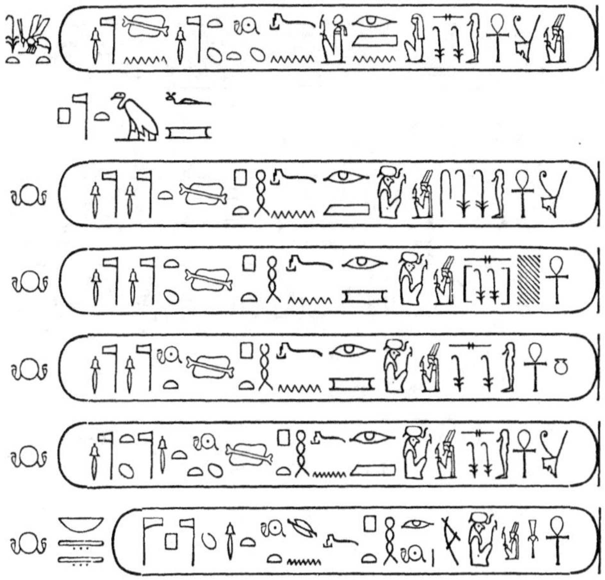

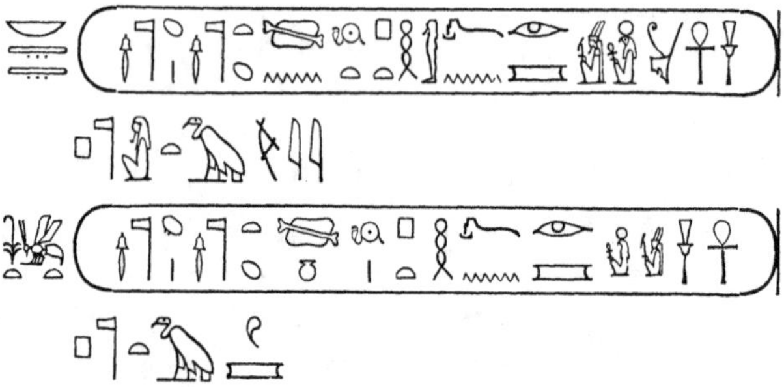

V.

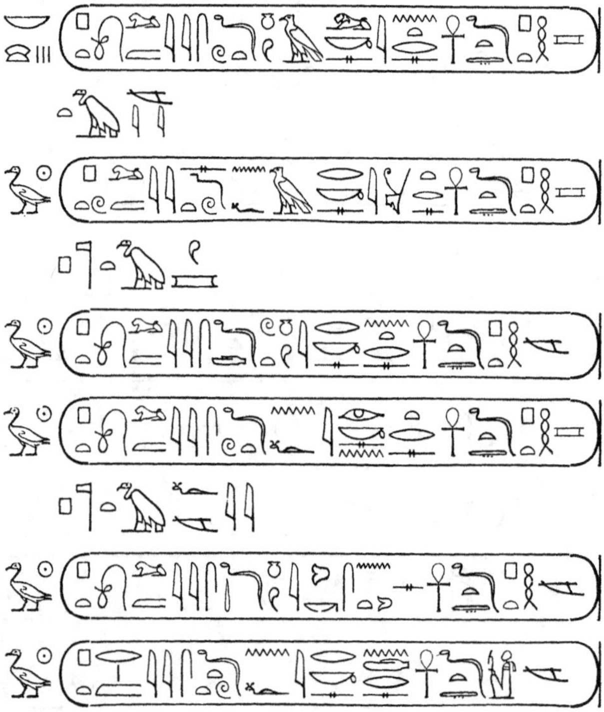

VI. 

Cleopatra IV Berenice III, daughter of *Ptolemy X*, wife of *Ptolemy XI*.

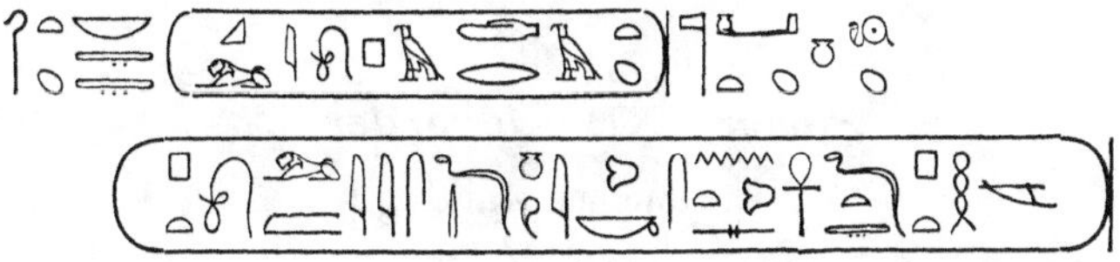

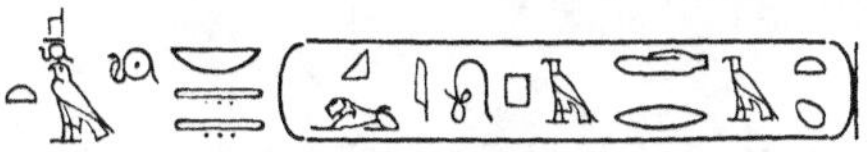

Lepsius, *Königsbuch*, plate 58, No. 715.

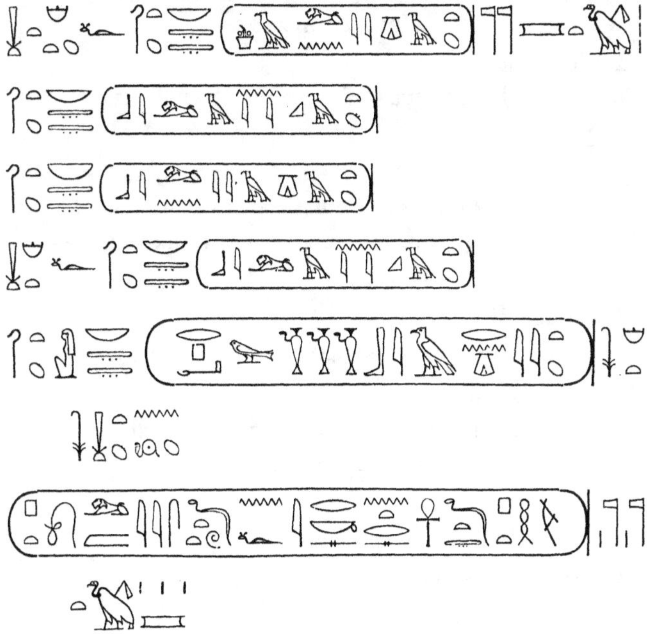

Ptolemy XI and Cleopatra IV Berenice III, Philometores.

Ptolemy XII Alexander II.

[Cartouches wanting.]

Ptolemy XIII Philopator III Philadelphus II Neos Dionysos.

I. Horus name
ḤUNNU-NEFER-MĀRET-MERT-PTAḤ-TANEN-SU.

II. N-U name
REKHIT-ḤER-KA-F-ḤER-ṬUAU-F-KHNEM ...-ER-SHEP-F-KHĀ-EM-ḤETCHET-SENSEN-EN-SU-ḤUNNU-EM-ĀḤĀ-NETCHET-TEF-F-MȦ-NUT-PER-SU-ḤER-NEST-EN-TEF-F.

III. Golden Horus name
ĀA-ȦB-ȦTHI-NEB-QEN-NEKHT-SA-ȦST-MȦ.

IV. Suten Bȧt name
P-NETER-EN-ĀĀ-ENTI-NEḤEM-PTAḤ-SETEP-EN-ȦRI-MAĀT-EN-RĀ-SEKHEM-ĀNKH-ȦMEN.

V. Son of Rā name
PTULMIS-ĀNKH-TCHETTA-PTAḤ-ȦST-MERI.

VI. Official surname
NETERUI-ȦTUI-MERI-SEN-MERI = PHILADELPHUS.

I.

L. D., IV, 47 ff.; Lepsius, *Königsbuch*, plate 59, No. 720.

II.

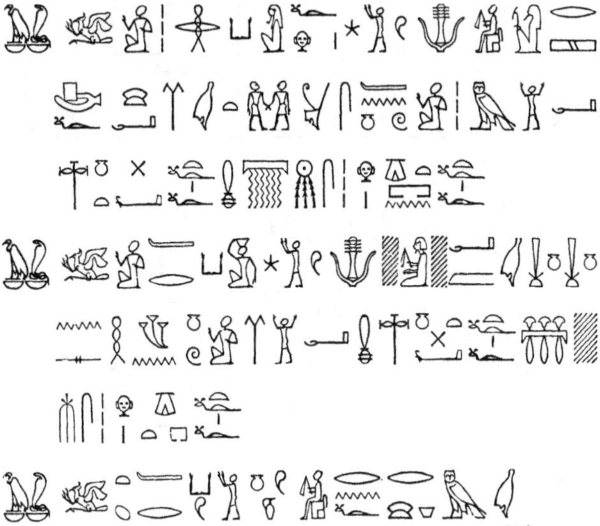

III. 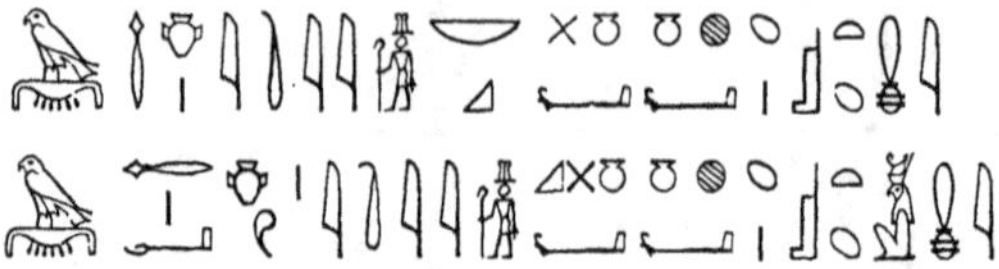

IV. 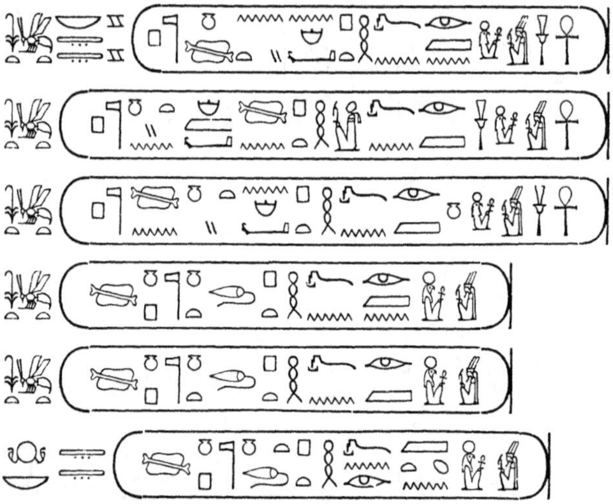

V. 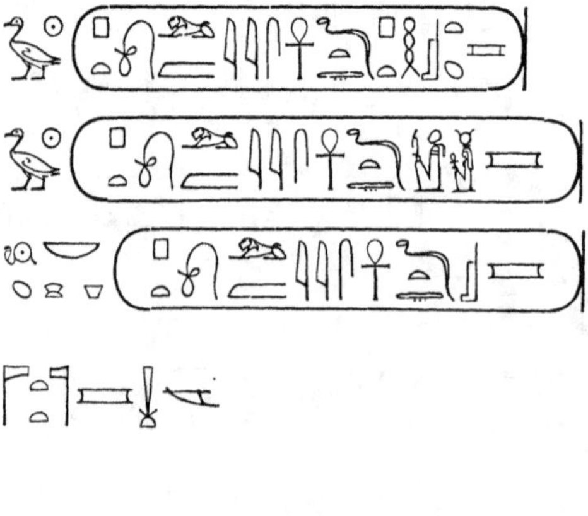

VI.

Ptolemy XIII and *Cleopatra V Tryphaena,* "the two brother-loving gods".

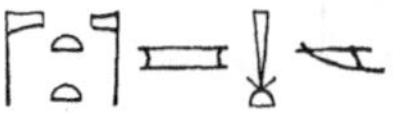

Lepsius, *Königsbuch*, plate 60, No. 721.

Ptolemy XIII (?) *Philopator Philadelphus.*

I. Horus name	TCHESER-MES-KHĀU-ḤER-ḤĀP-ĀNKH.
II. N-U name	...
III. Golden Horus name	...
IV. Suten Bȧt name	P-NETER-TEF-F-MER-SEN-[MER]-ȦSȦR-ḤUNNU.
V. Son of Rā name	PTULMIS-ĀNKH-TCHETTA-PTAḤ-MERI-ȦST-MERI.

I.

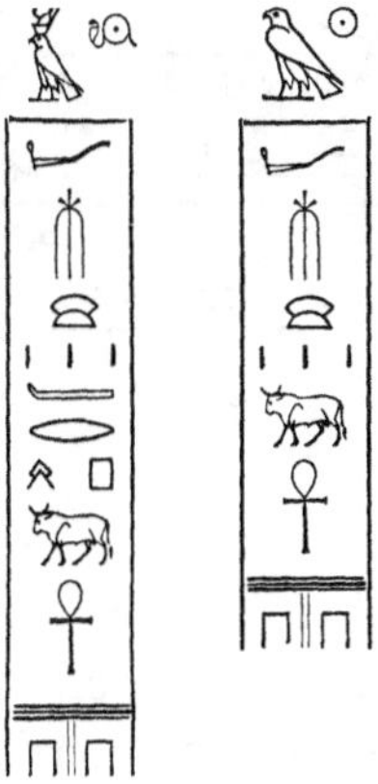

Lepsius, *Königsbuch*, plates 60, 61, No. 720.

IV.

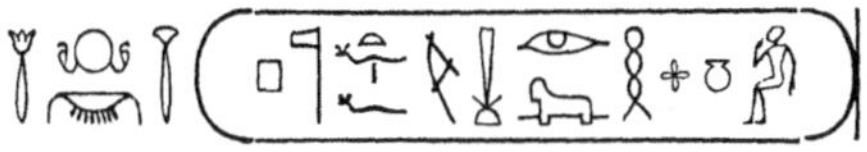

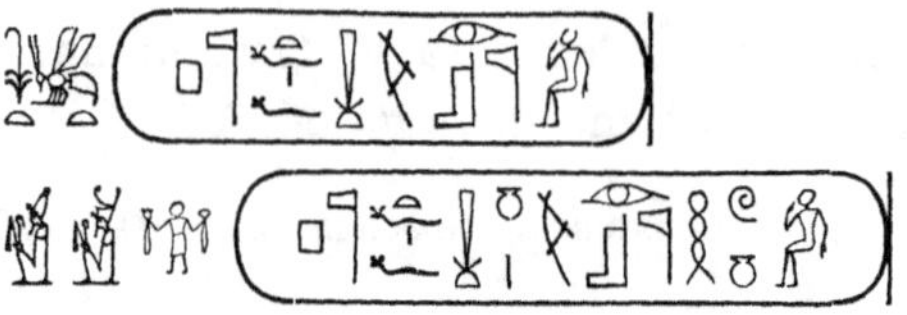

V.

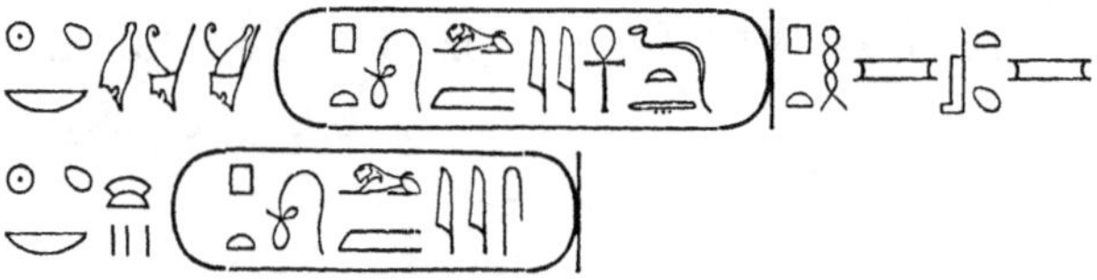

Cleopatra VI Tryphaena.

Lepsius, *Königsbuch,* plate 60, No. 725.

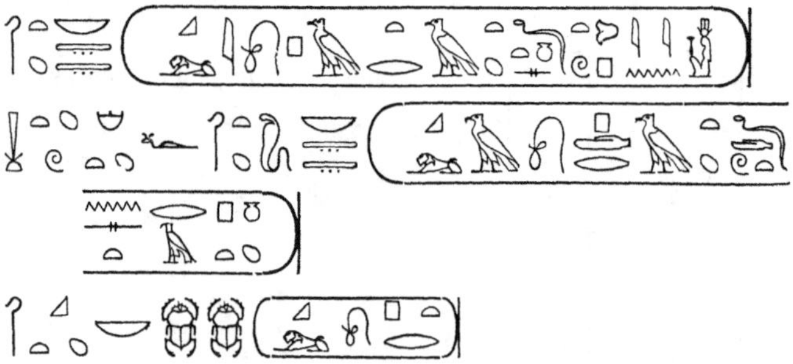

Ptolemy XIII* and *Cleopatra VI Tryphaena,
"the two father-loving and brother-loving gods".

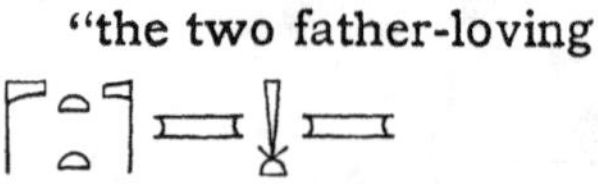

Klupetrat, Cleopatra VII Tryphaena Philopator.

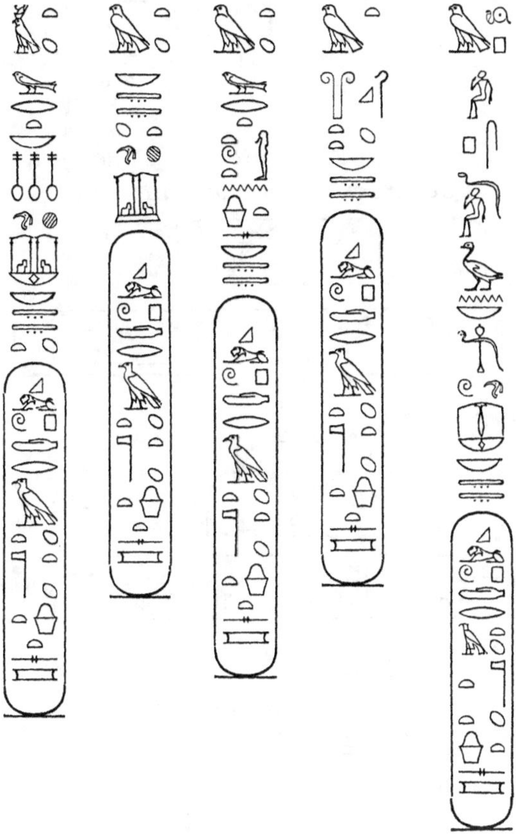

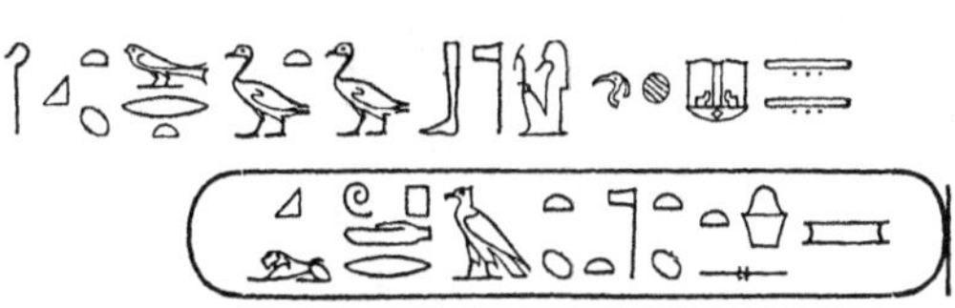

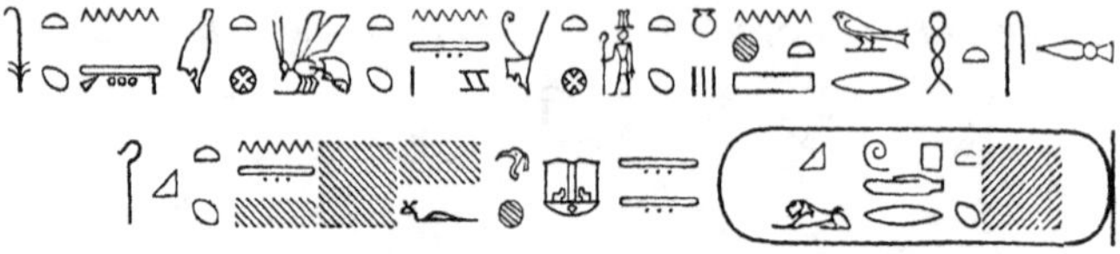

Cleopatra VII Philopator and *Ptolemy XVI Caesarion Philopator Philometor.*

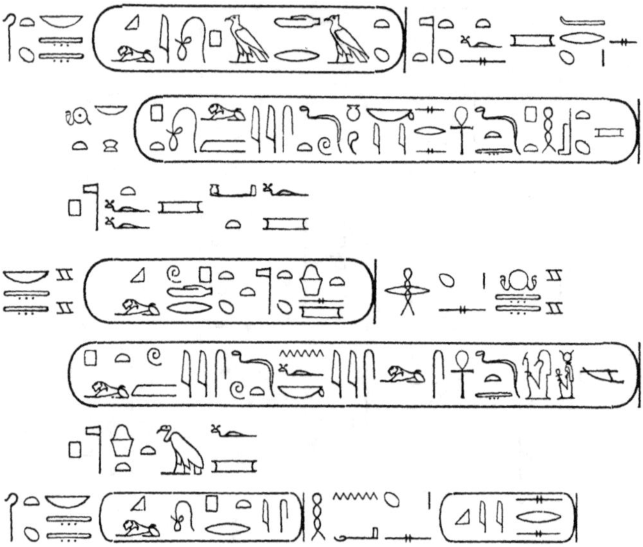

Ptolemy XIV.

[Cartouches wanting.]

Ptolemy XV.

[Cartouches wanting.]

Ptolemy XVI. Caesarion.

I.	Horus name	1—3. ḤUNNU-NEFER-MĀRET-MERT.
		4. KA-NEKHT-KHU-SATIU-RĀ-ÀĀḤ.
II.	N-U name	...
III.	Golden Horus name	...
IV.	Suten Bȧt name	...
V.	Son of Rā name	PTULMIS-KISRS-ĀNKH-TCHETTA-PTAḤ-ÀST-MERI.
VI.	Official surnames	ÀT-F-MERI = PHILOPATOR.
		MUT-F-MERI = PHILOMETOR.

I. 1.  2.  3. 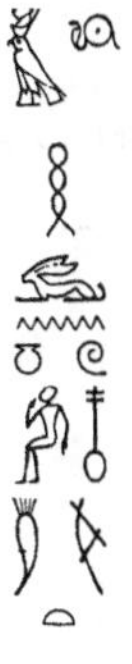

L. D., IV, 53 ff.; Lepsius, *Königsbuch*, plate 60, No. 727.

4. 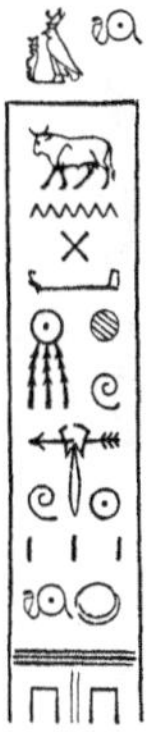

V.

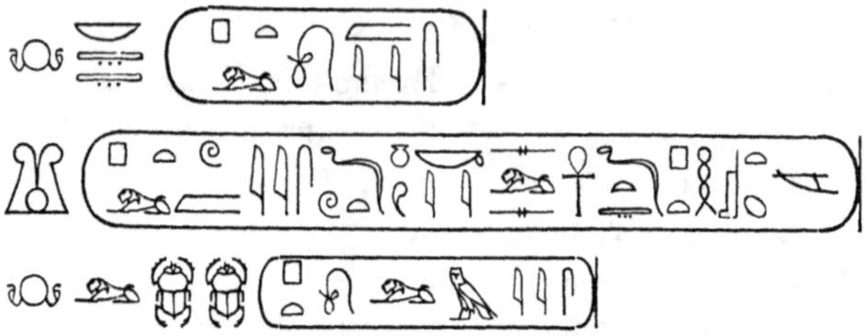

VI.

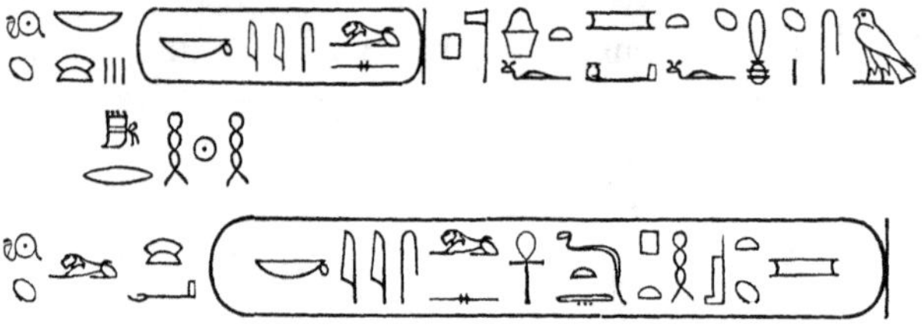

ROMAN EMPERORS.

Caesar Augustus, B. C. 30—A. D. 14.

I. Horus name — ḤUNNU-NEFER-MĀRET-MERT-ḤEQ-ḤEQU-SETEP-EN-PTAḤ-NU-TEF-NETERU.

IV. Suten Bât names 1—5. ḤEQ-ḤEQU-SETEP-EN-PTAḤ. With addition: MERI-ÅST.

6—15. AUTKRTR = Αὐτοκράτωρ.

16. AUTUKRTUR KISRS.

V. Son of Rā names 1, 2. KAISRS = CAESAR.

3. KISRS-ĀNKH-TCHETTA.

4—11. KISRS (KAISRS)-ĀNKH-TCHETTA-PTAḤ-SA-ÅST-MERI.

I. 

Lepsius, *Königsbuch*, plate 61, No. 729.

IV. 1. 

2. 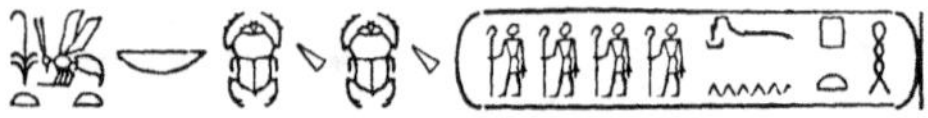

3. 

4. 

5. 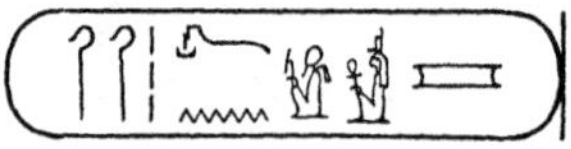

6. 

7. 

8. 

9. 

10. 

11. 

12. 

13. 

14. 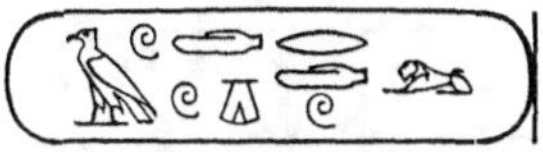

15. 

16. 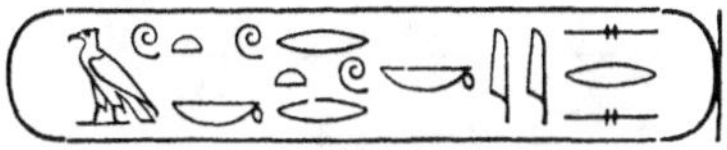

V. 1. 

2. 

3. 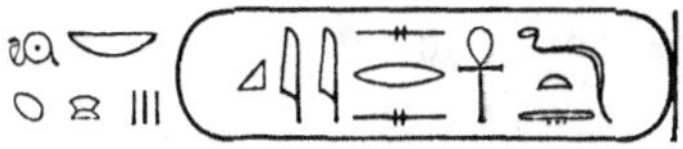

4. 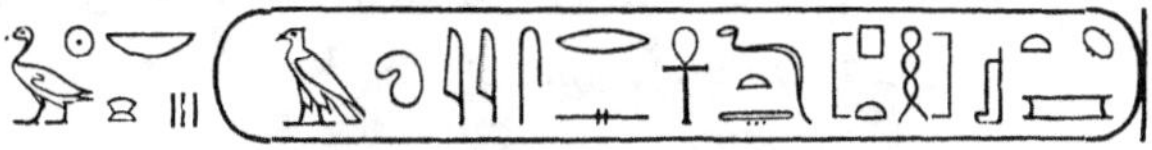

5. 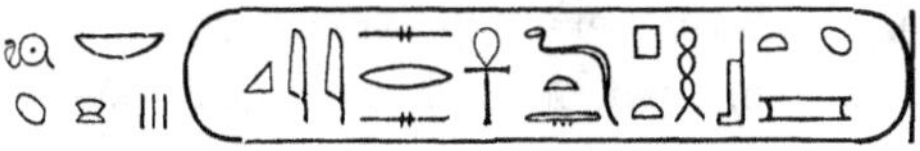

6. 

7. 

8. 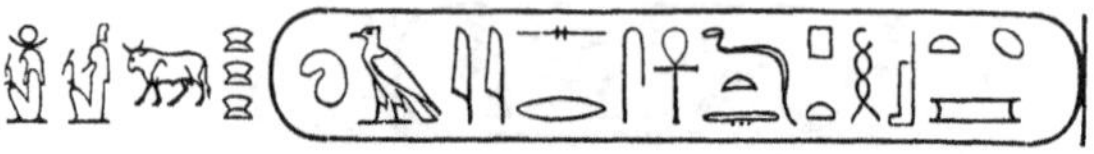

9. 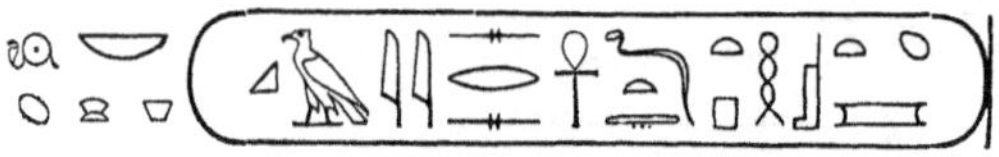

10. 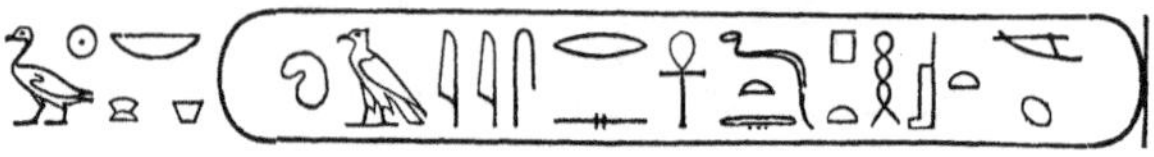

11. 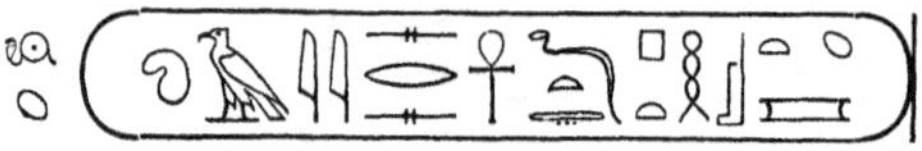

Tiberius, A. D. 14—37.

I. Horus names

1. TEMA-Ā.
2. TEMA-Ā-ĀA-PEḤTI-ḤUNNU-NEFER-MĀRET-MERT.
3. TEMA-Ā-ĀA-PEḤTI-ḤUNNU-NEFER-MERT-UḤEM-SHĀṬ-KHEFTI-EN-SA-ÅST.
4. TEMA-Ā-UR-PEḤTI-ḤUNNU-NEFER-MĀRET-MERT-ḤEQ-ḤEQU-SETEP-EN-PTAḤ-NU-ĀA-TEF-NETERU.
5. TEMA-Ā-UR-PEḤTI-ḤUNNU-NEFER-MĀRET-MERT-ḤEQ-ḤEQU-SETEP-EN-PTAḤ-TANEN-TEF-NETERU.
6. ḤUNNU-NEFER-MĀRET-MERT-ERṬĀ-ĀNKH-ṬEṬ-USER-EN-TEF-ÅSÅR.
7. Same as No. 5 with addition of NU-MERI-ĀA.

II. N-U names

1. Āa-peḥti.

2. Āa-peḥti-s-user-Seker.

III. Golden Horus name ...

IV. Suten Båt names

1, 2. Autkrtr.

3, 4. Tibaris-Kisrs (Tiberius Caesar)-ānkh-tchetta.

5. Tibaris-Kisrs-ānkh-tchetta-Åst-meri.

6. Tibaris-Kisrs-ānkh-tchetta-Ptaḥ-sa-Åst-meri.

7. Tibaris.

8. Tibaris-ānkh-tchetta.

V. Son of Rā names

1. Kisars.

2. Kaisrs-ānkh-tchetta-Ptaḥ-sa-Åst-meri.

3. Kisrs-enti-khu.

1.

I. 

Lepsius, *Königsbuch*, plate 61, No. 730.

2. 3. 4. 5. 6. 7.

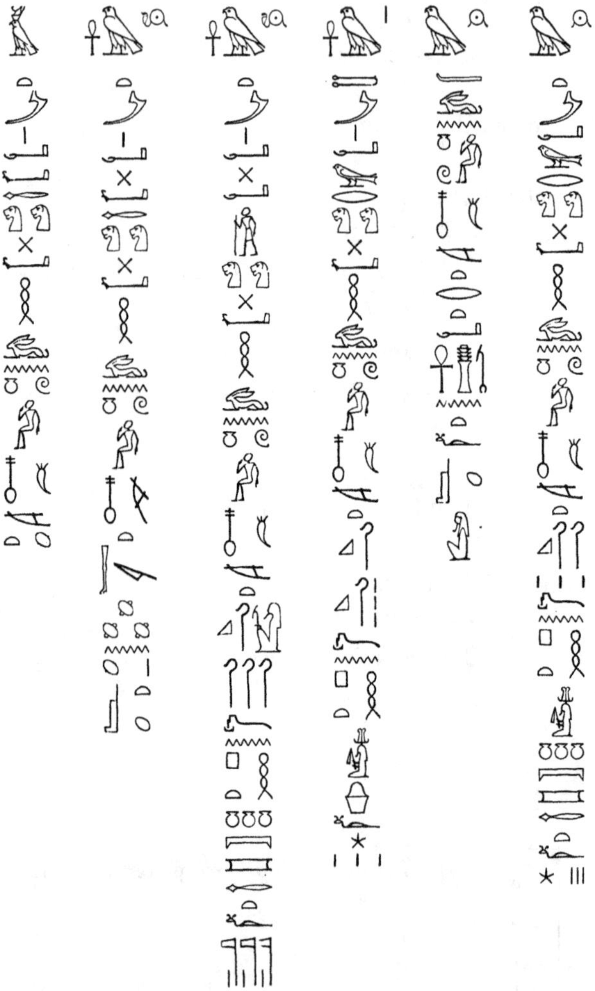

II. 1. 

2. 

IV. 1. 

2. 

3. 

4. 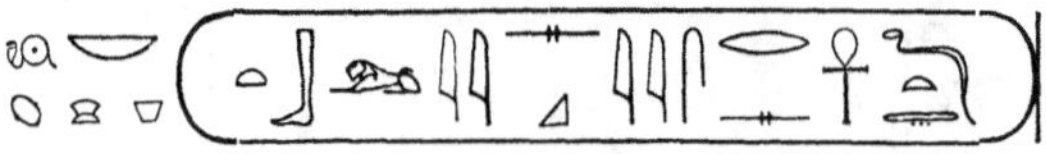

5. 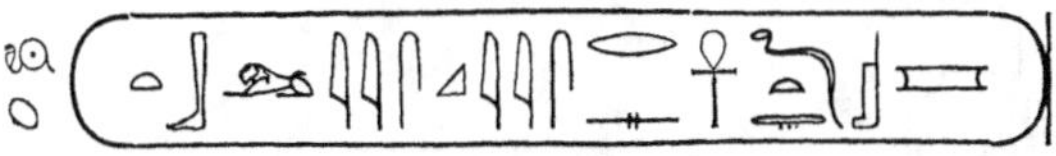

6. 

7. 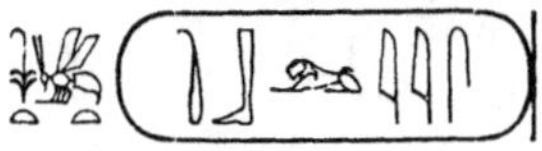

8. 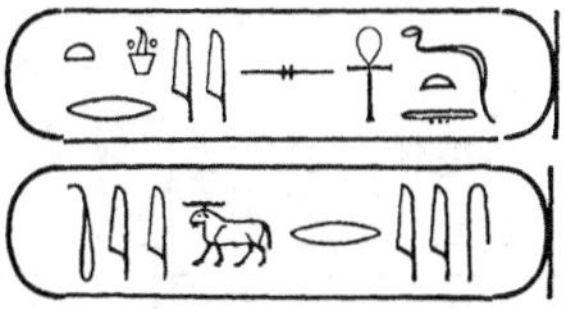

V. 1. 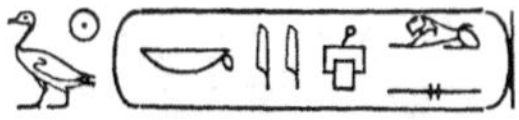

2. 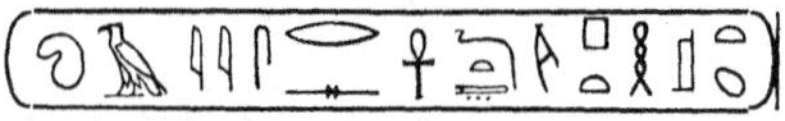

3. 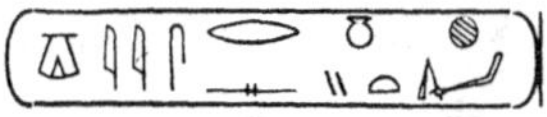

Caius Caesar Germanicus (*Caligula*), A. D. 37—41.

I. Horus name	KA-NEKHT-KHU-SETU-RĀ-ȦĀḤ.
IV. Suten Bȧt name	ḤEQ-ḤEQU-AUTUKRTR-PTAḤ-ȦST-MERI.
V. Son of Rā name	KAIS-KAISRS-KERMENIKES-ĀNKH-TCHETTA.

I. 

Lepsius, *Königsbuch*, plate 62, No. 731.

IV. 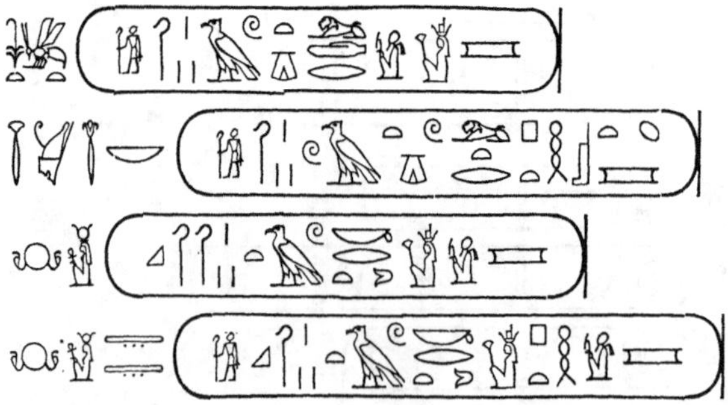

V. 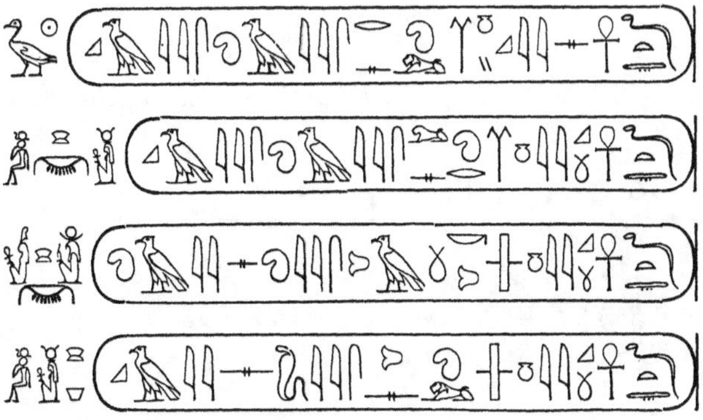

Tiberius Claudius Drusus Nero Germanicus,
A. D. 41—54.

I. Horus name — Ḥunnu-nefer-māret-mert.

IV. Suten Bȧt names
1. Ḥeq-ḥequ-Autukrtr.
2. Autekrtr - Kisrs (Autocrator Caesar).
3, 4. Ḥeq-ḥequ-Autukrtr-Ȧst-Ptaḥ-meri.

V. Son of Rā names
1. Klutes - Tebares (Claudius Tiberius).
2. Tebares-Klutis (Tiberius Claudius).
3. Tebares-Kltes-Kaisrs-Kermenikes-ānkh-tchetta.
4. Tebaris-Klutis-ksrs-ent-khu.
5. Tebaris-Klutis-k ... i.
6, 7. Kermenikes-Autekrtur.
8. Kaisrs-Kermenikes.

I.

Lepsius, *Königsbuch*, plate 62, No. 732.

IV. 1.

2.

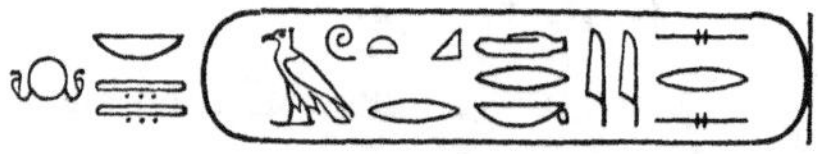

3.

4.

V. 1.

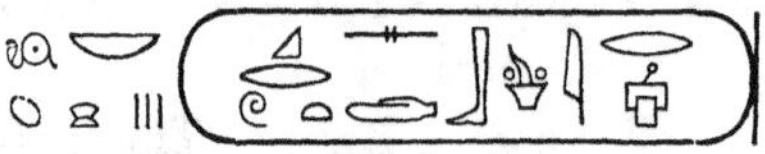

2.

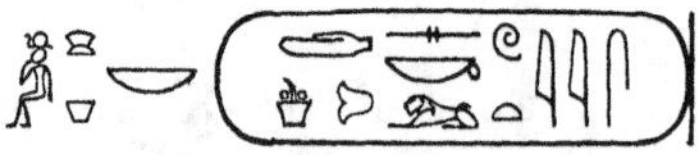

3.

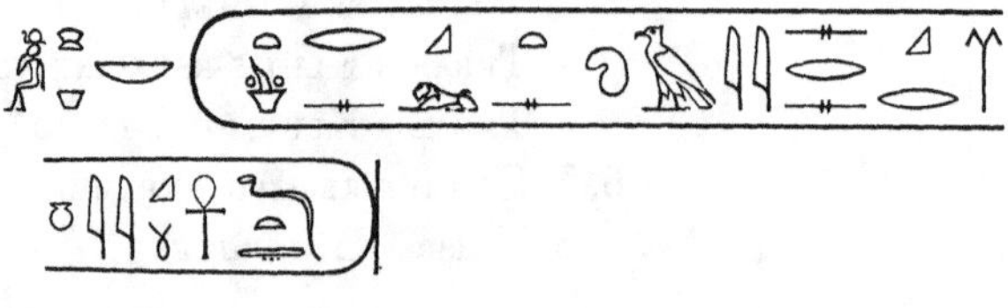

4. 5. 6. 7. 8.

Nerø Claudius Caesar Drusus Germanicus,
A. D. 54—68.

IV. Suten Båt names

1—3. Ḥeq-ḥequ-setep-en-Ptaḥ-meri-Ȧst.

4. Kermenikes-Autkr (Germanicus Autokrator).

5. Nerun-Klutas-Ksrs-nt-khu (Nero Claudius Caesar).

6. Narn-Klutis (Nero Claudius).

V. Son of Rā names

1—3. Autukrtr Narani (Autocrator Nero).

4. Narani (Nero).

5. Nrn-Kluts-Ksirs enti-khu (Nero Claudius Caesar).

6. Kermenikes Autkrtur (Germanicus Autocrator).

7. Kaisrs Kermenikes (Caesar Germanicus).

IV. 1. 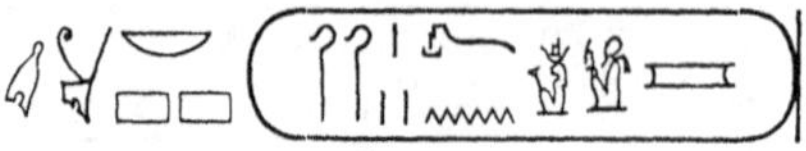

Lepsius, *Königsbuch*, plate 62, No. 733.

2. 

3. 

4. 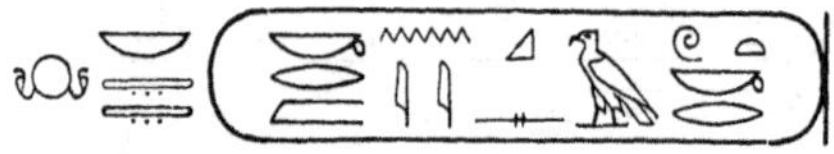

5. 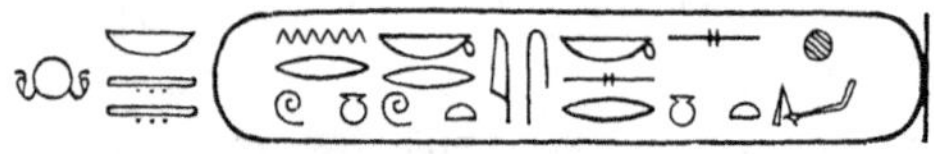

6. 

Annales, VI, 145.

V. 1. 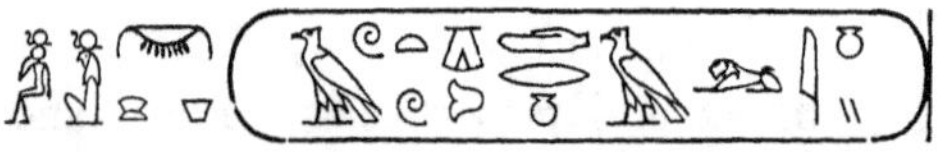

2. 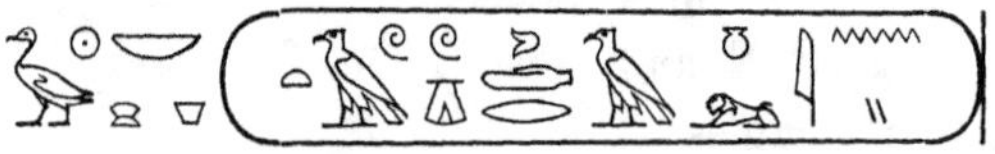

3. 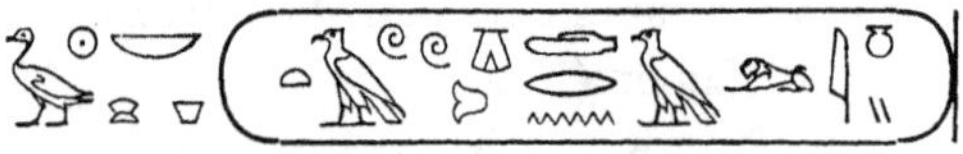

4. 

5. 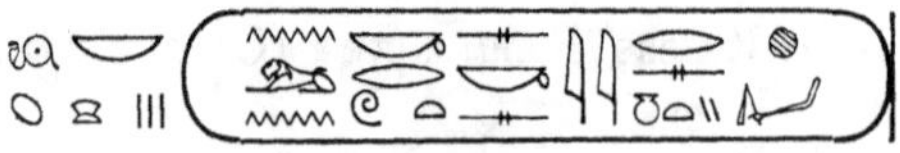

6. 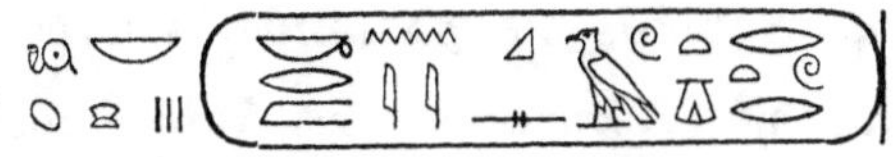

7.  *Annales*, VI, 145.

Servius Sulpicius Galba, A. D. 68.

IV. Suten Bât name SERUU - KLBS - AUTUKRTR (SERVIUS GALBA AUTOCRATOR).

V. Son of Rā name KAISRS-ENTI-KHU.

IV. 

Lepsius, *Königsbuch*, plate 62, No. 734.

V. 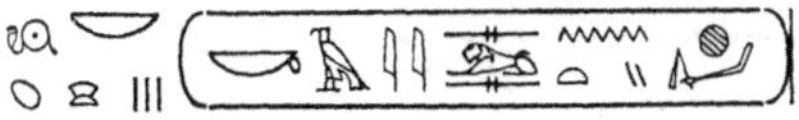

Marcus Salvius Otho, A. D. 69.

IV. Suten Bât name MRKS-AUTUNES (MARCUS OTHO).

V. Son of Rā name KAISRS-ENT-KHU-AUTUKRTR.

IV. 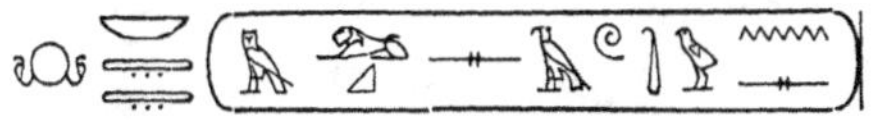

Lepsius, *Königsbuch*, plate 62, No. 735.

V. 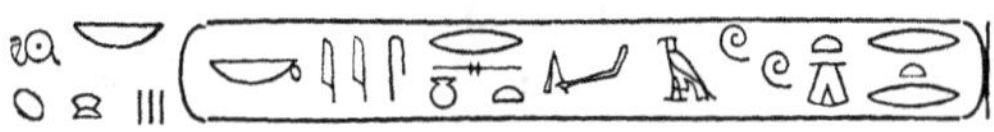

Titus Flavius Sabinus Vespasianus, A. D. 69—79.

IV. Suten Bȧt name Autukrtur Kisrs (Autocrator Caesar).

V. Son of Rā name Uspisines-nt-khu. Auspsines-enti-khu. Uspsānes-pi-neter.

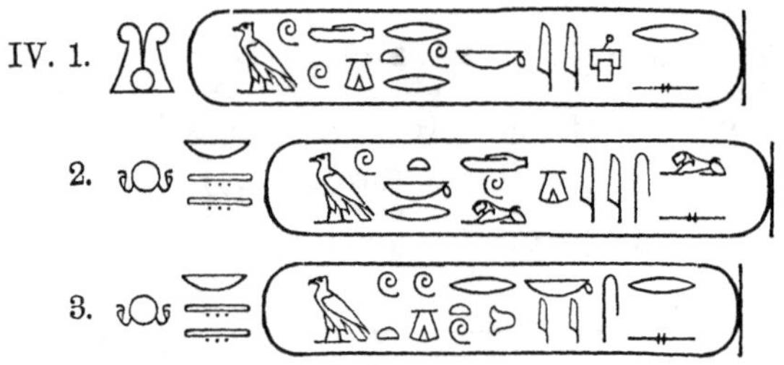

Lepsius, *Königsbuch*, plate 63, No. 737.

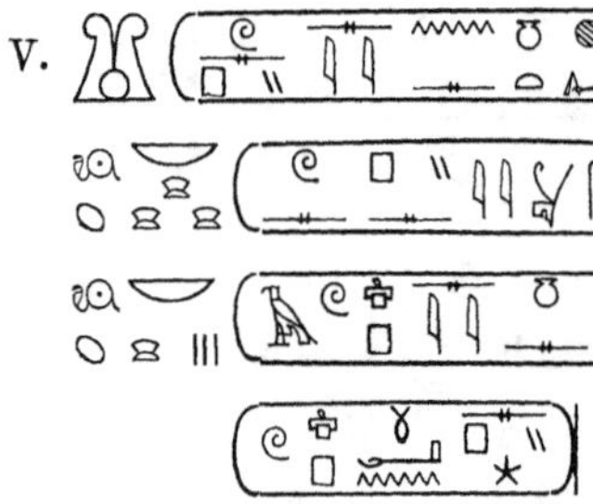

Titus Flavius Sabinus Vespasianus, A. D. 79—81.

I. Horus name Ḥunnu-nefer-Māret-mert.

IV. Suten Bȧt names 1—3. Autkrtur Tits Ksrs (Autocrator Titus Caesar).

4. Tits Ksrs (Titus Caesar).

5. Tchits (Titus)-p-neter.

V. Son of Rā name Uspsines (Vespasian)-enti-khu.

I. 

Lepsius, *Königsbuch*, plate 63, No. 738.

IV. 1. 

2. 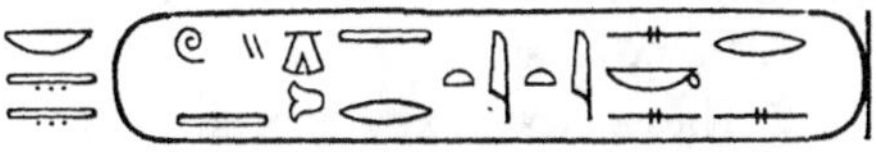

3. 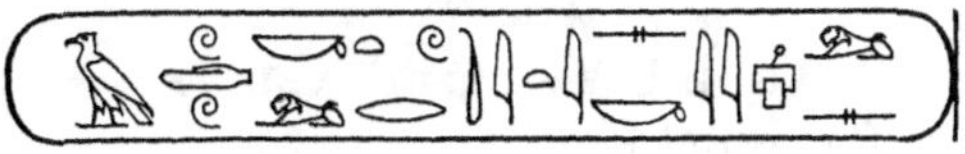

4. 

5. 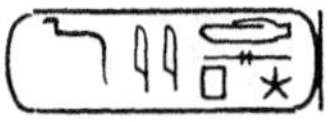

V. 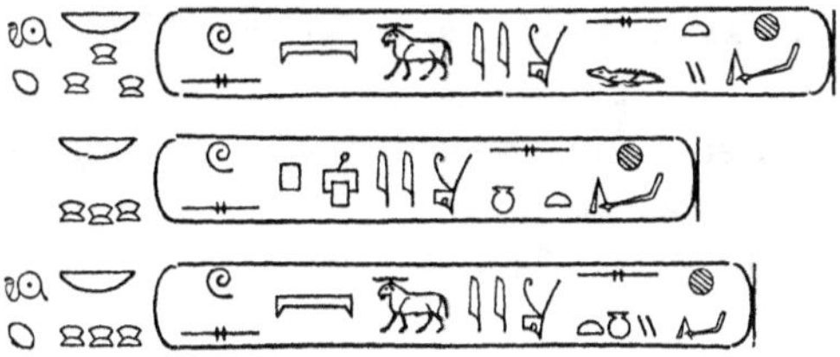

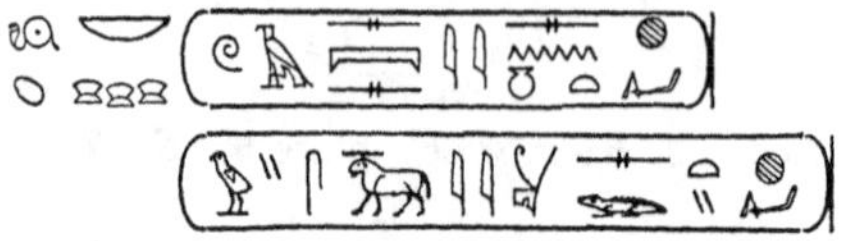

Titus Flavius Domitianus Augustus, A. D. 81—96.

I. Horus names

1. ḤUNNU-QEN.
2. KA-NEKHT-MERI-MAĀT.
3. ḤEKENU-NETERU-RET-ḤER-F.
4. MER-TAIU-ḤEQ-ḤEQU-MERI.

II. N-U names

1. QEN-NETCHT-ÀNEB-ḤETCH.
2. UR-ḤERT.

III. Golden Horus names

1. SKHĀ-EN-SU-TEF-F.
2. UR-PEḤTI-ÀRI-KHU-NEB-SEṬU-PTAḤ-TANEN-MÀ-ÀTHI-RĀ-MÀ.

3, 4. USER-RENPUT-ĀA-NEKHT.

IV. Suten Bàt names

1. AUTKRTR (AUTOCRATOR).

2—8. AUTKRTR-KSRS (AUTOCRATOR CAESAR).

9. PA-NETER-NEB-MERI.

V. Son of Rā names

1. TUMTINES (DOMITIANUS)-ENT-KHU.

2, 3. TAMTINES-ENT-KHU-KERMENIKES (DOMITIANUS GERMANICUS).

4. KSRS-TMITANS-SABASTS (CAESAR DOMITIANUS SEBASTES).

5—11. TAMTINES (DOMITIANES).

12—16. TAMTINES-ENT-KHU.

17. Kasrs-Temitines.
18. Autkrtr-Kasrs-Temitianes-Åst-meri.
19. Kasrs-Temtianes.
20. Tumtines-ent-khu-Kermenikes.
21. Taumtines-enti-khu.
22. Tumtines-Sebastes.

1. 2. 3. 4.

I. 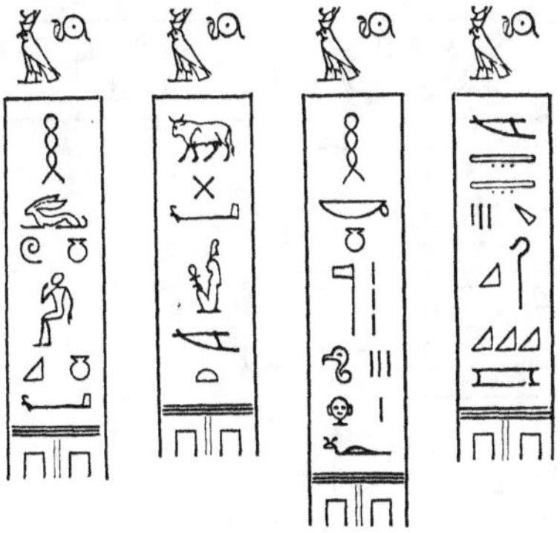

Lepsius, *Königsbuch*, plates 63, 64.

II. 1. 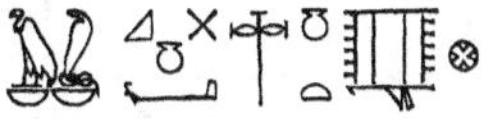

2. 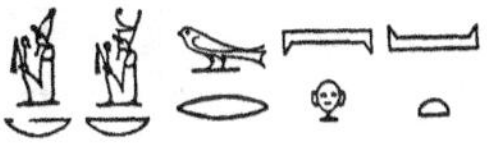

III. 1. 

2. 

3. 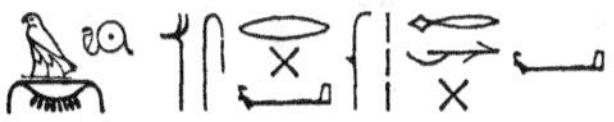

4. 

IV. 1. 

2. 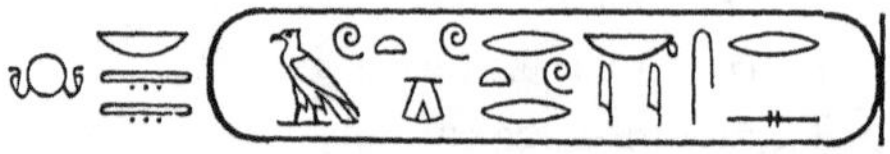

3. 

4. 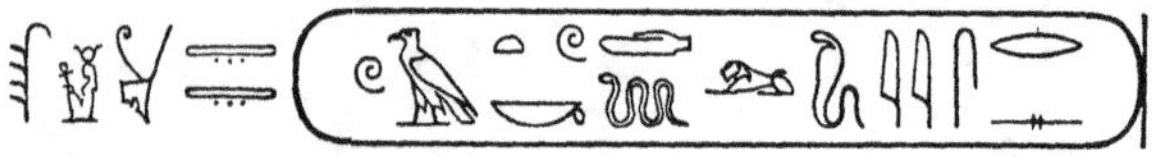

5. 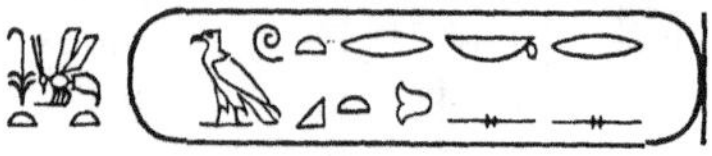

6. 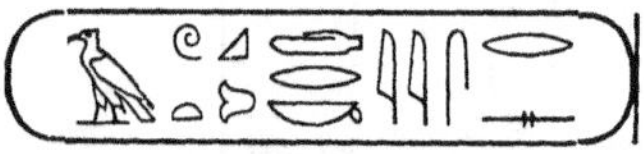

7. 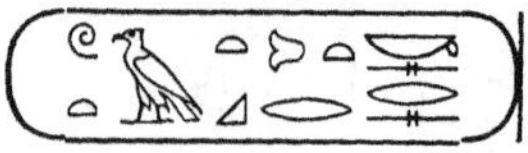

8. 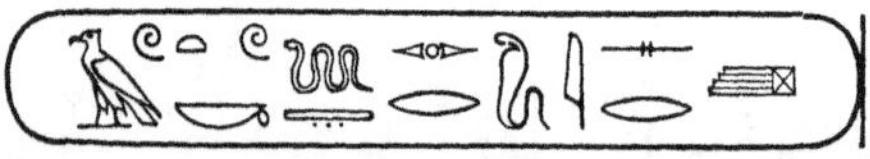

9. , var. 

V. 1. 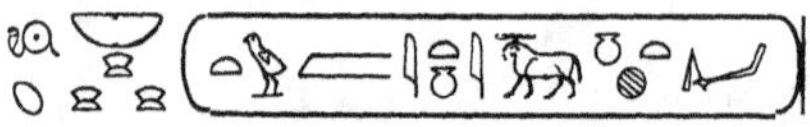

2. 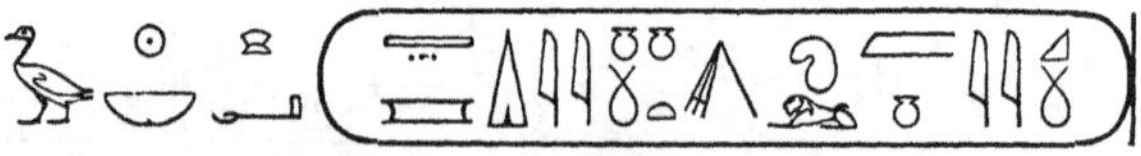

3. 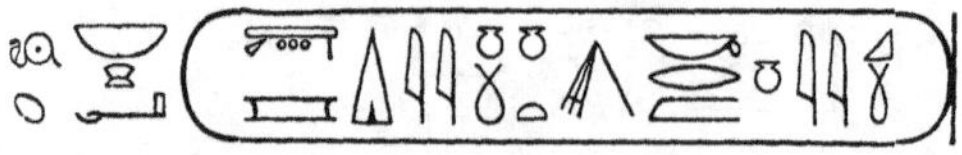

4. 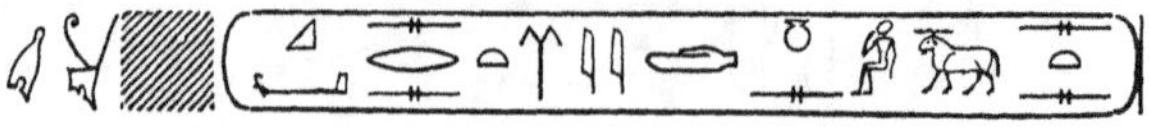

5. 

6. 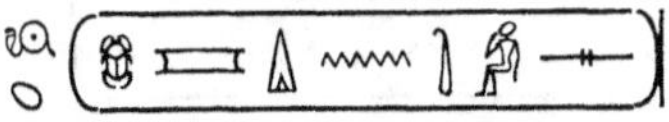

7. 

8. 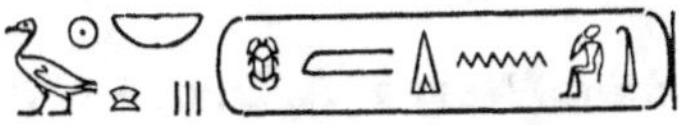

9. 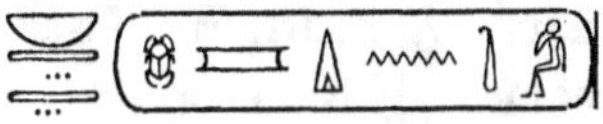

10. 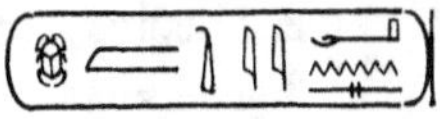

11. 

12. 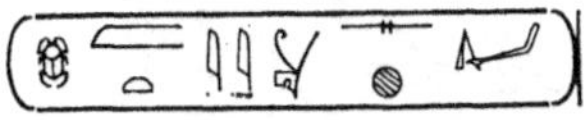

13. 

14. 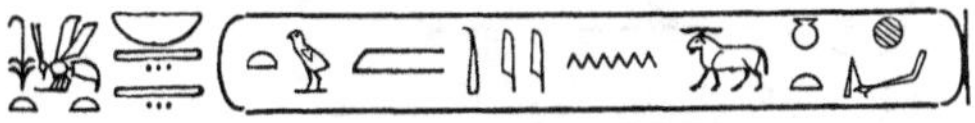

15. 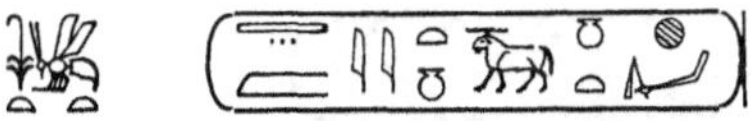

16. 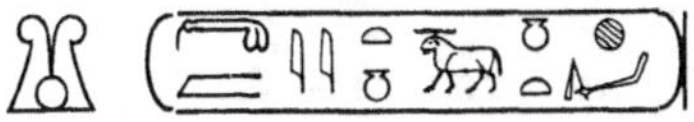

17. 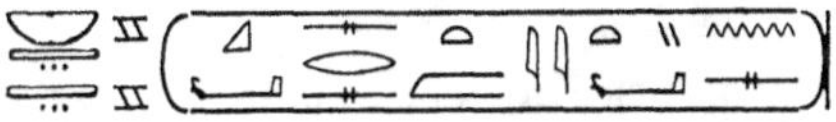

18. 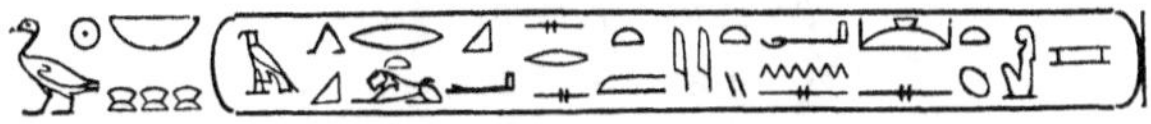

19. 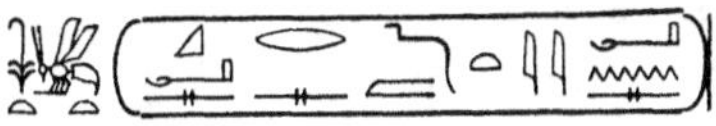

20. 

21. 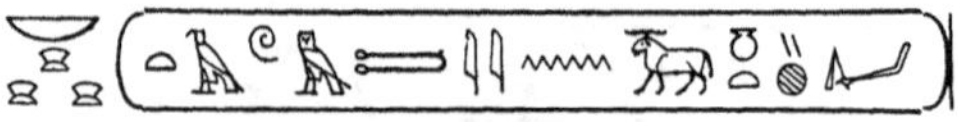

22. 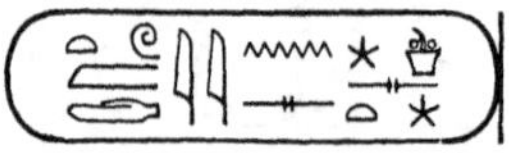

Marcus Cocceius Nerva, A. D. 96—98.

IV. Suten Båt name AUTKRTR KISRS.
V. Son of Rā names 1. NERRUS.
2. NERRUS-KHU.
3. NERRUAS-ENT-KHU.

IV. 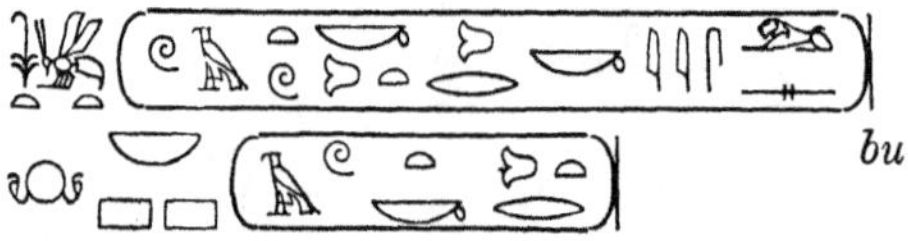

Lepsius, *Königsbuch*, plate 64.

V. 1. 

2. 

3. 

Marcus Ulpius Trajanus, A. D. 98—117.

IV. Suten Båt names
1. AUTUKRTR-KAISRS-NERUUI.
2—7. AUTKRTR-KISRS.
8. ḤEQ-ḤEQU-AUTUKRTR.
9. AUTUKRTR.
10. AUTKRTR-ĀNKH-TCHETTA.

11. IUTKRTR-KSRS.
12—15. AUTUKRTR-KAISRS-NERAUUI.
16. AUTKRTR-KISR.
17. AUTUKRTR-KISRS.
18. AUTUKRTR.
19. AUTKRTR-ĀNKH-TCHETTA.

V. Son of Rā names

1. TRAIANES-ENT-KHU-ARSUT-KERMENIKES-ENT-KIKS (TRAJAN GERMANICUS, son of Coc-ceius).
2, 3. NERU-TRINES-SEBASTES-ĀNKH-TCHETTA-ȦST-MERI.
4, 5. NERU-TRINES-ĀNKH-TCHETTA-ȦST-MERI.
6. TRINES-ENT-KHU.
7, 8. NERU-TRINES-ĀNKH-TCHETTA.
9. NERU-TRINES.
10—12. TRINES-ENTI-KHU.
13, 14. TRINES-KISRS-ENT-KHU.
15. TRINES-ENT-KHU-ĀNKH-TCHETTA.
16. TRINES-KISRS-SEBEST-ĀNKH-TCHETTA.
17. TRINES-KISRS-ĀNKH-TCHETTA.
18—20. TRINES-ENT-KHU.
21, 22. TRINES-KHU.
23. TRINES-MȦ-RĀ-TCHETTA.
24—28. TRINES-ENT-KHU-ARESTU-KERMENIKES-ENT-KIKES.
29. TRINES-ENT-KHU-KERMENIKES-ENT-KIKES.
30—39. TRINES-ENT-KHU.
40. KERMENIKES-KIKU-ĀNKH-TCHETTA.
41. KERMENIKUS-KIKU.
42. KISRS.

43, 44. Kisrs-Ānkh-tchetta-Åst-meri.
45. Sebast-Ānkh-tchetta-Åst-meri.
46. Sebast-Ānkh-tchetta.

IV. 1. 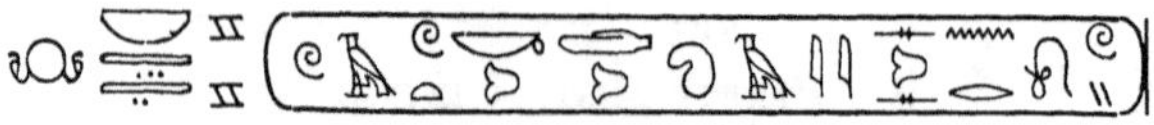

Lepsius, *Königsbuch*, plates 64, 65.

2. 

3. 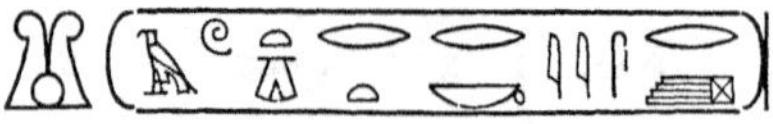

4. 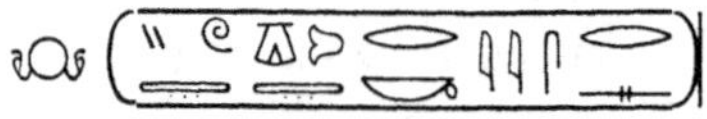

5. 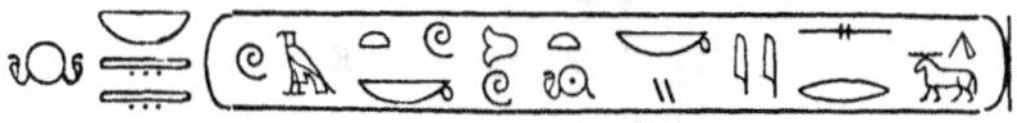

6. 

7. 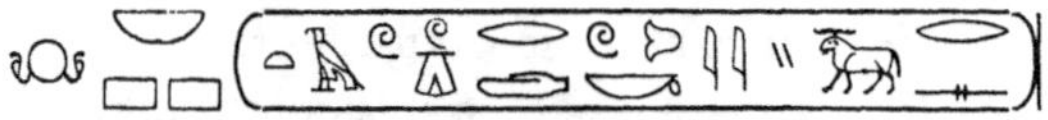

8. 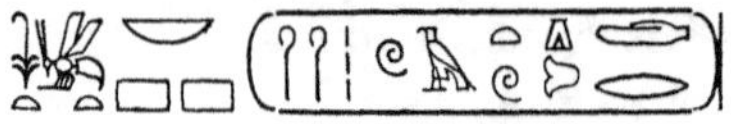

9. 

10. 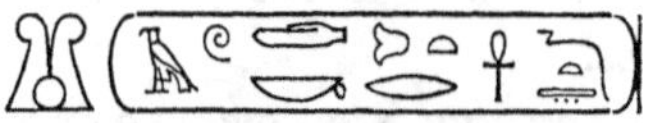

11. 

12. 

13. 

14. 

15. 

16. 

17. 

18. 

19. 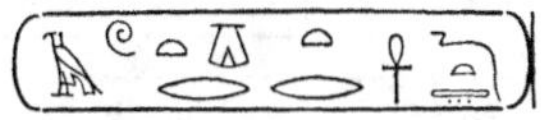

V. 1. 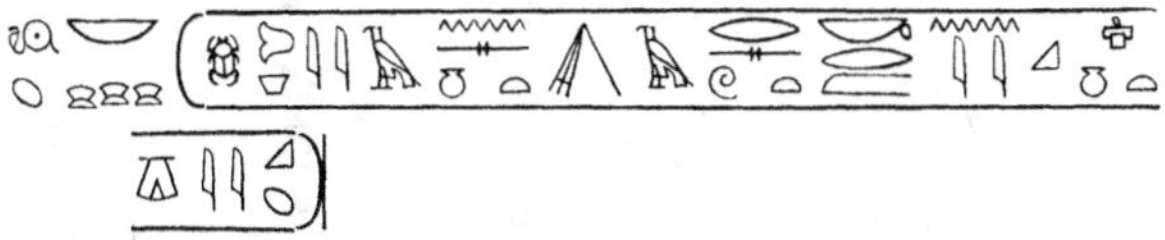

2. 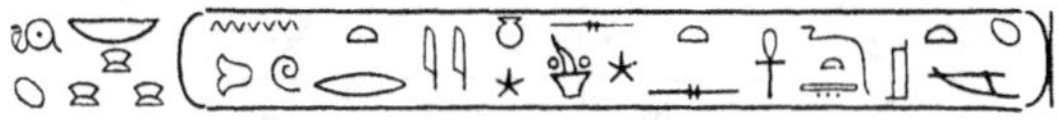

3. 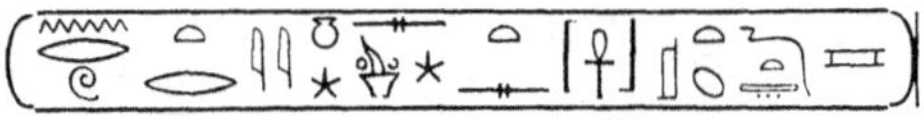

4. 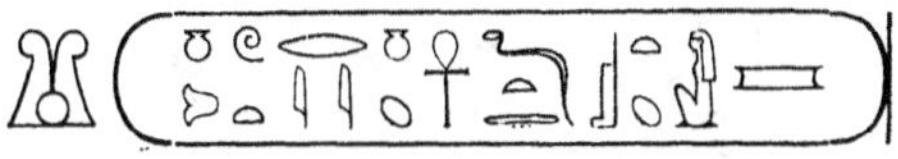

5. 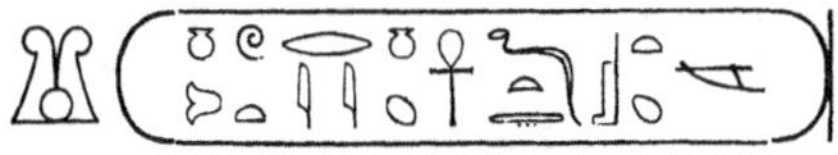

6. 

7. 

8. 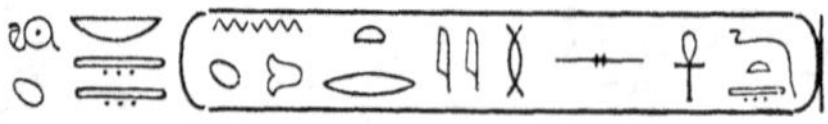

9. 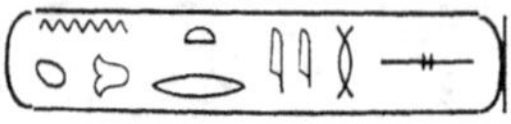

10. 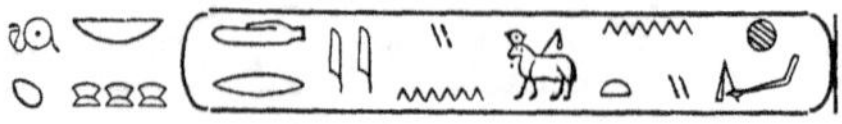

11. 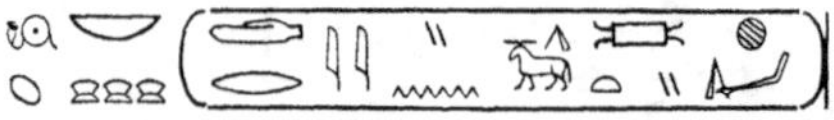

12. 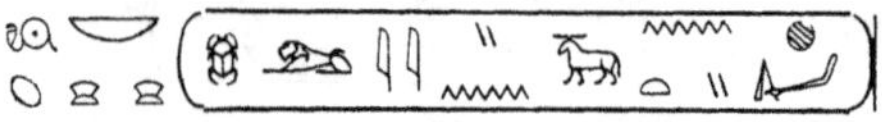

13. 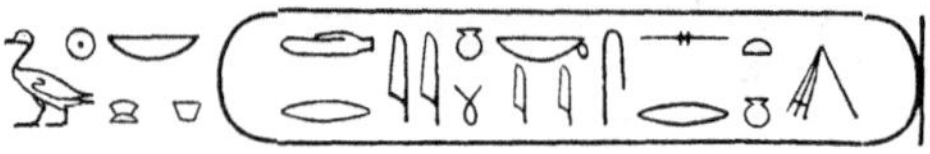

14. 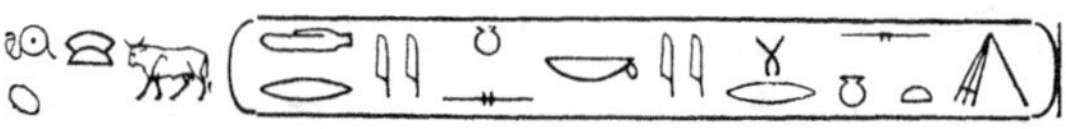

15. 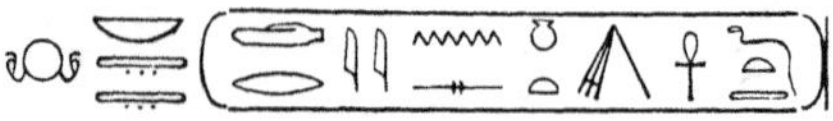

16. 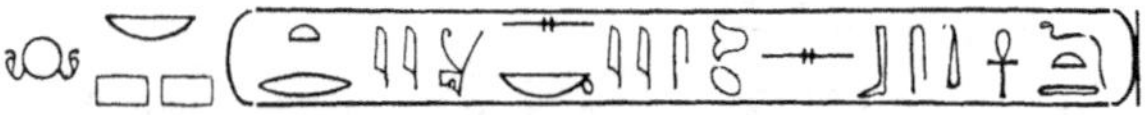

17. 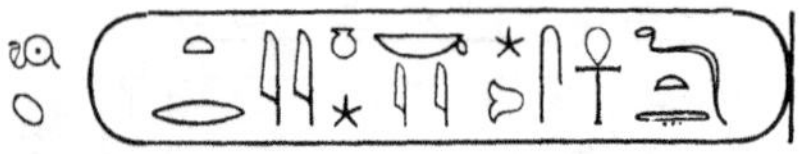

18. 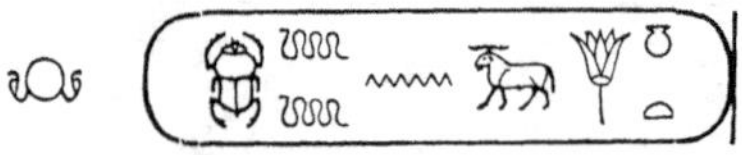

19. 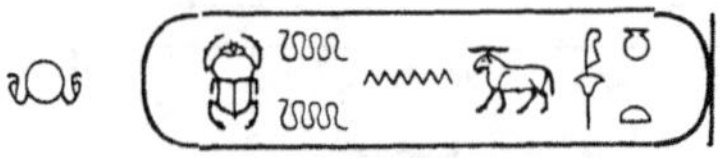

20. 

21. 

22. 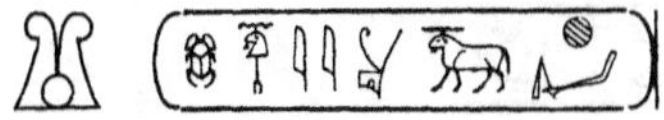

23. 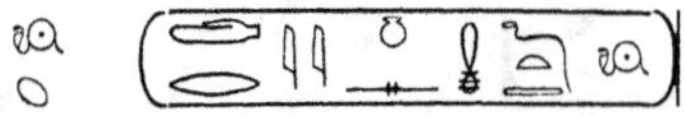

24. 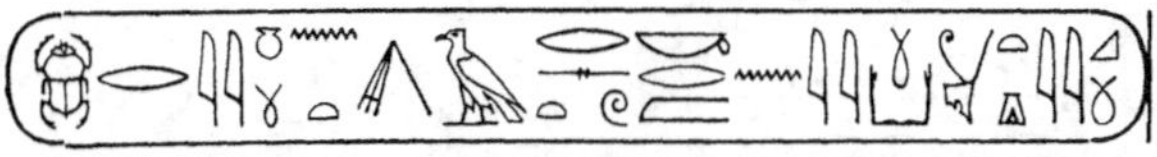

25. 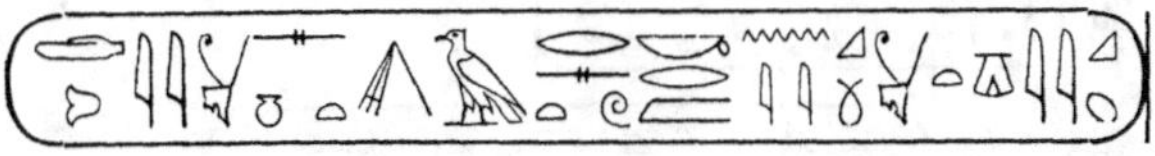

26. 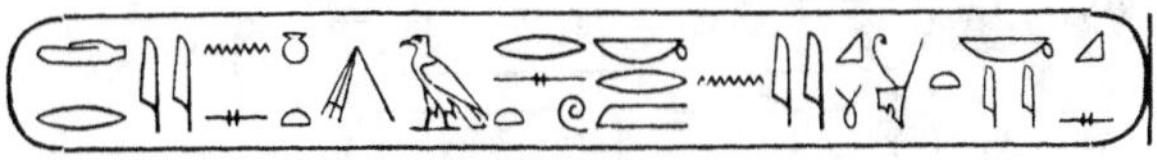

27. 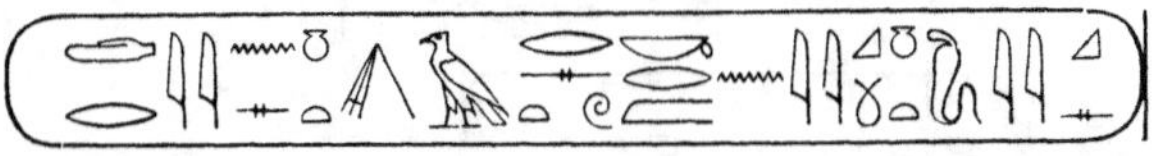

28. 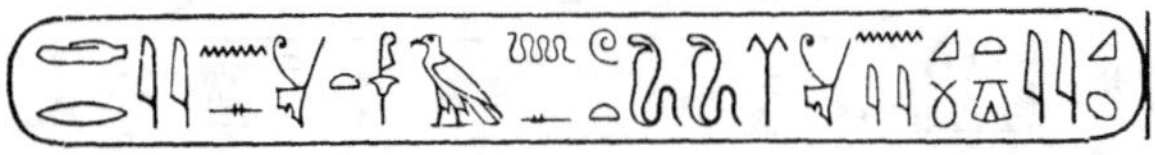

29. 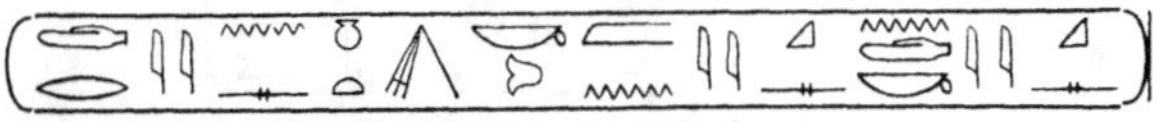

30. 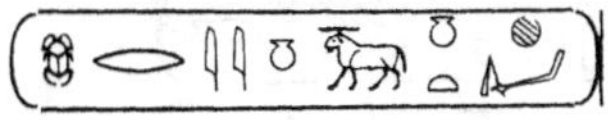

31. 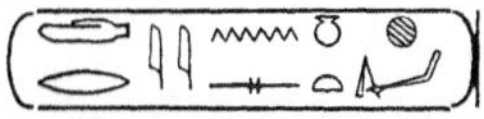

32. 

33. 

34. 

35. 

36. 

37. 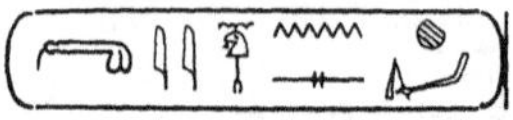

38. 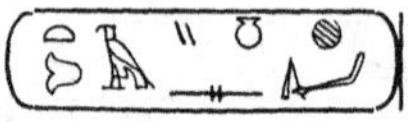

39. 

40. 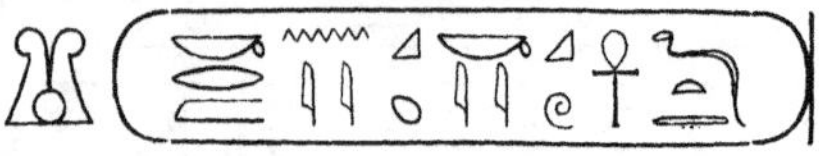

41. 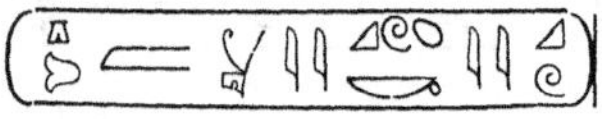

42. 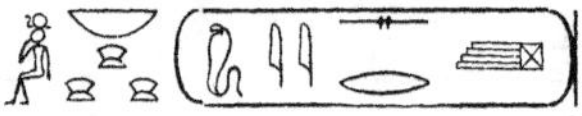

43. 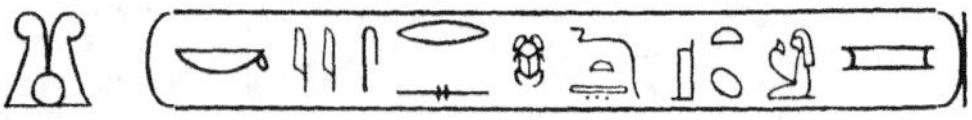

44. 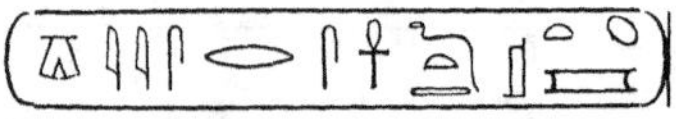

45. 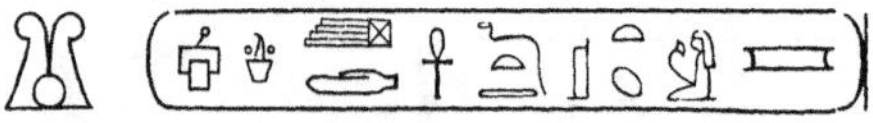

46. 

Hadrian, A. D. 117—138.

IV. Suten Bȧt names

1—4. AUTUKRTUR-KISRS-TRINUS (CAESAR HADRIAN).

5. AUTUKRTR-KISRS-TRINES.

6—11. AUTUKRTR-KISRS.

12. AUTKRTR.

V. Son of Rā names

1, 2. ATRINES-ENTI-KHU.

3, 4. Trines-Atrines-ānkh-tchetta.
5. Trines-Atrines-ānkh-tchetta-Ȧst-meri.
6. Atrines-ent-khu.
7. Atrines-ānkh-tchetta-Ȧst-meri.
8. Hetrānes-Ksar.
9—11. Atrianes-enti-khu.
12—17. Atrines-enti-khu (khui).
18. Tranes-Aatrines-ānkh-tchetta.
19. Iatrianes-enti-khu.
20, 21. Atrianas-ent-khu.
22—24. Atrinnes-ent-khu.
25, 26. Ātrines-ānkh-tchetta.
27—31. Atrines (Atrinnes)-enti-khu.
32. Atranes-khu.
33. Atrines-khu.

IV. 1. 

Lepsius, *Königsbuch*, plates 65, 66, No. 743.

2. 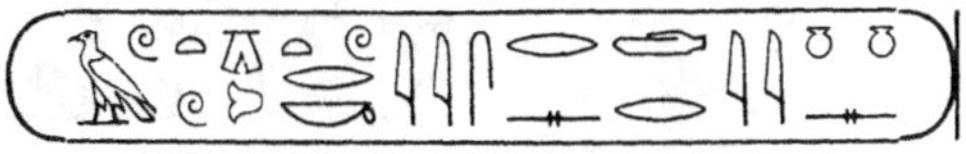

3. 

4. 

5. 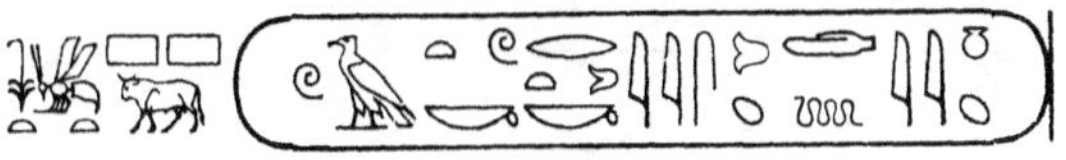

6. 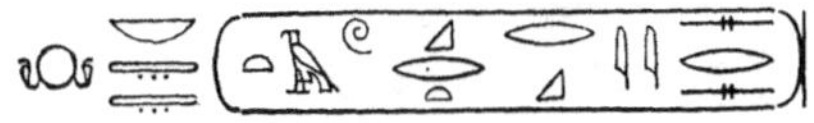

7. 

8. 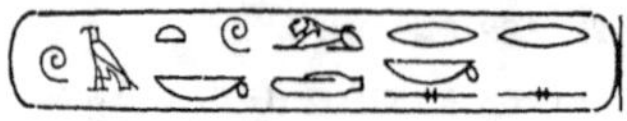

9. 

10. 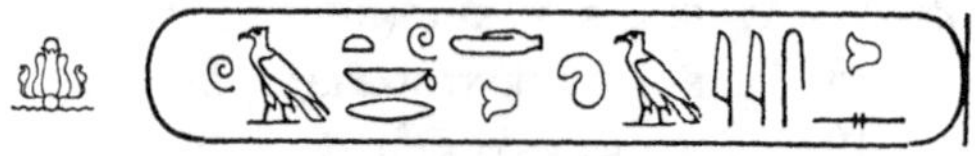

11. 

12. 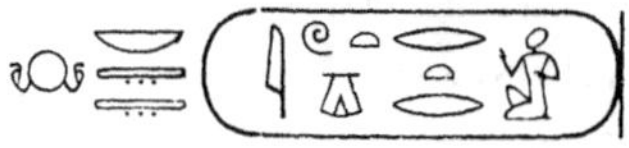

V. 1. 

2. 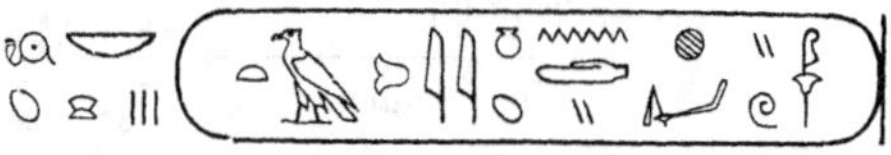

3. 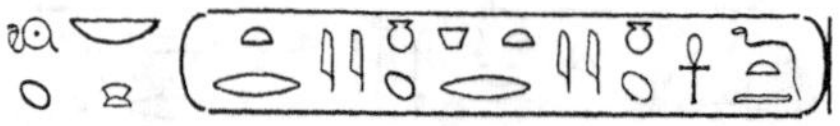

4. 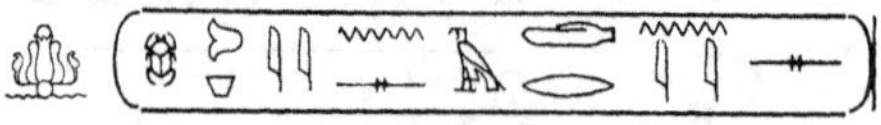

5. 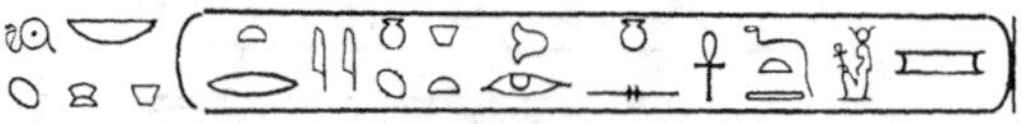

6. 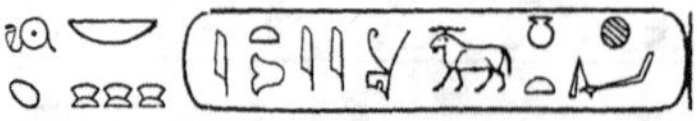

7. 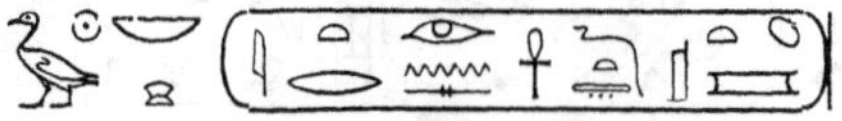

8. 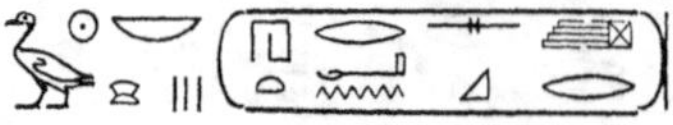

9. 

10. 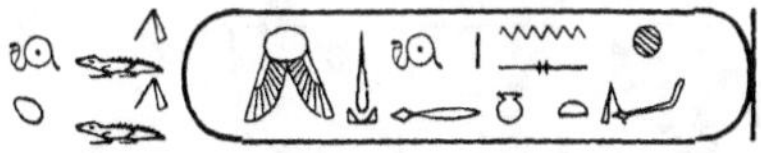

11. 

12. 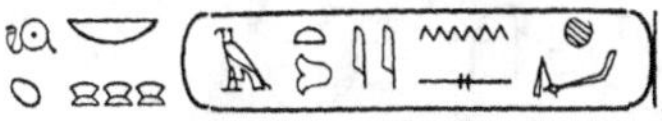

13. 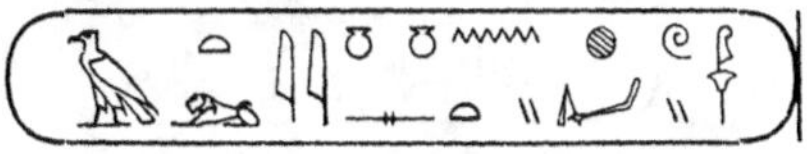

14. 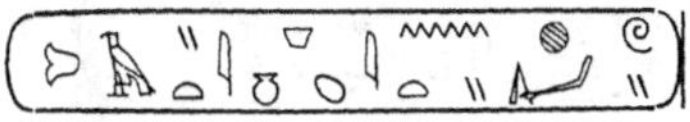

15. 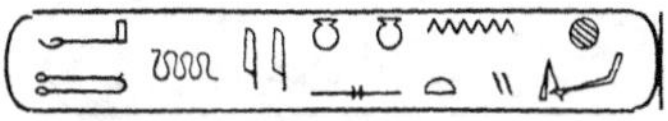

16. 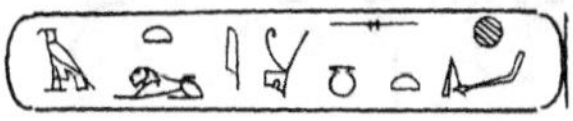

17. 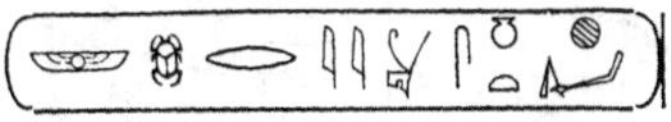

18. 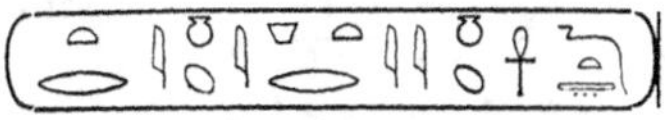

19. 

20. 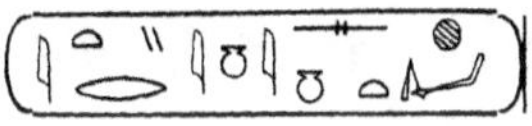

21. 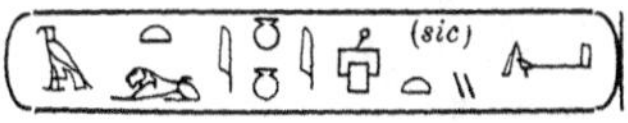

22. 

23. 

24. 

25. 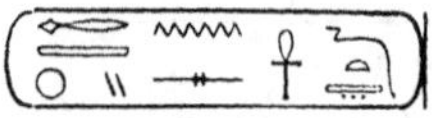

26 

27. 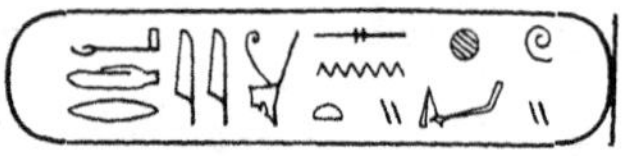

28. 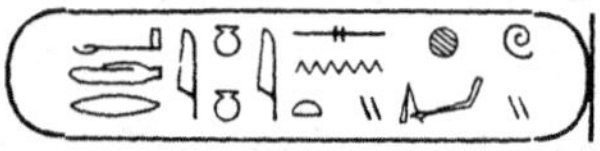

29. 

30. 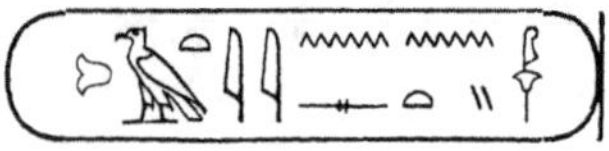

31. 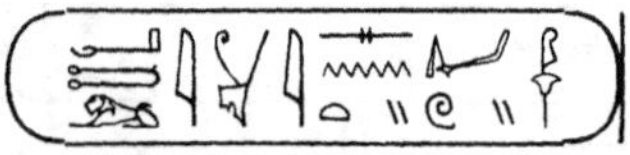

32. 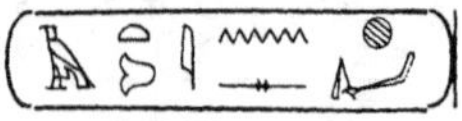

33. 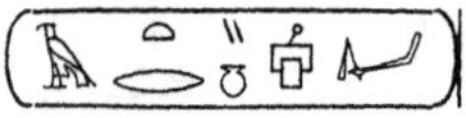

Sabinat Sebastā, **wife of** ***Hadrian.***

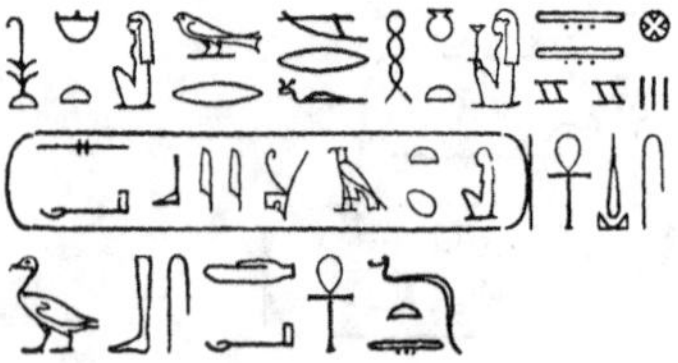

Antoninus Pius, A. D. 138—161.

IV. Suten Bât names

1—4. Autukrtr-Kisrs-Tites-Alis-Atrines (Autocrator Caesar Titus Aelius Hadrian).

5, 6. Autukrtur-Kisrs-Tites-Alis.

7. Atrines-Antunines-enti-khu-ausebas.

V. Son of Rā names

1, 2. Antunines-Sebestes-usbaus-enti-khui (Antoninus Sebastus Pius).

3—6. Antanenes-ent-khu-ausbaus (Antoninus Pius).

7. Shair-en-Baqet-Antaines-enti-khu.

8. Antunines-Sebestes-ausbus-enti-khu.

9. Antanines-enti-khu-aui...

10. Sebastes.

11. Ausbas-ānkh-tchetta.

IV. 1. 

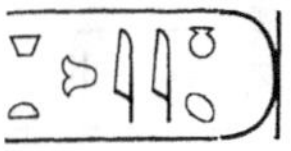

Lepsius, *Königsbuch*, plate 66, No. 744.

2. 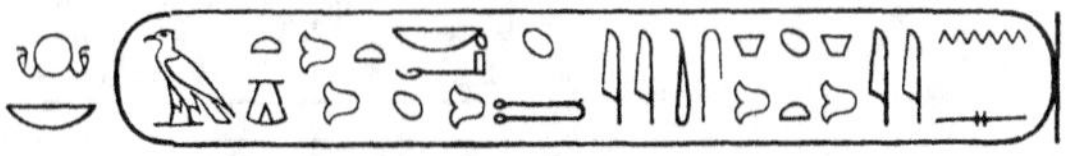

3. 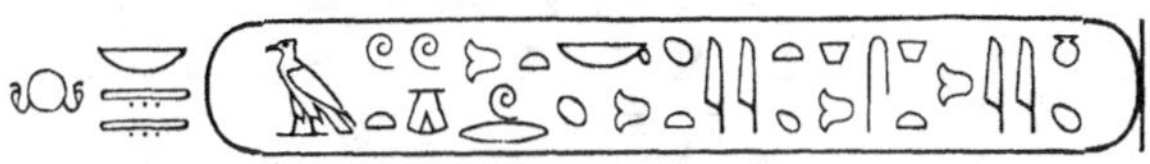

4. 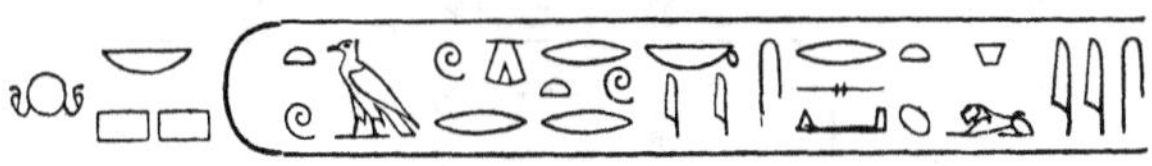

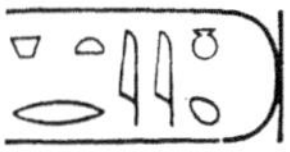

5. 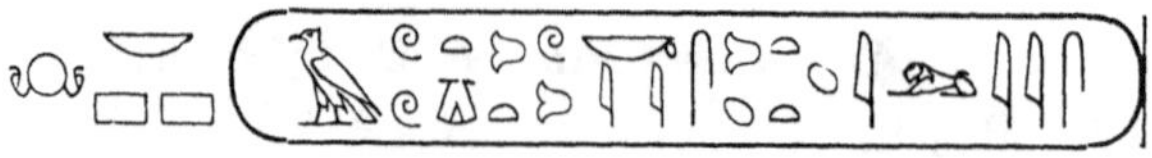

6. 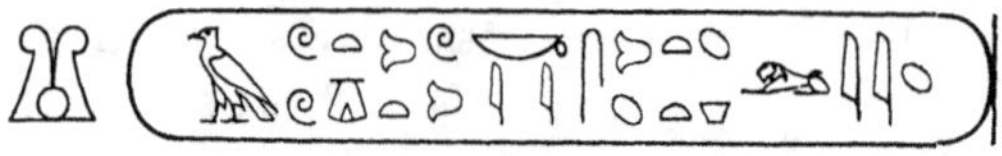

7. 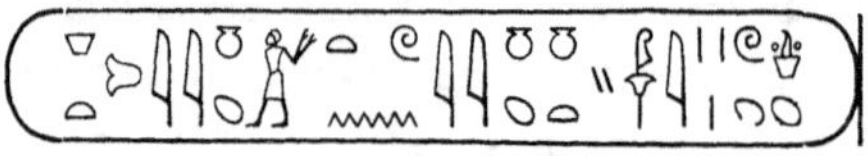

V. 1. 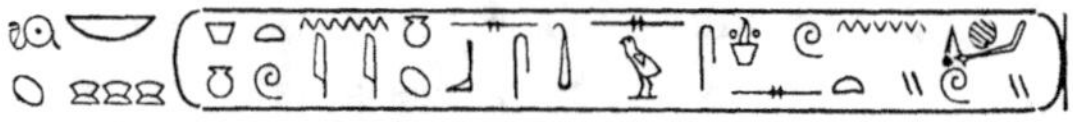

2. 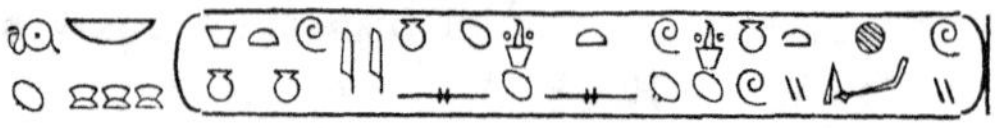

3. 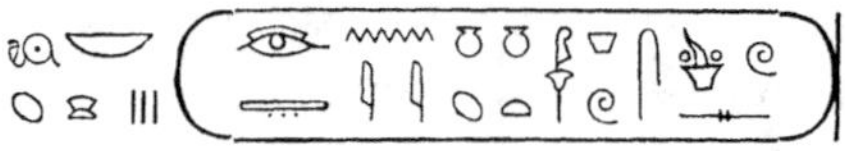

4. 

5. 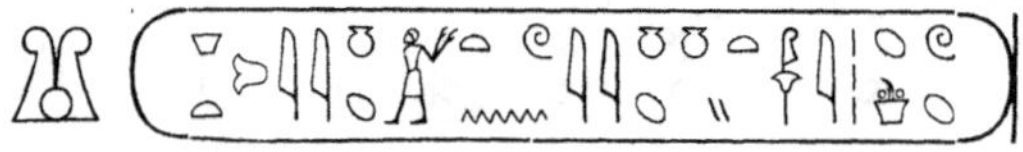

6. 

7. 

8. 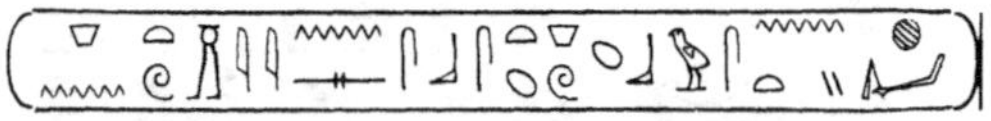

9. 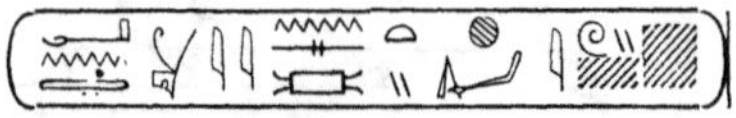

10. 

11. 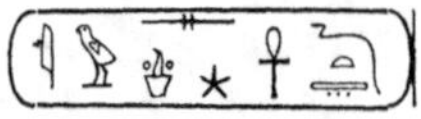

Marcus Aurelius, A. D. 161—180.

IV. Suten Båt names

1, 2. Autkrtr-Kaisrs.

3. Aureli-Antanin (Aurelius Antoninus).

4. Autkrtr-Merkes-Aurilis (Marcus Aurelius).

5. Aureli-Antanini.

6. Autkrtr-Ksrs-Merk (Autocrator Caesar Marcus).

7. Aureli (Aurelius).

8. Antanines (Antoninus).

9. Sebastes (Sebastus).

V. Son of Rā names

1. Aurelais-Antanines-ent-khu-ānkh-tchetta.

2. Areles-Antanines-ḥer-sa-f-Kmtes (Aurelius Antoninus and his son Commodus).

IV. 1. 2. 3. 4. 5. 6.

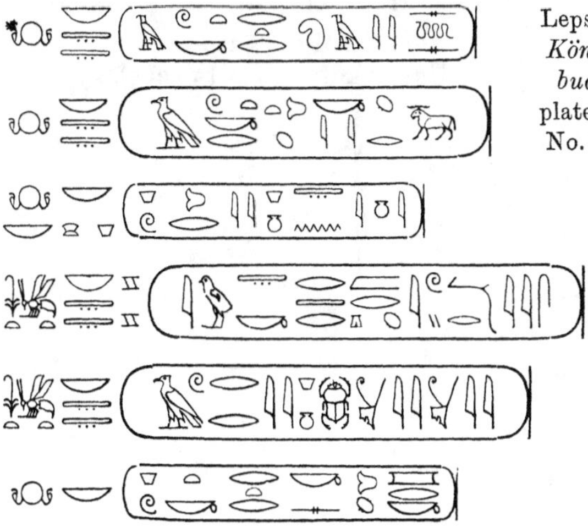

Lepsius, *Königsbuch*, plate 66, No. 745.

7. 

8. 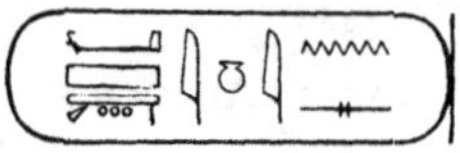

9. 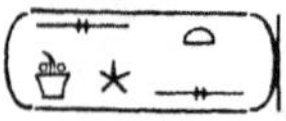

V. 1. 

2. 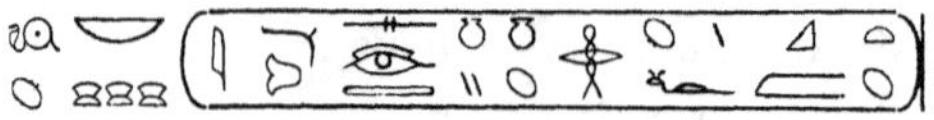

Lucius Aurelius Verus, A. D. 161—169.

1. Autkrtr (Autocrator).
2. Ksrs (Caesar).
3. Luki (Lucius).
4. Aureli (Aurelius).
5. Urā-ānkh-tchetta (Verus).

Lepsius, *Königsbuch*, plate 66, No. 747.

1. 

2. 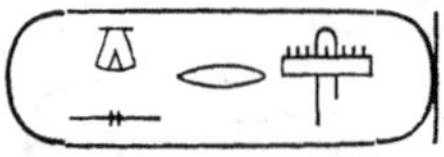

3. 

4. 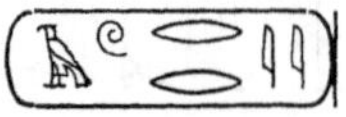

5. 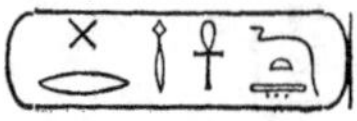

Lucius Aurelius Commodus, A. D. 180—192.

IV. Suten Bât names

1. Autkrtr.

2, 3. Autkrtirs - Kisaurs (Autocrator Caesar).

4. Autkrtirs-Kisires.

5. Autkrtrs - Kis - Kmt (Autocrator Caesar Commodus).

V. Son of Rā names

1—3. Kmtus (Kamtus, Kamātu)-Antanines-ent-khu.

4. Antanines-Kamātus-ent-khu.

5. Kamtes-ānkh-tchetta.

6. Kmates-ānkh-tchetta.

7. Autkrtr - Kisrs - Markus - Auris - Kmtes - Antanines (Autocrator Caesar Marcus Aurelius Commodus Antoninus).

IV. 1. 

Lepsius, *Königsbuch*, plate 67, No. 748.

2. 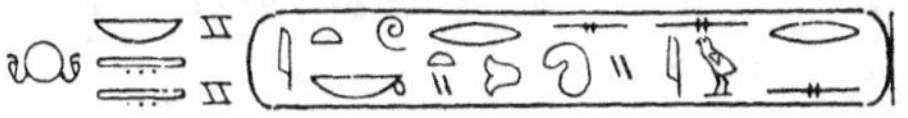

3. 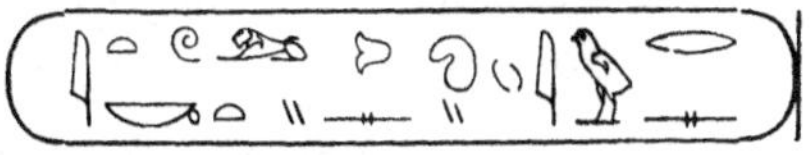

4. 

5. 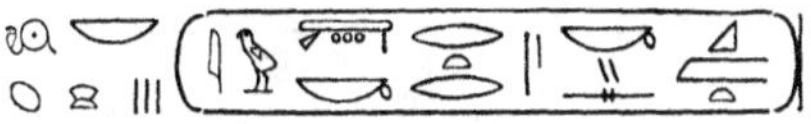

V. 1. 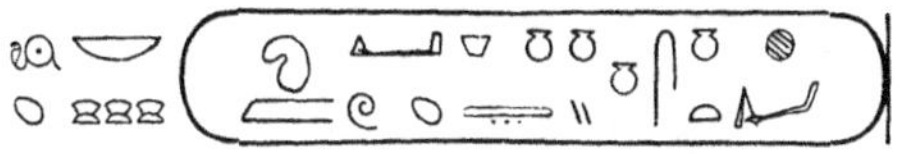

2. 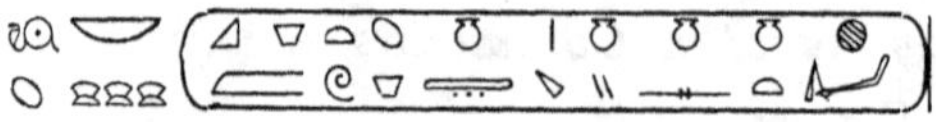

3. 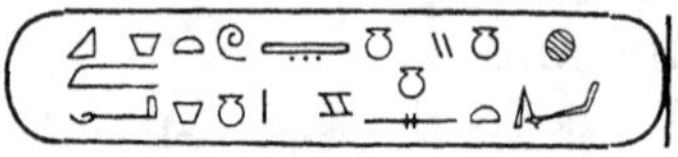

4. 

5. 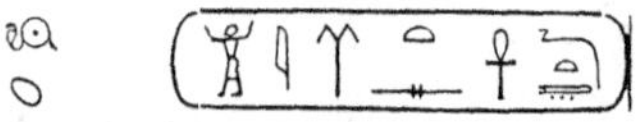

6. 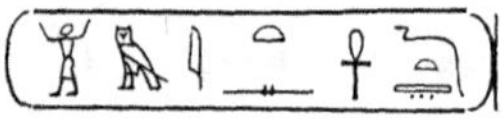

7. 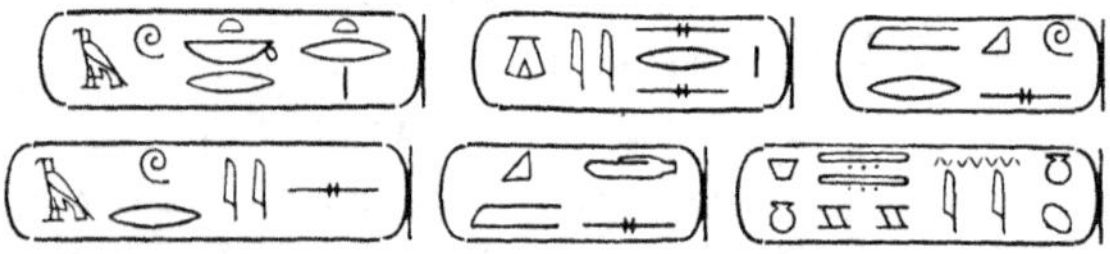

Lucius Septimius Severus, A. D. 193—211.

IV. Suten Bȧt names

1—4. AUTUKRTR-KISRS (AUTOCRATOR CAESAR).

V. Son of Rā names

1—4. SAURIS (SEVERUS)-ENTI-KHU.

5. ....

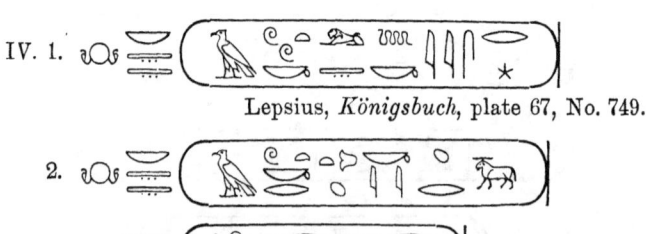

IV. 1. 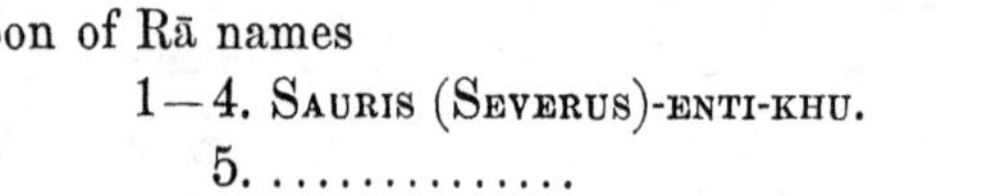

Lepsius, *Königsbuch*, plate 67, No. 749.

2. 

3. 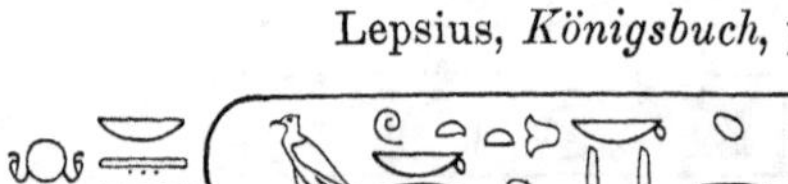

4. 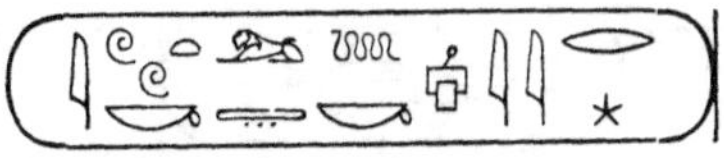

V. 1. 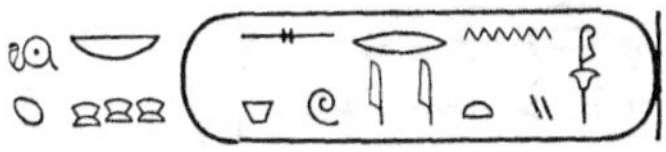

2. 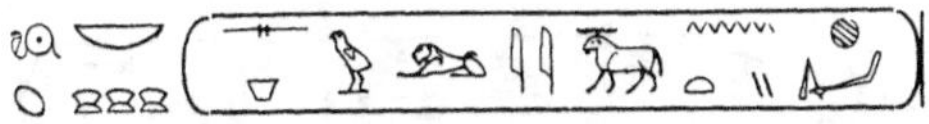

3. 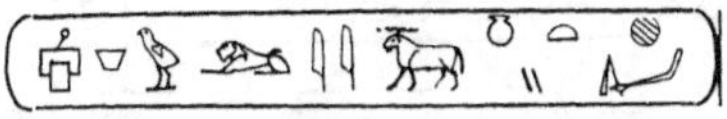

4. 

5. 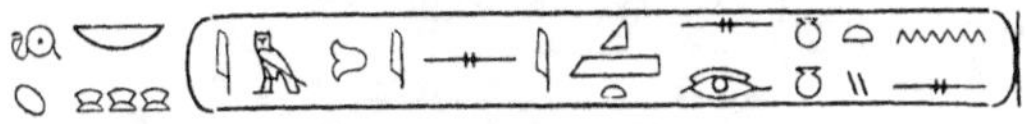

Julia, wife of *Severus*.

Lepsius, *Königsbuch*, plate 67, No. 750.

Antoninus (*Caracalla*) A. D. 211—217.

IV. Suten Bȧt names

1—9. AUTKRTR-KISRS (AUTOCRATOR CAESAR).

10. AUTKRTR.

V. Son of Rā names

1, 2. ANTANINNES-ENT-KHU.

3, 4. ANTANINES-ENT-KHU-ĀNKH-TCHETTA.

5, 6. ANTANINES-SEBASTES.

7. ANTNINIS-ĀNKH-TCHETTA-ȦST-MERI.

8. ANTUNINES-ĀNKH-TCHETTA.

9, 10. ANTANINES-ENTI-KHU.

11, 12. ANTANINES-ENT-KHU-ĀNKH-TCHETTA.

13, 14. ANTANINES-KHU.

15. ANTANINNES.

IV. 1. 

Lepsius, *Königsbuch*, plate 67, No. 751.

2. 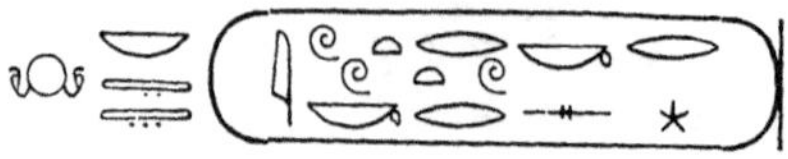

3. 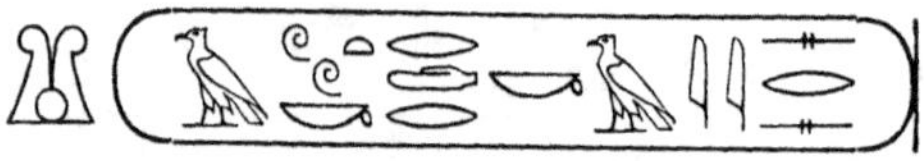

4. 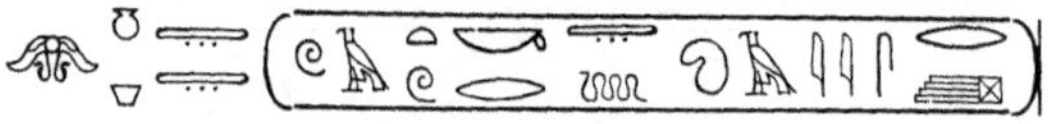

5. 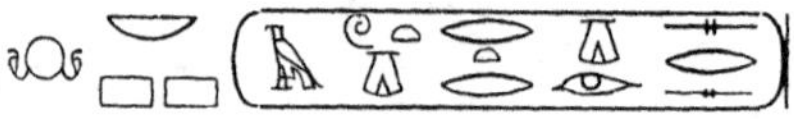

6. 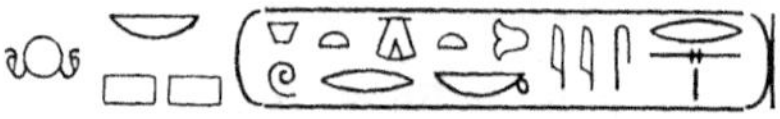

7. 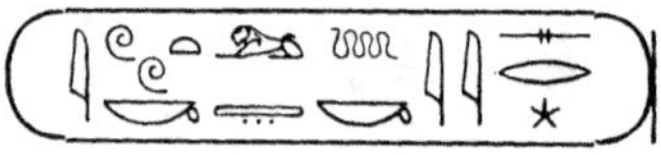

8. 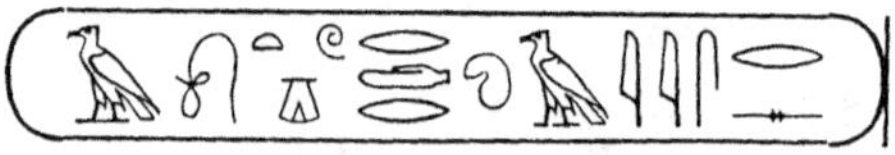

9. 

10. 

V. 1. 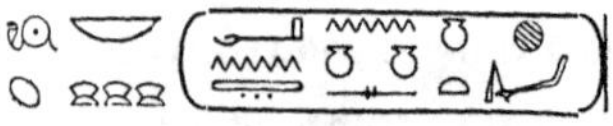

2. 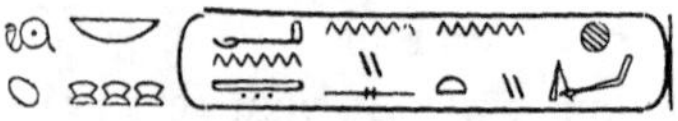

3. 

4. 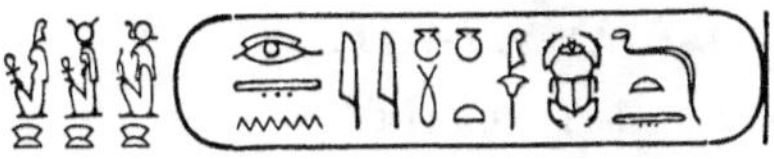

5. 

6. 

7. 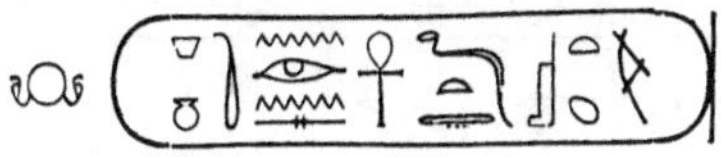

8. 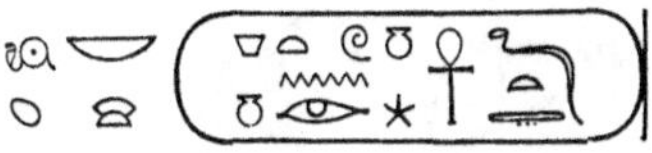

9. 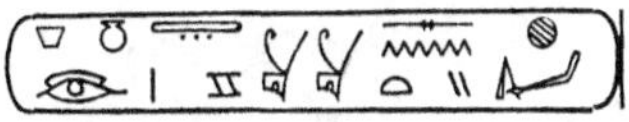

10. 

11. 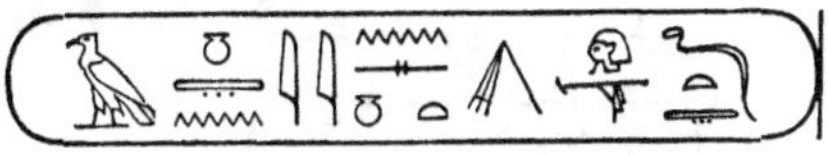

12. 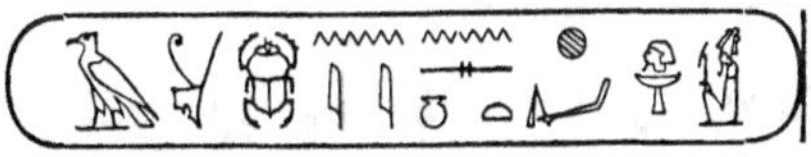

13. 

14. 

15. 

Geṭa, A. D. 211—212.

IV. Suten Bât name AUTUKRTR-KISRS.
V. Son of Rā names 1. KAT (GETA)-ENTI-KHU.
2. KTAS-ENTI-KHU.

IV. 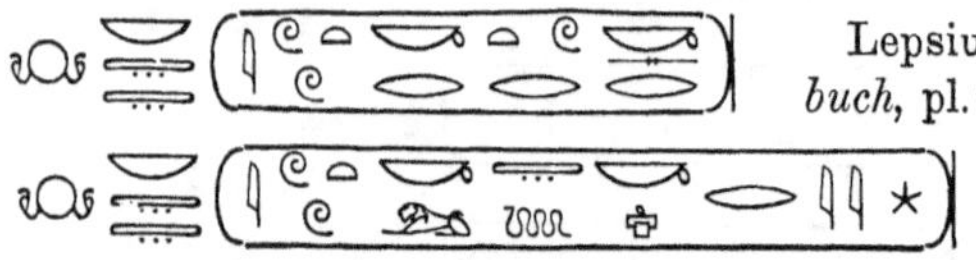

Lepsius, *Königsbuch*, pl. 67, No. 752.

V. 1. 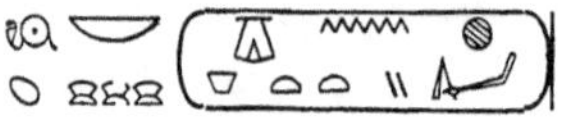

2. 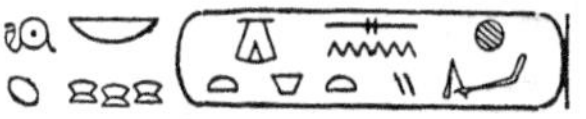

Decius, A. D. 249—251.

IV. Suten Bât name AUTKRTR-KISRS.
V. Son of Rā name TAKIS (DECIUS)-ENT-KHU.

IV. 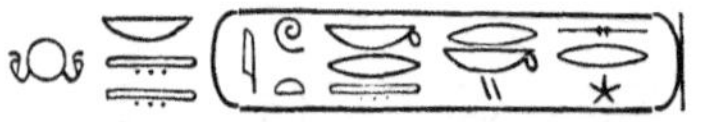

Lepsius, *Königsbuch*, plate 67, No. 753.

V. 

Marcus Julius Philip, A. D. 244—249.

IV. Suten Bât name AUTUKRTR KISRS.
V. Son of Rā name PHILIPPS.

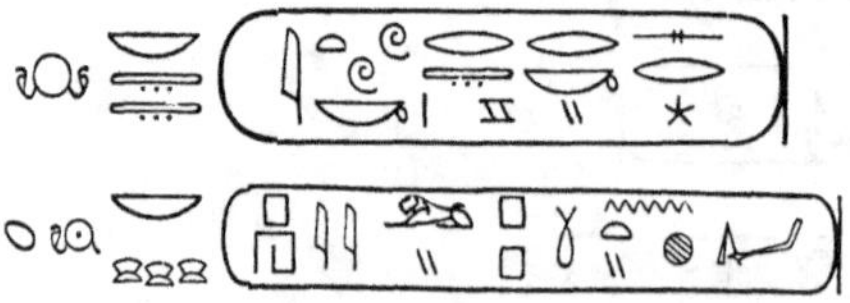

Temple at Esna, L. D., IV, 90 *d*; and see *Aeg. Zeit.*, 1870, p. 27.

KINGS OF NAPATA AND MEROË.

P-ānkhi Meri-Åmen.

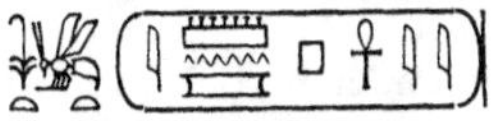 Stele in Cairo (Mariette, *Monuments Divers*, plate 1).

 *Ibid.*

Rā-user-Maāt P-ānkhi-Meri-Åmen-sa-Bast.[1]

 L. D., V, 14 *a*.

 L. D., V, 14 *c*.

Kenensat, wife of *P-ānkhi.*

 Pierret, *Recueil*, I, 44.

Kashta, son of *P-ānkhi-Meri-Åmen* (?).

 Daressy, *Recueil*, XXII, p. 142.

1. He may be identical with P-ĀNKHI-MERI-ÅMEN.

P-bathma, **a wife of** ***Kashta.***

Daressy, *Recueil*, XXII, p. 142.

P-ānkhi, **son of** ***Kashta*** **and** ***P-bathma.***

Daressy, *Recueil*, XXII, p. 142.

Shabaka, **son of** ***Kashta.***

Wâdî Ḥammâmât, L. D., V, 1 *e*.

Amenàrtās, **daughter of** ***Kashta.***

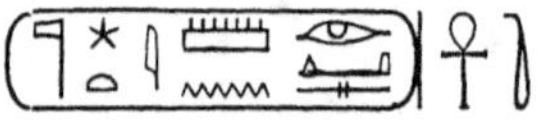

Steatite object in the British Museum, No. 29212.

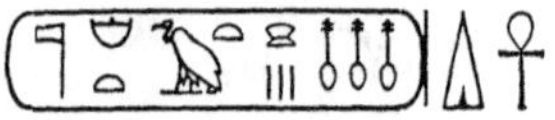

Ibid.

Peksather, **daughter of** ***Kashta*** **and** ***P-bathma.***

Daressy, *Recueil*, XXII, p. 142.

Nefer-ka-Rā Shabaka.

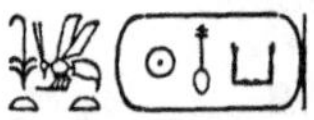

Temple of Karnak.

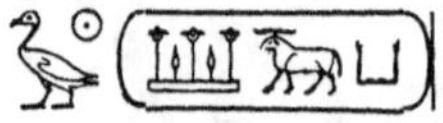

L. D., V, 1 *e*.

Shabataka, son of *Shabaka*.

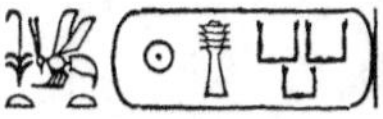

Rā-men-kheper P-ānkhi.

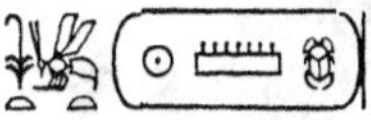 Ṣtele in Paris.

 *Ibid.*

Rā-senefer P-ānkhi.

I. Horus name	Seḥetep-taui-f.
II. N-U name	...
III. Golden Horus name	...
IV. Suten Bȧt name	Rā-senefer.
V. Son of Rā name	P-ānkhi.

I. 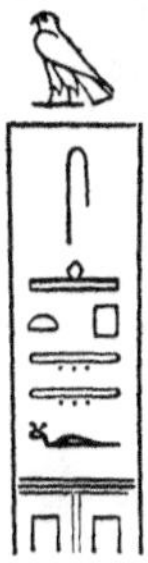 L. D., V, 14 *h*.

IV.  L. D., V, 14 *l*.

V.  L. D., V, 14 *l*.

Taharqa (*Tirhâḳâh*).

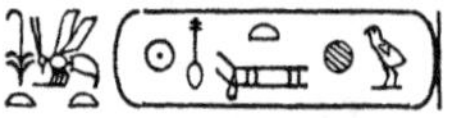 Gebel Barkal, L. D., V.

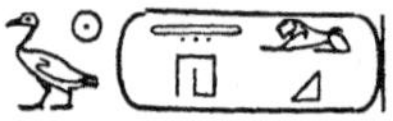 *Ibid.*

Àmenṭākhet, wife of *Taharqa*.

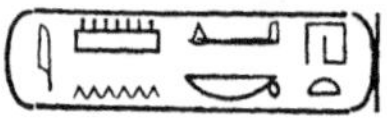 L. D., V, 5.

Āqleq, mother of *Tirhâḳâh*.

 L. D., V, 7 c.

Tanuath-Àmen.

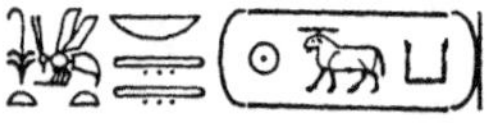 Stele in Cairo (Mariette, *Monuments Divers*, plate 7).

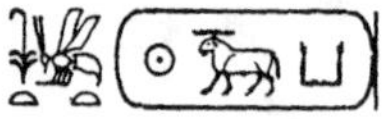 *Ibid.*, line 3.

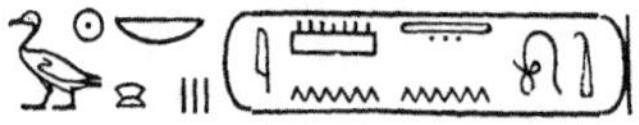 *Ibid.*

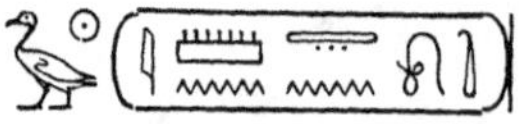 *Ibid.*

Qelhetat.

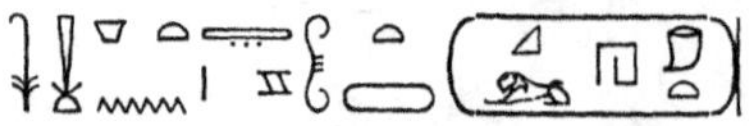 Stele in Cairo (Mariette, *Monuments Divers*, plate 7).

Ḳuruȧrḥenti (?), wife of *Tanuath-Ȧmen.*

Stele in Cairo (Mariette, *Monuments Divers*, plate 7).

...-*Ḥeru-nekht.*

L. D., V, 14 *e*.

Netch-ka-Ȧmen.

L. D., V, 14 *g*.

Senka-Ȧmen-Seken.

I. Horus name	SEH[ER]-TAUI.
II. N-U name	...
III. Golden Horus name	...
IV. Suten Bȧt name	RĀ-SEKHEPER-EN.
V. Son of Rā name	SENKA-ȦMEN-SEKEN.

I. 

L. D., V, 15 *a*.

IV. 

L. D., V, 15 *a*.

V. 

L. D., V, 15 *a*.

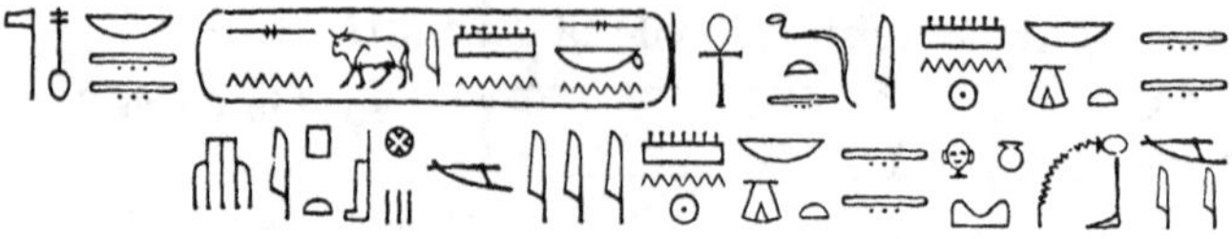

L. D., V, 15 *a*.

Åthlenersa.

I. Horus name	Ḥetep-taui.
II. N-U name	Meri-Maāt.
III. Golden Horus name	Smen-Hepu.
IV. Suten Båt name	Rā-khu-ka.
V. Son of Rā name	Åthlenersa.

I. 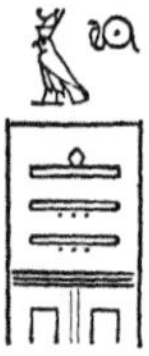 L. D., V, 15 *b*.

II. 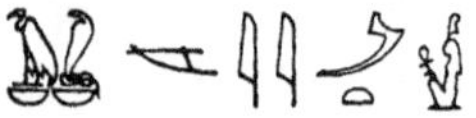 L. D., V, 15 *b*.

III. 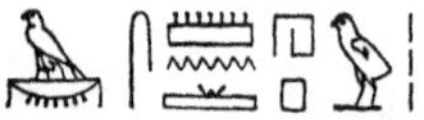 Column in Caiṛo.

IV.  L. D., V, 15 *b*.

V.  L. D., V, 15 *b*.

Rā-uatch-ka Åmathel.

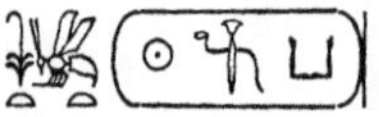 L. D., V, 15 *p*.

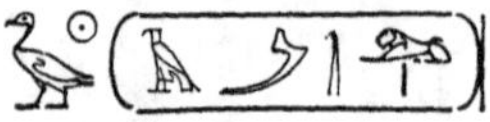 *Ibid.*

Nåstasen, or *Nåstasenen.*

I. Horus name	KA-NEKHT-MER-PAUT-NETERU-KHĀ-EM-NEPITA.
II. N-U name	KHU-TAUI (?).
III. Golden Horus name	...
IV. Suten Båt name	RĀ-KA-ĀNKH.
V. Son of Rā name	NÅSTASEN, or NÅSTASENEN.

I. 

L. D., V, 16 *a*, 1.

II. 

L. D., V, 16 *a*, 1, 4.

IV. 
L. D., V, 16 *a*, line 4.

V. 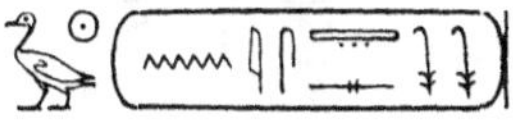
L. D., V, 16 *a*, lines 1, 21, etc.

L. D., V, 16 *a*, line 4.

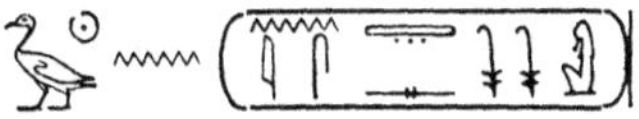
L. D., V, 16 *b*, lines 16, 17.

L. D., V, 16 *a*.

Sekhmakh, wife of *Nȧstasen*.

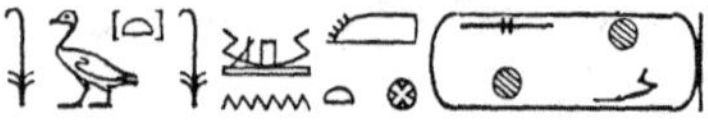 L. D., V, 16 *a*.

Palkha (?), a queen-mother.

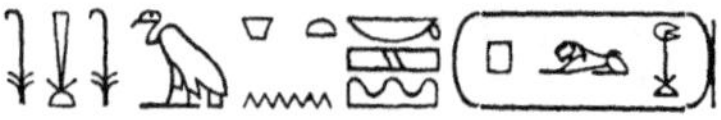 L. D., V, 16 *a*.

P-ānkh-ȧluru.

 Stele of Nȧstasen, L. D., V, 16 *a*, lines 8, 16.

Tamakhithet.

, chief of  Stele of Nȧstasenen.

Ȧbskhent (?).

, chief of 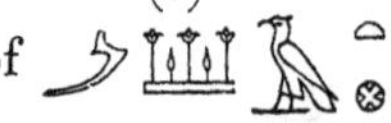 Stele of Nȧstasenen.

Rebkhenṭent (?).

, chief of  and  Stele of Nȧstasenen.

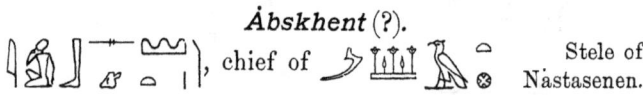

Ȧikhentkat (?).

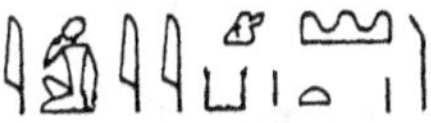, chief of 

Stele of Nȧstasenen.

Ḥeru-sa-ȧtef.

I. Horus name KA-NEKHT-KHĀ-EM-NEPIT.
II. N-U name NETCHET-NETERU.
III. Golden Horus name UAFTH-ṬĀT-SEMT-SEMTI-NEBT.
IV. Suten Bȧt name ȦMEN-SA-MER.
V. Son of Rā name ḤERU-SA-ȦTEF.

I.  Stele in Cairo (Mariette, *Monuments*, plate 11).

II.  *Ibid.*

III.  *Ibid.*

IV. 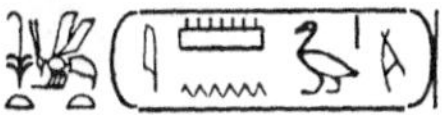 *Ibid.*

V.  Stele in Cairo, lines 84, 99, 105, 111.

L. D., V, 16 *a*, line 15.

Thesmanefer (?), **mother of *Ḥeru-sa-àtef.***

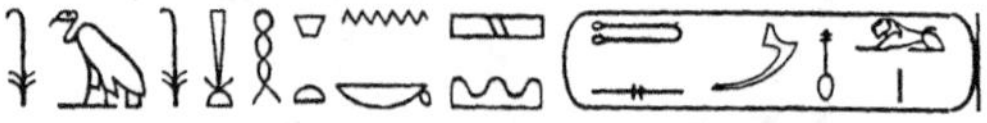

Stele in Cairo (Mariette, *Monuments Divers*, plate 11).

Behtàlis (?), **sister-wife of *Ḥeru-sa-àtef.***

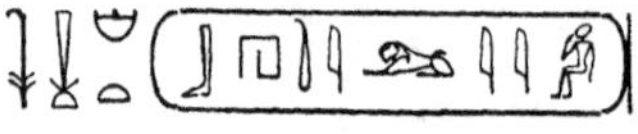

Stele in Cairo.

***Katimal*, a royal wife.**

Stele of Dongola.

Àspelta.

I. Horus name	NEFER-KHĀU.
II. N-U name	NEFER-KHĀU.
III. Golden Horus name	USER-ÀB.
IV. Suten Bàt name	...
V. Son of Rā name	[ÀSPELTA].

I. 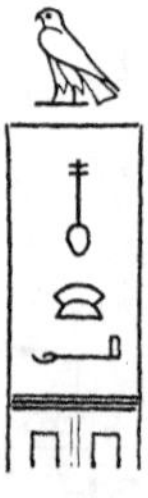

Stele in Cairo (Mariette, *Monuments Divers*, pl. 9).

II. 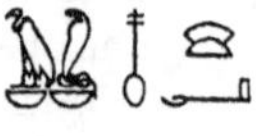

Ibid.

III.  Stele in Cairo (Mariette, *Monuments Divers*, pl. 9).

IV.  *Ibid.*

V.  *Ibid.*

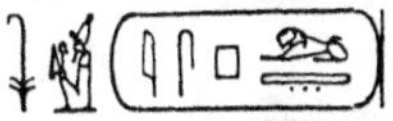 L. D., V, 16 *b*, lines 35, 39.

Enenselsa, mother of *Åspelta*.

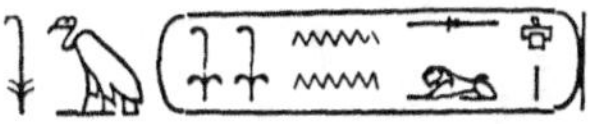 Stele of Māṭ-ḥenen in the Louvre (Pierret, *Études*, tome 1, pp. 96—106).

[*Khebit*], sister of *Åspelta*.

 . . . Stele of Māṭ-ḥenen.

Māt-ḥenen (?), wife of *Åspelta*.

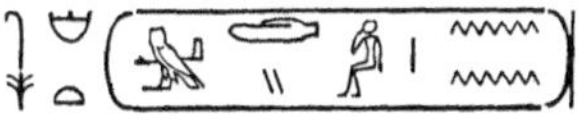 Stele in the Louvre (Pierret, *Études Égypt.*, I, pp. 96—100).

Åmen-sa-Rā-...

 Ruins of town of Meroë, Lepsius *Königsbuch*, No. 940.

... - år.

 Ruins of town of Meroë, Lepsius, *Königsbuch*, No. 941.

Ȧmen-taui-Kalbath.

Ruins of town of Meroë, Lepsius, *Königsbuch*, No. 942.

Ȧmen-ar (or *Ȧmenārit*) *Kenthāḥebit.*

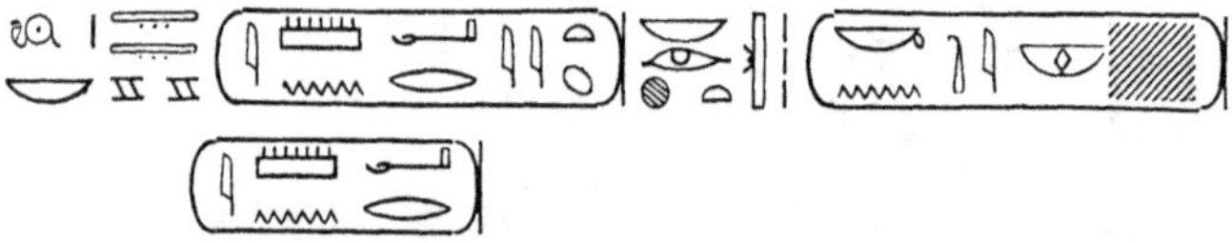

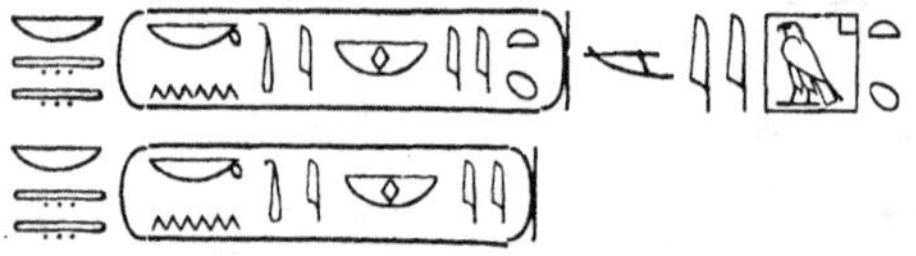

Pyramid of Meroë, L. D., V, 47.

Rā-ānkh-ka Ȧrkhenkherel.

Pyramid of Meroë, L. D., V, 43.

L. D., V, 43, 44.

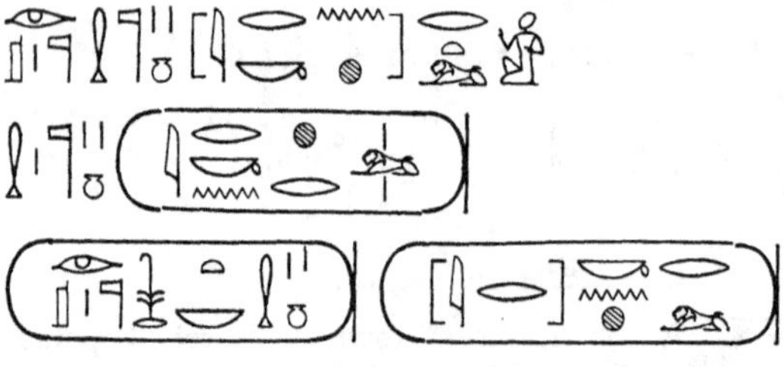

Nahȧrq.

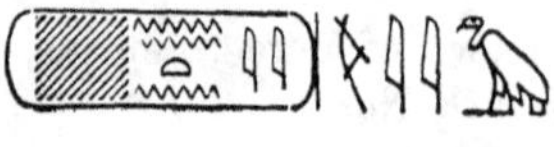

Lepsius, *Königsbuch*, No. 945.

Kenreth, or *Kenrethreqnen*.

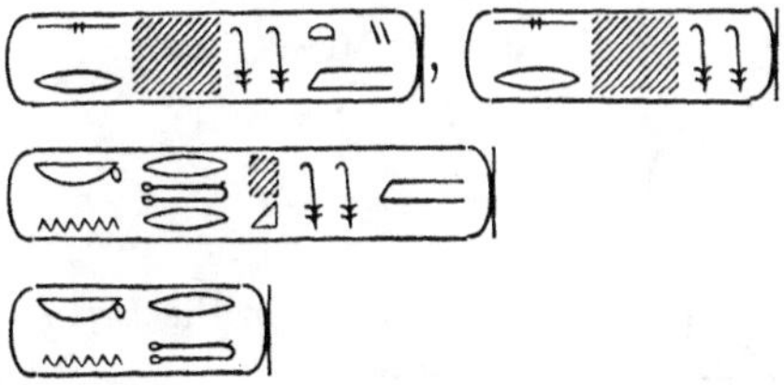

Pyramid of Meroë, L. D., V, 32.

Perui (?).

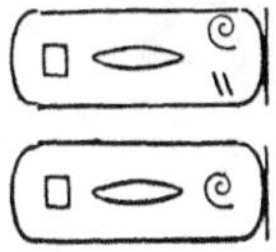

Pyramid of Meroë, L. D., V, 32.

Ka-nefert (?).

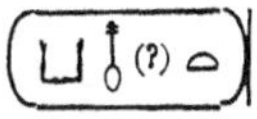

Pyramid of Meroë, L. D., V, 32.

Rā-khnem-ȧb Ȧmen-ȧrk-neb.

Pyramid of Meroë, L. D., V, 54.

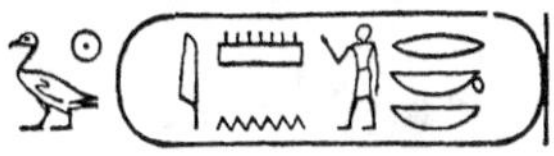

Ibid.

Kalka Kaltelȧ.

Pyramid of Meroë, L. D., V, 54.

Ibid.

Rā-nefer-ȧb-ānkh Ȧsru-meri-Ȧmen.

Pyramid of Meroë, L. D., V, 53.

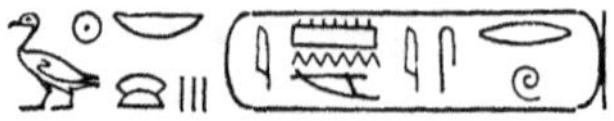
Ibid.

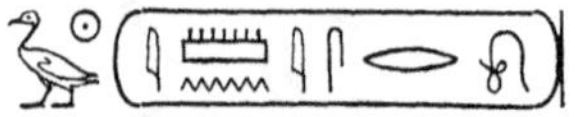
Granite lion in the British Museum.

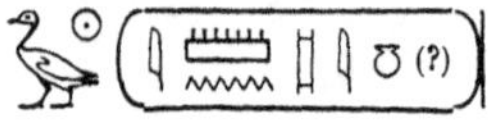
Pyramid of Meroë, L. D., V, 53.

Rā - ... - āa - ...

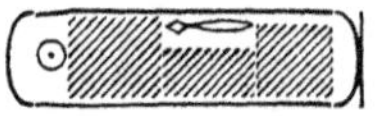
Lepsius, *Königsbuch*, No. 958.

Rȧ - ...

Ruin at Ṣanam Abû Dôm.

... Ita.

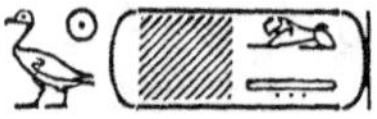
Ruin at Ṣanam Abû Dôm.

Ȧmen-ṭet-ānkh-tȧa-Rā Ȧrq-Ȧmen.

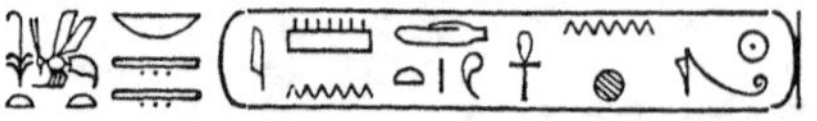
Temple at Dakkah, L. D., V, 17 *c.*

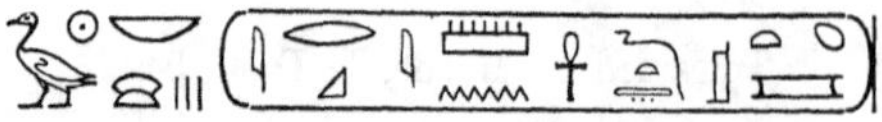
Ibid.

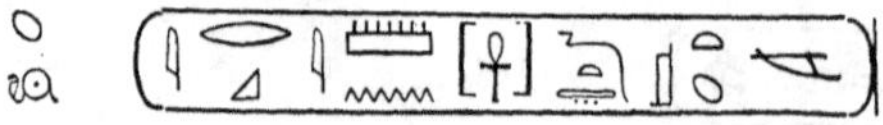
Ibid., 17 *b.*

Àru-Àmen (*Àlu-Amen*), or *Àrq-Àmen* (*Àlq-Àmen*).

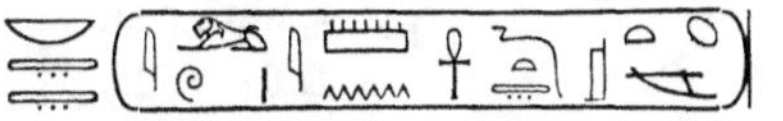

Pyramid of Meroë, L. D., V, 36.

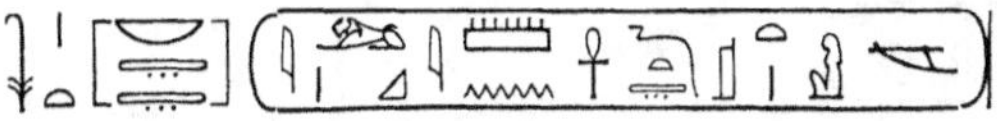

L. D., V, 39.

Murtek.

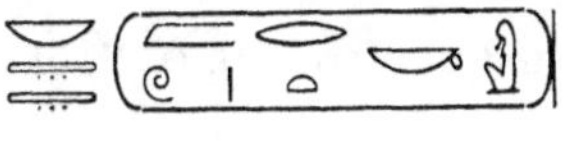

Pyramid of Meroë, L. D., V, 39.

Rā-en-tàa-setep-en-neteru Àtchakhar-Àmen.

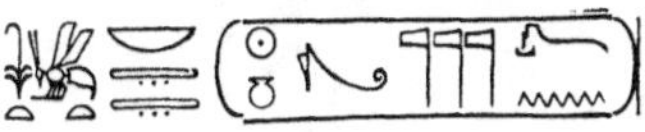

Temple at Dabûd, L. D., V, 18.

Ibid.

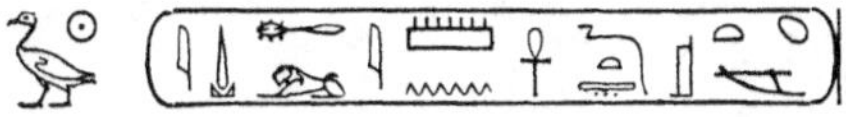

Ibid.

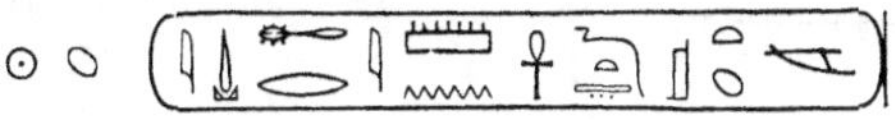

Ibid.

Rā-kheper-ka Àmen-Neteḳ.

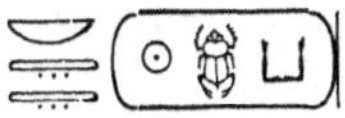

L. D., V, 15 *h*, *i*.

Pyramid at Meroë, L. D., V, 25 *b*.

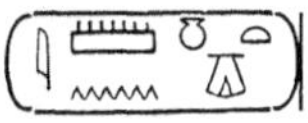

Ibid.

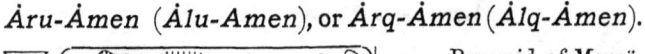

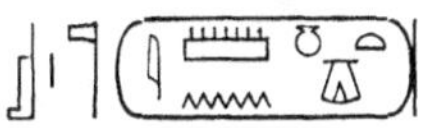

Ibid.

Ȧmen - ... ākha ... - en - ȧb.

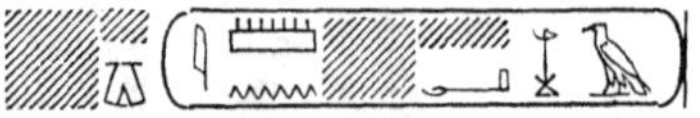

Pyramid of Meroë, L. D., V, 45.

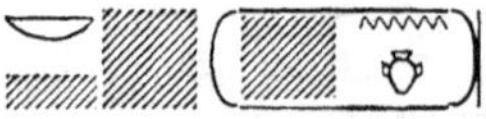

Ibid.

Rā - ... - ... Ȧmen-khetashen (?).

Pyramid of Meroë, L. D., V, 51.

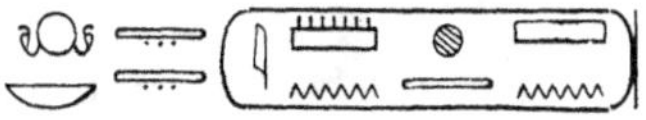

Ȧmen - ...

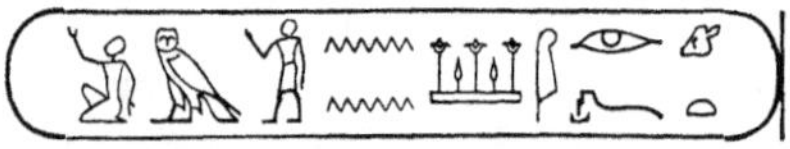

Pyramid of Meroë, L. D., V, 40.

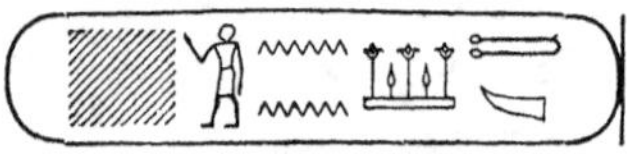

Thirikanlat (?).

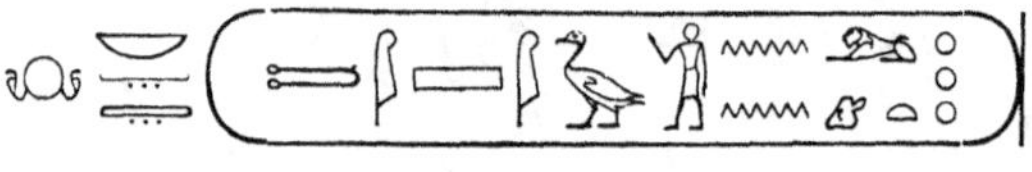

Pyramid of Meroë, L. D., V, 49.

Rā-kheper-ka ... - Ȧmen - ...

Pyramid of Meroë, L. D., V, 48.

Rā-neb-Maāt Ȧmen-tahanam ...

Pyramid of Meroë, L. D., V, 51.

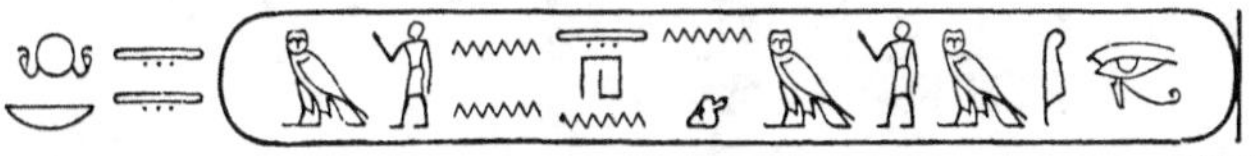

Ibid.

... - Rā - ka ... n.

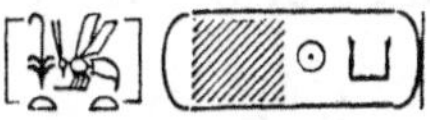

L. D., V, 15*f*.

Ibid.

Rā-mer-ka Ȧmen-tarit,
a queen, wife of *Netek-Ȧmen.*

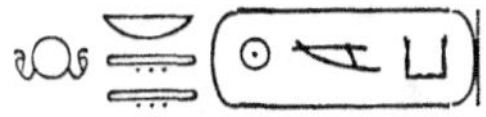

Altar in Berlin, L. D., V, 55; Temple at Nagaa, L. D., V, 57.

M - A - N TA-I-R
(Ȧmen-tari)

L. D., V, 15 *e*.

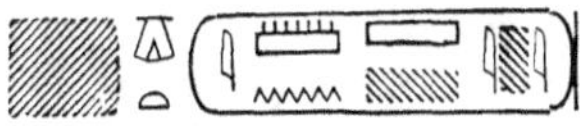

Ibid.

Rā-kheper-ka Netek-Ȧmen,* husband of *Ȧmen-tarit.

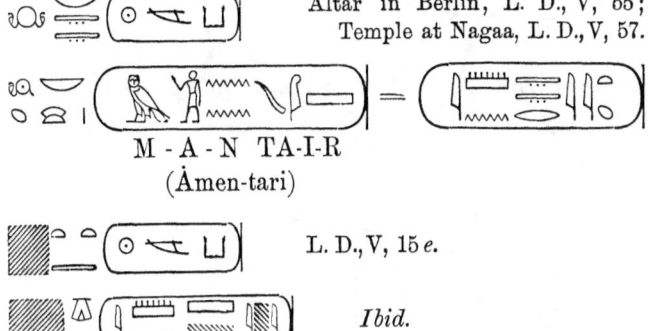

Altar in Berlin, L. D., V, 55; Temple at Nagaa, L. D., V, 57.

N-TH-K - M - A - N

Rā-ānkh-ka Arqrkhethȧn (?),
son of ***Netek-Ȧmen*** and ***Ȧmentarit.***

Temple at Nagaa, L. D., V, 66.

Ibid.

Ibid., L. D., V, 57.

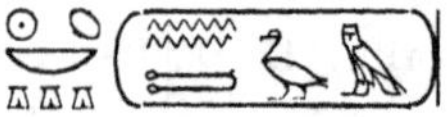

Ibid.

Sharqrar, son of ***Netek-Ȧmen*** and ***Ȧmentarit.***

Temple at ʿAmâra, L. D., V, 69.

Netek-Ȧmen, Ȧmen-tarit and ***Sharqrar.***

Temple at ʿAmâra, L. D., V, 69.

Netek-Åmen, Åmentarit and *Arqrkhethån* (?).

L. D., V, 67.

Åqrakrtarr ... (?).

Temple of Nagaa, L. D., V, 60.

Tekrethrela (?).

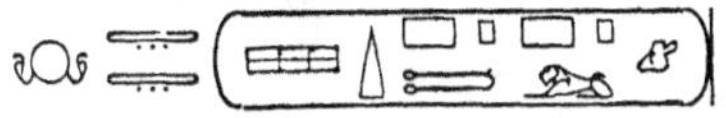

Temple at Nagaa, L. D., V, 59.

...

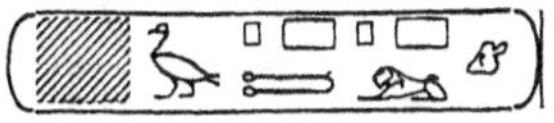

Temple at Nagaa, L. D., V, 62.

... *arq-kharrak* (?).

Temple at Nagaa, L. D., V, 62.

. . - *qtqil* (?), a queen.

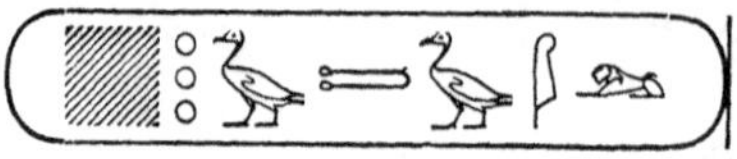

Temple at Nagaa, L, D., V, 56.

...

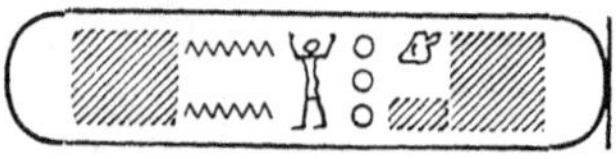

Temple at Nagaa, L. D., V, 56.

Shankpatch (?).

Temple at Nagaa, L. D., V, 68 *d.*

N ... k.

Pyramid at Gebel Barkal, L. D., V, 19.

Ȧp-shā-neter-kheper - ...

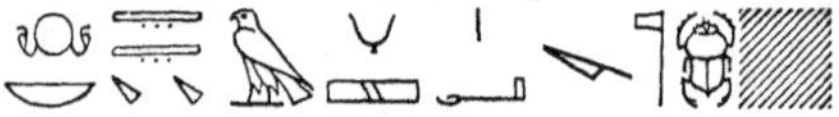

Pyramid of Meroë, L. D., V, 35.

P-ānkh-Ktasanāi (?), royal sister and wife.

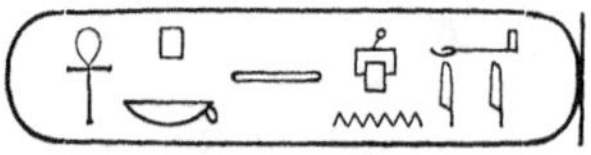

Statue in Berlin, Erman, *Aeg. Zeit.*, XXX (1892), 48.

INDEX.

Åaa I. 141.
Åäa I. 141.
Åaåa I. 141.
Åaåu I. 142.
Åā-åb (Uaḥ-åb-Rā), King Hophrâ I. 78; II. 86.
Āa-åb (Psemthek I) II. 78.
Āa-åb-åthi-neb-qen-... (Ptolemy XIII) II. 146.
Āa-åb-meri-taui (Haḳer) II. 97.
Āa-åb-neteru-meri-Baqet-, etc. (Ptolemy XI) II. 142.
Āa-baiu, Golden Horus name of Åmen-em-ḥāt III, I. 58.
Āā-en-neter-menkh-netert-menkhet-, etc. (Ptolemy X) II. 138.
Āa-ḥetep-Rā, King, I. 43, 99.
Āa-kheper-en-Rā (Thothmes II) XXXIX, I. 117.
Āa-kheper-ka-Rā (Thothmes I) XXXVIII, I. 114.
Āa-kheper-Rā (Shashanq IV) II. 59.
Āa-kheper-Rā-setep-en-Åmen (Pasebkhānut II) II. 34.
Āa-kheper-Rā-setep-en-Åmen (Uasarken III) II. 61.
Āa-kheperu-Rā (Åmen-ḥetep II) XXXIX, I. 129.
Āa-khepesh (Ḥeru-em-ḥeb) I. 154.
Āa-khepesh-ḥ...-nebu (Shabataka) II. 71.
Āa-khepesh-ḥu-pet-paut (Thothmes III) I. 122.

Āa-khepesh-ḥu-Sati (Meren-Ptaḥ) I. 187.
Āa-khepesh-ḥu-Satiu (Ȧmen-ḥetep III) I. 135.
Āa-nekht-meri, King, I. 79.
Āa-nekhtu-em-taiu-nebu (Seti II) I. 191.
Āa-nenu, son of Thuȧu, I. 143.
Āa-neter-Rā, I. 97.
Āa-mu, Prince, I. 99.
Āa-peḥ LXXXVII.
Āa-peḥti (Tiberius) II. 159.
Āa-peḥti-Set (Nubti), King, I. 95.
Āa-peḥti-s-user-Seker (Tiberius) II. 159.
Āa-peḥti-uaḥ-sepu (Psamut) II. 99.
Āa-peḥti-user-khepesh-uatch-renput-em-ḥetāa-Maāt (Thothmes I) I. 114.
Āa-qenen-Rā (Ȧpepȧ) I. 94.
Āa-seḥ-Rā, King, I. 94.
Āa-shefit-em-taiu-nebu (Thothmes III) I. 122.
Āa-shefit-taiu-nebu (Shabataka) II. 71.
Āa-user-Rā (Ȧpepȧ), King, I. 93.
Āa-user-Rā Ȧpepȧ, I. 101.
Ȧāḥet, a royal mother, I. 49.
Ȧāḥ-hetep, a royal mother, I. 117.
Ȧāḥ-ḥetep, daughter of Ȧāḥmes Nefert-ȧri, I. 109.
Ȧāḥ-ḥetep, wife of Seqenen-Rā I, I. 102.
Ȧāḥ-ḥetep, wife of Seqenen-Rā III, I. 103.
Ȧāḥmes (Amasis I) I. 106.
Ȧāḥ-mes, Prince, I. 105.
Ȧāḥ-mes, son of Seqenen-Rā I, I. 102.
Ȧāḥmes, daughter of Ȧāḥmes I, I. 111.
Ȧāḥ-mes, daughter of Seqenen-Rā I, I. 102.
Ȧāḥmes, wife of Thothmes I, I. 116.
Ȧāḥmes-nebt-ta, Princess, I. 111.
Ȧāḥmes Nefert-ȧri, Queen of Ȧāḥmes I, I. 108.
Ȧāḥmes Pen-Nekhebit I. 132.
Ȧāḥmes-sa-Net (Amasis II) II. 86.
Ȧāḥ-mes-sa-pa-ȧri I. 105.

Ȧāḥ-mes-sa-pa-ȧri, son of Ȧāḥmes Nefert-ȧri, I. 110.
Ȧāḥ-sat, a wife of Thothmes III, I. 128.
Ȧai I. 142.
Āat-shet, Queen, I, 49.
Ȧau I. 141.
Ȧb, King, I. 39.
Ȧbȧ (Rā-neb-Maāt), King, I. 78.
Ȧbeḥ-en-khepesh, King, I. 93.
Abskhent (?) II. 202.
Acencheres I, LXXIX.
Acencheres II, LXXIX.
Acencheres III, LXXIX.
Achencheres LXVIII.
Achencherses LXVIII.
Acherres LXVIII.
Aches LXIII.
Achoris LXXII.
Adelphoi II. 112.
Africanus, Julius, XLI, his King List, LXII ff.
Agatho-daimon LX.
Ȧi I. 152.
Ȧi Neter-Ḥeq-Uast I. 152.
Ȧi (Rā-mer-nefer), King, I. 78.
Ȧikhentkat II. 203.
Āḥa (Menes?) I. 8.
Āḥā-en-ḥeḥ-en-renput-mȧu-sekhem-ȧb (Rameses II) I. 170.
Ȧḥtes I. 16.
Ȧ-ka-u Ḥeru LXXXV, I. 27.
Akesephthres LXXVI.
Akhenkheres LXXVII.
Akherres LXVIII, LXXVII.
Akhthoes LXV.
Alexander the Great II. 107.
Alexander I (Ptolemy XI) II. 142.
Alexander II (Ptolemy XII) II. 146.
Alksȧnṭrs-sa-Ȧmen II. 107.
Ȧlq-Ȧmen II. 209.
Ȧlu-Ȧmen II. 209.
Amaes LXXVIII.
Ȧmām, mother of Menthu-ḥetep Rā-neb-taui I. 47.
Amāsis LXXVI.
Amāsis, see Ȧāḥmes, II. 86.
Amemphis LXXVII.
Ȧmen-ānkh-nes, Queen, I. 151.
Ȧmen-ār II. 206.

Ȧmenārit II. 206.
Ȧmen-ȧrk-neb II. 207.
Ȧmenȧrṭās, daughter of Kashta, II. 196.
Ȧmenȧrṭās (Mut-khā-neferu) II. 67.
Ȧmenȧrṭās II, wife of Shabaka II. 71.
Ȧmen-Ȧsru-meri II. 208.
Ȧmen-em-ȧpt, Governor of Nubia, I. 165.
Ȧmen-em-ȧpt, son of Paser, I. 186.
Ȧmen-em-Ȧpt, son of Rameses II, I. 179, 184.
Ȧmen-em-ȧpt-meri-Ȧmen II. 33.
Amenemes LXXVI.
Ȧmen-em-ḥāt I (Rā-seḥetep-ȧb) I. 51.
Ȧmen-em-ḥāt II, I. 54.
Ȧmen-em-ḥāt III, I. 58.
Ȧmen-em-ḥāt IV, I. 62.
Ȧmen-em-ḥāt, King (XIIIth dynasty), I. 66.
Ȧmen-em-ḥāt-senb-f LXXXVI.
Ȧmen-em-uȧa I. 183.
Amenrephthis LXIX.
Ȧmen-ḥer-khepesh-f I. 182.
Ȧmen-ḥer-unemi-f I. 181.
Ȧmen-ḥer-unemi-f, son of Ḥer-Ḥeru, II. 24.
Ȧmen-ḥetep I, I. 112.
Ȧmen-ḥetep II, I. 129.
Ȧmen-ḥetep II Ḥeq-Ȧnnu I. 129.
Ȧmen-ḥetep II Ḥeq-Uast I. 129.
Ȧmen-ḥetep III, I. 136.
Ȧmen-ḥetep III Ḥeq-Uast I. 136.
Ȧmen-ḥetep III Neter-ḥeq-Uast I. 136.
Ȧmen-ḥetep III Sa-Rā I. 136.
Ȧmen-ḥetep III Setep-en-Ȧmen I. 136.
Ȧmen-ḥetep III Setep-en-Rā I. 136.
Ȧmen-ḥetep III Setep-en-Tem I. 136.
Ȧmen-ḥetep III Tȧat-Ȧmen I. 136.
Ȧmen-ḥetep III Tȧat-Rā I. 136.
Ȧmen-ḥetep III Theḥen-Rā I. 136.
Ȧmen-ḥetep IV, I. 145.
Ȧmen-ḥetep IV Neter-ḥeq-Ȧnnu I. 145.

Ȧmen-ḥetep IV Neter-ḥeq-Uast I. 145.
Ȧmen-ḥetep IV Āa-em-āḥā-f I. 145.
Ȧmen-ḥetep, Governor of Nubia, I. 144.
Ȧmen-ḥetep, Prince, I. 117.
Ȧmen-ḥetep, Prince, I. 131.
Ȧmen-ḥetep, son of Rameses II, I. 183.
Ȧmen-ḥetep-ȧbui (Ȧmen-ḥetep III) LXXXVIII.
Ȧmen-ḥetep Ḥāpu I. 132.
Ȧmen-khetashen (?) II. 210.
Ȧmen-khnem-ȧb (Shep-en-Ȧpt) II. 48.
Ȧmen-meri, son of Rameses II, I. 183.
Ȧmen-merit, daughter of Ȧāḥmes Nefert-ȧri, I. 109.
Ȧmen-mert, daughter of Ȧāḥmes Nefert-ȧri, I. 109.
Ȧmen-mes, Prince, I. 105.
Ȧmen-meses, King, I. 190.
Ȧmen-meses-meri-Rā I. 190.
Ȧmen-meses-ḥeq-Uast I. 190.
Ȧmen-nefer-neb-f I. 165.
Ȧmen-netek̦ II. 209.
Ȧmen-Rā-ḥer-shef II. 23.
Ȧmen-Rā-meri (Darius II) II. 95.
Ȧmen-Rā-meses-neter-ḥeq-Ȧnnu (Rameses VI) II. 11.
Ȧmen-Rā-neb-Hebt-neter-āa-user-khepesh-meri (Darius II) II. 95.
Ȧmen-Rā-sa II. 205.
Ȧmen-ruṭ II. 62.
Ȧmen-sa, son of Ȧāḥmes I, I. 111.
Ȧmen-sa-meri (Ḥeru-sa-ȧtef) II. 203.
Ȧmen-sat, daughter of Ȧāḥmes Nefert-ȧri I. 109.
Ȧmen-sat, Princess, I. 144.
Ȧmenṭākhet, Queen, II. 77, 189.
Ȧmen-tanuath II. 77.
Ȧmen-tārit II. 211.
Ȧmen-taui-Kalbath II. 206.
Ȧmen-tchanam ... II. 211.
Ȧmen-ṭet-ānkh (Ȧrq-Ȧmen) II. 208.
Amendes LXXVII.
Ȧmeni, Prince, I. 54, 63.
Ȧmeni Ȧntef Ȧmen-em-ḥāt, I. 67.
Amenophath LXVIII.
Amenophis LXVIII, LXXVII, LXXIX.

Amenophthis LXVIII, LXIX, LXXVII.
Amenses LXXVII.
Amensis LXVIII.
Amesesis LXXVI.
Amessis LXXIX.
Ammanemes LXVI.
Ammenemes LXV, LXIX, LXXIV, LXXVII.
Ammenephthes LXIX.
Ammenophis LXVIII, LXXVIII.
Ammeres LXXI.
Ammeris LXXI.
Ammon LX.
Ammsuna II. 24.
Amophis LXVIII.
Amos LXVIII.
Amoses LXVIII.
Amosis LXVIII, LXXI, LXXVI, LXXVIII.
Amurthartaios LXXIV.
Amyrtaeus LXXII.
Ȧn I. 27.
Ȧn (Qa-ka-Rā) II. 105.
Ȧnȧ (Rā-mer-ḥetep), King, I. 78.
Ān-ȧb, King, I. 80.
Ancheres LXVIII.
Ȧnebni, Prince, I. 121.
Ȧn-Ḥep, a wife of Ȧāḥmes I, I. 110.
Ȧni, Governor of Nubia, I. 165, 186.
Ānkh-ȧb-taui, Horus name of Sebek-ḥetep III, I. 74.
Ānkh-f-Mut, son of Paiānkh II. 26.
Ānkh-Ḥeru II. 64.
Ānkh-ka-en-Rā (Psemthek III) II. 89.
Ānkh-ka-Rā (Arqrkhethȧn?) II. 212.
Ānkh-khāu, Golden Horus and N-U names of Meḥti (Tchefau?)-em-sa-f, I. 34.
Ānkh-kheper, Golden Horus name of Usertsen III, I. 57.
Ānkh-kheperu-Rā I. 150.
Ānkh-mestu (Usertsen I) I. 53.
Ānkh-nes-meri-Rā I. 34.
Ānkh-nes-nefer-ȧb-Rā II. 84.
Ānkh-nes-nefer-ȧb-Rā, daughter of Psemthek III, II. 89.
Ānkh-nes-nefer-ȧb-Rā, high priest of Ȧmen, II. 90.
Ānkh-s-en-pa-Ȧten I. 149.

Ānkh-shep-en-Ȧpt II. 74.
Ankhereus LXXVI.
Ȧnnȧ, wife of Sebek-ḥetep II, I. 71.
Ānnu(Rā-senefer-ka), King, I. 41.
Anoyphis LXXIII.
Ȧnq-Ȧṭebiu, Horus name of Khian I. 95.
Ȧnq-taui, Golden Horus name of Sebekemsaf, I. 81.
Ānqet-ṭāṭāt, Princess, I. 71.
Ȧn-ren, King, I. 88.
Ȧntef, the Erpā, I. 44.
Ȧntef, King, I. 45.
Ȧntef (Nekht-neb-ṭep-nefer), King, I. 45.
Ȧntef, son of Rā-neb-ḥapt Menthu-ḥetep, I. 49.
Ȧntef-āa (Rā-nub-Kheper), King, I. 85.
Ȧntef-āa (Rā-seshesh-ȧp-Maāt), King, I. 84.
Ȧntef-āa (Rā-seshesh-her-ḥer-Maāt), King, I. 83.
Ȧntef-Āa (Uaḥ-Ānkh), King, I. 44.
Ȧntef-āa, brother of Rā-seshesh-her-ḥer-Maāt, King, I. 84.
Ānt-her, a Governor, I. 100.
Ȧnthriuasha (Darius) II. 92, 95.
Ȧnthriusha (Darius) II. 92.
Ȧnthrusha II. 92.
Antoninus Pius II. 185.
Anubis LX.
Ȧp-ȧāḥ-taui (Psemthek III) II. 89.
Apachnas LXXIX.
Apakhnas LXXVI.
Apappus LXXIV.
Ȧpep Rā-neb-uārt I. 97.
Ȧpepȧ, Prince, I. 101.
Ȧpepȧ (Rā-āa-qenen), King, I. 94.
Ȧpepȧ (Rā-āa-user), King, I. 93.
Ȧpeq, Prince, I. 98.
Aphobis LXVII.
Aphophis LXVII, LXXVI.
Apophis LXXIX.
Ȧp-Maāt, N-U name of Nefer-ḥetep I, I. 72.
Apollo LX.
Ȧpt-Maāt, Horus name of Rā-seshesh-ȧp-Maāt Ȧntef-āa, I. 84.
Ȧp-uat-em-sa-f, King, I. 82.
Ȧpuit, Queen, I. 97.

Āqleq, Queen, mother of Taharq, II. 77, 198.
Ȧqrākrtarr II. 213.
Ārat(?), Queen, I. 134.
Archles LXVII.
Ares LX.
Ȧri-ȧb-Rā II. 90.
Ȧri-Bast-utchat-nifu II. 90.
Ȧri-Bast-tchāāu II. 56.
Ȧri-...-em-nekht-taui, etc. (Ḥer-Ḥeru) II. 21.
Ȧri-khut-em-ȧpt-en-tef-f-Ȧmen-qemā-neteru-f, (Ḥer-Ḥeru) II. 21.
Ȧri-Maāt, Horus name of Userkaf, I. 24.
Ȧri-maāt-en-Rā (Tche-ḥrȧ) II. 102.
Ȧri-neteru-meri (Nektanebos) II. 103.
Aristarkhos LXXV.
Ȧrkhenkherel II. 206.
Arksȧntrs (Alexander) II. 109, 142.
Armaios LXXVII.
Armais LXVIII, LXXIX.
Armesses LXVIII.
Armesses Miammi LXXIX.
Armiyses LXXVI.
Arouëris XII.
Ārq-Amen II. 208, 209.
Arqrkhethȧn(?) II. 212.
Arses LXXII.
Arsenat (Arsinoë Philadelphus) II. 114.
Arsinat(Arsinoë III) II. 122.
Arsinoë Philadelphus II. 114.
Arsinoë III, II. 122.
Ȧrsu, a Syrian, I. 194.
Artabanus LXXI.
Artakhashasha II. 95.
Artakhshtra II. 95.
Artaxerxes LXXI, II. 95.
Ȧru-Ȧmen II. 209.
Ȧses I. 30.
Ȧsh-Kheperu, N-U name of Sebekemsaf, I. 81.
Ȧspelta II. 204.
Asru-meri-Ȧmen II. 208.
Ȧssȧ I. 29.
Ȧssȧ Ānkh I. 30.
Asseth LXXIII.
Assis LXXIX.
Ȧst, wife of Thothmes II and mother of Thothmes III, I. 119, 128.
Ȧst, Princess, I. 143.
Ȧst, wife of Rameses III, II. 3.
Ȧst, daughter of Rameses VI, II. 13.

Ȧst-ȧb, N-U name of Ȧn, I. 27.
Ȧst-ȧb-taui (Uasarken) II. 56.
Ȧst-ȧb-taui, Horus name of Ȧn, I. 27.
Ȧst-[ā]a-māthruth, wife of Rameses III, II. 3.
Ȧst-em-khebit, wife of Rā-men-kheper, II. 28.
Ȧst-em-khebit II, II. 30.
Ȧst-em-khebit III, II. 30.
Ȧst-em-khebit, daughter of Psemthek II, II. 85.
Ȧst-em-khebit, wife of Uasarken II, II. 49.
Ȧst-nefert, daughter of Rameses II, I. 179.
Ȧst-nefert, Queen, I. 178.
Ȧst-nefert, wife of Mer-en-Ptaḥ, I. 189.
Ȧta (Dynasty I) XXXI, I. 4.
Ȧṭ-ȧb, Horus name of Merbapen I. 5.
Ȧtaui II. 31.
Ȧtchakhar-Ȧmen II. 209.
Ȧtef-Ȧmen, son of Rameses II, I. 184.
Ȧ-Teḥuti I. 3.
Ȧten-Baket, Princess, I. 150.
Ȧten-māket I. 149.
Ȧten-meri I. 150.
Ȧten-merit I. 148.
Ȧten-mert I. 149.
Ȧten-nefer-neferu (Nefertith) I. 148.
Ȧten-nefer-neferu (Tasherȧ) I. 149.
Ȧteth (Dynasty I) XXXI, I. 4.
Athlenersa II. 202.
Athoris LXVIII, LXXVII.
Athothes I, LXXIII.
Athothes II, LXXIII.
Athothis LXII, LXXVII.
Ȧti (Rā-user-ka) I. 32.
Ȧua I. 141.
Ȧu-ȧb-Rā (Ḥeru), King, I. 60.
Ȧufni (XIIIth dynasty) I. 66.
Ȧu-ḥet-ȧbu, mother of Sebek-ḥetep II, surnamed Fenṭ, I. 71.
Ȧuth II. 61.
Autokrator, title, II. 154 ff.
Ȧuuapeth, son of Shashanq I, II. 41.
Ȧuuapeth (Stele of P-ānkhi) II. 63.
Ȧuuareth, Prince, II. 52, 61.

Ba-en-neter I. 11.
Ba-en-Ptaḥ-meri-Ȧmen I. 187.
Ba-en-Rā-meri-Ȧmen (Mer-en-Ptaḥ) I. 187.
Ba-en-Rā-meri-neteru (Mer-en-Ptaḥ) I. 187.
Ba-en-Rā-neteru-meri (Nai-fāaiuruṭ) II. 96.
Baion LXXVI.
Baiu-f-Rā LXXXIV.
Baiuneter XXXI.
Ba-ka-Rā II. 198.
Ba-ka-Rā (Tanuath-Ȧmen) II. 77.
Bak-en-ren-f II. 69.
Bakennifi II. 65.
Baket-Ȧten, Princess, I. 144.
Baket-Ȧten I. 150.
Baketurnre I. 191.
Bak-Mut, Princess, I. 181.
Bȧk-netri, son of Ḥer-Ḥeru, II. 25.
Baneteren XXXII.
Ba-netru XXXII, I. 11.
Bantauāntu I. 185.
Barnikat (Berenice), wife of Ptolemy III, II. 118.
Barnikat (Berenice), daughter of Ptolemy III, II. 119.
Batauānthȧ I. 185.
Bathȧānthȧ I. 185.
Bebi (Tchatchai) XXXII, I. 14.
Behtalis (?) II. 204.
Benon LXVII.
Bent-enth-resht II. 20.
Benth-resh II. 20.
Bent-resht II. 20.
Beon LXXIX.
Berenice I, wife of Ptolemy I, II. 111.
Berenice II, II. 118.
Berenice III, II. 119, 145.
Bereniket, wife of Ptolemy I, II. 111.
Besh XV, I. 9.
Betchau XXXI, I. 9.
Bicheris LXIII.
Bieneches LXII.
Bienthes LXII.
Bigres LXXIV.
Binothris LXII.
Binpu, Prince, I. 105.
Biophis LXII.
Bnon LXVII.
Bocchoris LXX, II. 69.
Bochos LXII.
Boethos LXII.
Bokkhoris LXXVIII.
Buiu-uaua II. 35.

Buto XVI.
Bytes LXI.

Caesar Augustus **II**. 155.
Caesarion **II**. 153.
Caius Caesar **II**. 162.
Calendar, reform of, LVI.
Calendar of 360 days XLIV.
Calendar of 365 days, XLIV, XLV.
Caligula **II**. 162.
Cambyses LXXI.
Caracalla **II**. 191.
Cartouche, the, XVIII.
Cechous LXII.
Censorinus XLVII, XLVIII, LVI.
Chaires LXII.
Chebron LXVIII, LXXIX.
Chenneres LXII.
Cheres LXIV, LXVIII.
Cherres LXVIII.
Chnubos Gneuros LXXIII.
Choos LXII.
Chronicle, the Old, LXXV.
Chronology, systems of, LIV, LV.
Claudius **II**. 163.
Cleopatra Kokke **II**. 137.
Cleopatra Syra **II**. 126.
Cleopatra II Soteira, sister-wife of Ptolemy IX, **II**. 129, 136.
Cleopatra IV Berenice III, **II**. 141.
Cleopatra V Selene **II**, 141.
Cleopatra VI, **II**. 150.
Cleopatra VII, **II**. 151.
Commodus **II**. 189.

Da-a-du-khi-e-pa **I**. 143.
Darius I, Hystaspes, LXXI, **II**. 92.
Darius II, **II**. 95.
Darius Xerxes LXXI.
Darius III, LXXII.
Daryawush **II**. 93.
Days, lucky and unlucky, XLIV.
Days, the five epagomenal XLIII.
Decius **II**. 194.
Demi-gods, Dynasties of, LX, LXI.
Diabaes LXXIII.
Dog-Star XLVIII.
Doshi XIII.

Ekheskososokaras LXXIV.
Em-maāt-skhā-en-su-tef-f (Ptolemy VII?) **II**. 126.

Enenselsa, Queen, II. 204.
Epiphanes II. 123.
Eratosthenes, Table of, LXXIII.
Euergetes I, II. 115.
Euergetes I, calendar reformed by, LVI.
Euergetes II, II. 130.
Eupator II. 126.
Eusebius, his King List, XLI, LXII.

Fenṭ, Princess, I. 71.

Galba II. 167.
George the Monk, the Syncellus, XLI.
Germanicus II. 162.
Geta II. 194.
Gods, Dynasties of, LX, LXI.
Gold name of the King XVII.
Gosormies LXXIII.

Ḥāā-ȧb-Rā (Hophrā) II. 85.
Ḥāā-ȧb-Rā-setep-en-Ȧmen (Alexander II) II. 109.
Ḥāā-ka-Rā (Ȧn) II. 105.
Ḥa-ānkh-f, father of Nefer-ḥetep I, I. 73.
Ḥa-ānkh-f, Prince, son of Nefer-ḥetep I, I. 74.
Hadrian II. 180.
Haḳer II. 97.
Ḥāp - en - Maāt (Queen) I. 18.
Ḥāpu (Ȧmen-ḥetep) I. 132.
Ḥātshepset, daughter of Thothmes I and Queen Ȧāḥmes, and wife of Thothmes II, I. 117, 119, 120.
Ḥātshepset Mert-Rā, daughter of Ḥātshepset the Great and wife of Thothmes III, I. 127.
Ḥefenu - nebu - mȧti - Rā (Ȧmen-ḥetep III) I. 136.
Ḥeḥ-khu-en-meses (Rameses II) I. 172.
Ḥeken-en-Maāt, Horus and N-U names of Ȧmen-em-ḥāt II, I. 54.
Ḥekenu - neteru - ret - ḥer - f (Titus) II. 170.
Ḥekenu - neteru - ret - ḥer - f, etc. (Ptolemy III) II. 115.
Heker II. 97.
Helios LX, LXI.
Hephaistos LX, LXI.
Herakles LX.

Ḥent, niece of Sebek-ḥetep II, I. 71.
Ḥent, Queen, I. 62.
Ḥent-em-ḥeb, Princess, I. 144.
Ḥent-neferu-Rā (Shep-en-Ȧpt) II. 80.
Ḥent-mȧ-Rā I. 165.
Ḥent-pa-ḥuir, Princess, I. 181.
Ḥent-sekhemu, Princess, I. 181.
Ḥentsen I. 20.
Ḥent-ta-meḥ, a daughter of Ȧāḥmes I, I. 111.
Ḥent-taui I. 58.
Ḥent-taui, daughter of Rameses II, I. 186.
Ḥent-taui, wife of Pai-ānkh, son of Ḥer-Ḥeru, II. 25.
Ḥent-taui, daughter of Rā-men-kheper II. 29.
Ḥent-Themeḥu, daughter of Thent-Ḥep I. 110.
Ḥenut-Ȧnnu, Princess, I. 129.
Ḥeq-āa, son of Pai-ānkh, II. 26.
Ḥeq-em-ta-tcher-f (Alexander II) II. 109.
Ḥeq-ḥequ-Autukrtr-Ȧst-Ptaḥ-meri (Claudius) II. 163.
Ḥeq-ḥequ-Ptaḥ-Ȧst-meri (Germanicus) II. 162.
Ḥeq-ḥequ-setep-en-Ptaḥ (Caesar Augustus) II. 155.
Ḥeq-ḥequ-setep-en-Ptaḥ-meri-Ȧst (Nero) II. 165.
Ḥeq-Maāt, Golden Horus name of Ȧmeni-Ȧntef-Ȧmen-em-ḥāt, I. 67.
Ḥeq-Maāt-Rā-Rā-Maāt (Rameses IV) II. 7.
Ḥeq-Maāt-Rā-Rā-meses-meri-Ȧmen (Rameses IV) II. 7.
Ḥeq-Maāt-Rā-setep-en-Ȧmen (Rameses IV) II. 7.
Ḥeq-Maāt-Rā-setep-en-Rā (Rameses IV) II. 7.
Ḥeq-Maāt-sekheper-taui (Ȧi) I. 152.
Ḥeq-nefer, son of Pai-ānkh II. 26.
Ḥeq-qennu (Alexander the Great) II. 107.
Ḥeq-qennu-teken-semti (Alexander the Great) II. 107.

Ḥeq-semti (Philip Arrhidaeus) II. 108.
Ḥeqt-ȧri-en-ḥeqt (Berenice II) II. 118.
Her-ȧb-Rā, King, I. 91.
Her-ḥer-nekht (Shabataka) II. 71.
Her-ḥer-nekht-ḥu-ḥequ-semti (Thothmes III) I. 122.
Her-ḥer-nest-f, N-U name of Rā-nub-kheper Ȧntef-āa, I. 85.
Ḥer-Ḥeru, high-priest of Ȧmen, II. 20.
Ḥer-Ḥeru-sa-Ȧmen II. 21.
Ḥer-ṭua-en, Prince, I. 38.
Heri-ḥer-Maāt-sekheper-taui (Ḥeru-em-ḥeb) I. 154.
Ḥeru, King, I. 60.
Ḥeru nub name XVII.
Ḥeruȧ (Rā-sānkh-ka), King, I. 88.
Ḥeru-Ȧkau LXXXV, I. 27.
Ḥeru-ȧp-shā-neter-kheper-(?)... II. 214.
Ḥeru-em-ḥeb I. 154.
Ḥeru-em-ḥeb Mer-en-Ȧmen I. 154.
Ḥeru-em-khebit, son of Ḥer-Ḥeru, II. 25.
Ḥeru-ḥer-unemi-f I. 179, 183.
Ḥeru-ipeq I. 97.
Ḥeru-men-kau I. 28.
Ḥeru-mer-en, King, I. 40.
Ḥeru-nefer-ḥen I. 37.
Ḥeru-nefer-ka, King, I. 41.
Ḥeru-nefer-kau, King, I. 41.
Ḥeru-nefer-Khnem LXXXVI.
Ḥeru-nest-ȧṭebui, King, I. 65.
Ḥeru-netch-ḥrȧ-tef (Rā-ḥetep-ȧb), King, I. 86.
Ḥeru-pa-sen, stele of, II. 36.
Ḥeru-pa-sen, son of Merti-ru, II. 51.
Ḥeru-pa-sen, son of Tcha-en-ka-Qemt II. 51.
Ḥeru-sa-Ȧst, son of Uasarken I, II. 43.
Ḥeru-sa-Ȧst, son of Shashanq II, II. 54.
Ḥeru-sa-Ȧst-meri-Ȧmen II. 52.
Ḥeru-sa-ȧtef II. 203.
Ḥeru-sa-meṭu (?) LXXXI.
Ḥeru-sa-nefer LXXXI.

Ḥeru-ṭāṭā-f, son of Khufu, I. 20.
Ḥeru-taui (Meri-taui) II. 105.
Ḥeru-uben II. 29.
Ḥeru-ur XII.
Ḥesepti (Semti) XXXI.
Hetȧ, Prince, I. 38.
Ḥetchefa I. 14.
Ḥetch-kheper-Rā (Shashanq I) II. 39.
Ḥetch-kheper-Rā-setep-en-Ȧmen (Ḥeru-sa-Ȧst) II. 52.
Ḥetch-kheper-Rā-setep-en-Ȧmen (Thekeleth II) II. 54.
Ḥetch-kheper-Rā-setep-en-Rā (Nes-ba-neb-Ṭeṭṭeṭ) II. 32.
Ḥetch-qa-Rā-meri (Thothmes III) I. 122.
Ḥetep, N-U and Suten Bȧt names of Ḥetep-Sekhemui, I. 10.
Ḥetep-ȧb, Horus name of Ḥeru, I. 60.
Ḥetep-ȧb-Rā, King, I. 86.
Ḥetep-ḥer-Maāt (Mer-en-Ptaḥ) I. 187.
Ḥetep-sekhemui I. 10.
Ḥetep-ḥer-s I. 21.
Ḥetep-neteru, Horus name of Sebekemsaf, I. 81.
Ḥetep-taui (Athlenersa) II. 200.
Ḥetep-taui, Horus name of Nefer-ḥetep I, I. 72.
Ḥet-Ḥeru-sa, Prince, son of Nefer-ḥetep I, I. 73.
Ḥet-Ḥert-sat, Princess, I. 62.
Hophrā, see Ḥāā-ȧb-Rā and Uaḥ-ȧb Rā, II. 85.
Horus LX, LXI.
Horus name of the King XII.
Horus of Beḥuṭet XII.
Horus the Great XII.
Ḥu (?) XXXI.
Ḥu (?), Suten Bȧt name of Smerkha, I. 6.
Ḥubunrutchanth II. 1.
Ḥui, Governor of Nubia, I. 144.
Ḥu-mātertchai (?), a wife of Rameses III, II. 4.
Ḥu-Mentiu-ter-Theḥennu (Ȧmen-ḥetep III) I. 135.
Ḥuni XXXIII.
Ḥunnu-ḥekennu-neteru-ret-ḥer-f (Ptolemy IX) II. 131.

Ḥunnu-ḥekent-àm-ānkh-f-ḥer-nest (Ptolemy IX) II. 130.
Ḥunnu-ḥekent-ḥer-àst-tef-f (Ptolemy IX) II. 131.
Ḥunnu-ḥer-peti-paut, etc. (Ptolemy IX) II. 131.
Ḥunnu-khāui-em-suten-ḥer-àst-tef-f (Ptolemy V) II. 123.
Ḥunnu-nefer-māret-mert-, etc. (Ptolemy XIII, II. 146.
Ḥunnu-nefer-māret-mert (Ptolemy XVI) II. 153.
Ḥunnu-nefer-māret-mert (Caesar Augustus) II. 155.
Ḥunnu-nefer-māret-mert-, etc. (Tiberius) II. 158.
Ḥunnu-nefer-māret-mert (Claudius) II. 163.
Ḥunnu-nefer-māret-mert (Vespasianus) II. 168.
Ḥunnu-qen (Titus) II. 170.
Ḥunnu-qen-skhā-en-su-tef-f (Ptolemy IV) II. 119.
Ḥunnu-qenu (Ptolemy II) II. 112.
Ḥun-user-peḥti (Alexander II) II. 109.
Ḥu-peḥti (Thothmes I) I. 114.
Ḥurebasa II. 65.
Ḥutchefa XXXII.

Iaa I. 141.
Iuàa, father-in-law of Àmen-ḥetep III, I. 140, 141, 142.
Iāmu (?), Prince, I. 99.
Iàu I. 142.
I-em-ḥetep I. 23.
Ikeb, Prince, I, 99.
Inundation XLV.
Ipeq-Ḥeru I. 97.
I-qeb-her (?), a King, I. 100.
I-seket, Prince, I. 98.
Iuàu I. 141.

Jannas LXXIX.
Julia II. 191.

Ka name XIII.
Ka, N-U name of Men-kau-Rā, I. 22.
Ka-āb I. 37.
Ka-ānkh-Rā (Nàstasen) II. 201.
Ka-ānkh-Rā (Àrkhenkherel) II. 206.
Ka-en-Rā, King, XXXVI, I. 40.

Ka-en-Rā-meri-Maāt (Seti I) I. 158.
Ka-kau XXXII.
Ka-kau, Suten Bat name of Rā-neb I. 11.
Ka-kha, Horus name of Men-kau-Rā, I. 22.
Ka - kheper - Rā (Neteḳ-Amen) II. 209.
Ka-nefert (?) II. 207.
Ka-nekht-āa-khepesh (Seti I) I. 158.
Ka-nekht-āa-nekhtu-sānkh-taui (Rameses VI) II. 11.
Ka-nekht-āa-sutenit (Rameses III) II. 1.
Ka-nekht-āḥā-ḥer-khepesh-f (Rameses II) I. 166.
Ka-nekht-ān-em-suten (Rameses VII) II. 13.
Ka - nekht - ānkh - em - Maāt (Thothmes I) I. 113.
Ka - nekht - ānkh - em - Maāt-neb - seṭu, etc. (Rameses IV) II. 7.
Ka - nekht - ānkh - em - Maāt (Rameses IV) II. 7.
Ka-nekht-āten-meri (Khu-en-Aten) I. 147.
Ka - nekht - em - ṭāṭā - Amen (Pasebkhānut II) II. 34.
Ka-nekht-en-Rā (Thothmes I) I. 113.
Ka - nekht - en - Rā - set - Sati (Rameses II) I. 166.
Ka - nekht - ḥā - em - Maāt (Thothmes III) I. 122.
Ka - nekht - ḥāā - em - Maāt (Mer-en-Ptaḥ) I. 187.
Ka-nekht-ḥeq-ḥequ (Amen-ḥetep III) I. 135.
Ka-nekht-ḥetep-ḥer-Maāt (Seti I) I. 158.
Ka - nekht - khā - em - Maāt (Amen - ḥetep III) I. 135.
Ka - nekht - khā - em - Uast (Thothmes III) I. 122.
Ka - nekht - khā - em - Maāt-neb - āri - khet (Thothmes III) I. 122.
Ka - nekht - khā - em - Maāt (Thothmes III) I. 122.
Ka - nekht - khā - em - Maāt-sānkh-taui (Rameses II) I. 165.
Ka-nekht-khā-em-Uast (Rameses X) II. 15.
Ka - nekht - khā - em - Uast (Thekeleth II) II. 54.
Ka - nekht - khā - em - Uast (Uasarken-sa-Ast) II. 56.

Ka - nekht - khā - em - Maāt (Ḥeru-sa-Ȧst) II. 52.
Ka - nekht - khā - em - Nepit (Ḥeru sa-ȧtef) II. 203.
Ka - nekht - khā - em - Uast-sānkh-taui (Seti I) I. 158.
Ka-nekht-khā-khāu (Seti I) I. 158.
Ka-nekht-khu-setu-Rā-Ȧāḥ (Germanicus) II. 162.
Ka-nekht-khu-satiu-Rā-Ȧāḥ (Ptolemy XVI) II. 153.
Ka-nekht-Maāt-Ȧmen (Rameses V) II. 8.
Ka-nekht-mȧ-ȧthi-Ṭeṭ-per-, etc. (Ptolemy X) II. 138.
Ka-nekht-māk-Qemt (Rameses II) I. 165.
Ka-nekht-Maāt-meri (Philip Arrhidaeus) II. 108.
Ka - nekht - mȧtet - menth (Seti I) I. 158.
Ka-nekht-mau-peḥti, etc. (Rameses III) II. 1.
Ka-nekht-men-ȧb-sekhem-peḥti (Rameses II) I. 166.
Ka-nekht-meri-Ȧmen (Pai-Netchem I) II. 26.
Ka - nekht - meri - Maāt (Thothmes I) I. 113.
Ka-nekht-meri-Maāt (Rameses II) I. 165.
Ka-nekht-meri-Maāt (Uasarken II) II. 46.
Ka-nekht-meri-Maāt (Titus) II. 170.
Ka-nekht-meriu-Maāt (Rameses II) I. 166.
Ka-nekht-meri-Maāt-Menthu-en-suteniu, etc. (Rameses II) I. 166.
Ka-nekht-meri-Maāt-neb-ḥebu-mȧ-tef-Ptaḥ-tunen (Rameses II) I. 166.
Ka-nekht-meri-Maāt-ḥeb, etc. (Rameses II) I. 166.
Ka-nekht-meri-Maāt-smen-taui (Rameses III) II. 1.
Ka-nekht-meri-Maāt-smen-taui (Ȧmen-meses) I. 190.
Ka-nekht-mer-paut-neteru-khā-em-Nepita (Nȧstasen) II. 201.
Ka-nekht-meri-Rā (Rameses XII) II. 18.
Ka-nekht-meri-Rā (Seti II) I. 191.
Ka-nekht-meri-Rā-Ȧmen-sa (Seti II) I. 191.
Ka-nekht-meri-Rā-smen-taui (Seti II) I. 191.

Ka-nekht-nem-khāu (Seti I) I. 158.
Ka-nekht-nem-mestu (Seti I) I. 158.
Ka-nekht-peḥti-mȧ-Ȧmen (Rameses IV) II. 7.
Ka-nekht-qa-shuti (Ȧmen-ḥetep IV) I. 145.
Ka-nekht-peḥti-mȧ-Ȧmen (Thothmes I) I. 113.
Ka-nekht-peṭ-peḥti (Seti I) I. 158.
Ka-nekht-Rā-en-Qemt (Thothmes I) I. 113.
Ka-nekht-Rā-en-Qemt (Rameses IV) II. 7.
Ka-nekht-Rā-meri (Rameses II) I. 166.
Ka-nekht-Rā-meri (Thothmes III) I. 122.
Ka-nekht-Rā-meri-sekhā-f-em-suten-sma-taui (Shashanq I) II. 39.
Ka-nekht-Rā-meri-s-user-Ȧmen-khepesh-f-er-seqa-Maāt (Nes-ba-neb-Ṭeṭṭeṭ) II. 32.
Ka-nekht-Rā-sekhāā (Rameses XI) II. 17.
Ka-nekht-renput-ḥefennu (Rameses II) I. 166.
Ka-nekht-sa-Ȧmen (Rameses II) I. 166.
Ka-nekht-sa-Ȧmen (Ḥer-Ḥeru) II. 21.
Ka-nekht-sa-Ȧmen-ȧri-mennu-ḥer-menkhet-en-mes-s (Ḥer-Ḥeru) II. 21.
Ka-nekht-sa-Ȧmen-ur-khut-em-Ȧpt(Ḥer-Ḥeru) II. 21.
Ka-nekht-sa-Ȧsȧr (Rameses II) I. 166.
Ka-nekht-sa-Kheperȧ (Rameses II) I. 166.
Ka-nekht-sa-Seb (Rameses II) I. 166.
Ka-nekht-sa-Set (Rameses II) I. 166.
Ka-nekht-sa-Tem (Seti I) I. 158.
Ka-nekht-sa-Tem (Rameses II) I. 166.
Ka-nekht-sa-Tenen (Rameses II) I. 166.
Ka-nekht-sekhem-f-ȧu (Amen-ḥetep III) I. 135.
Ka-nekht-sekhem-khepesh (Seti I) I. 158.
Ka-nekht-sekhem-peḥti (Seti I) I. 158.
Ka-nekht-sepṭ-sekheru (Ḥeru-em-ḥeb) I. 154.

Ka-nekht-seqa-Uast (Rameses II) I. 166.
Ka-nekht-susekh-Qemt, etc. (Rameses III) II. 1.
Ka-nekht-suten-suteniu-ṭer-peṭ-paut (Ȧmen-ḥetep III) I. 135.
Ka-nekht-uāfu-semti (Rameses II) I. 166.
Ka-nekht-uatch-suteniu (Rameses I) I. 156.
Ka-nekht-ur-baiu (Thothmes I) I. 114.
Ka-nekht-ur-ḥebu-meri-taui (Rameses II) I. 166.
Ka-nekht-ur-nekht-ḥer-āḥā-khepesh-f (Rameses II) I. 166.
Ka-nekht-ur-peḥti (Ȧmen-ḥetep II) I. 129.
Ka-nekht-ur-peḥti (Set-nekht) I. 194.
Ka-nekht-ur-peḥti (Rameses II) I. 166.
Ka-nekht-ur-peḥti-må-Ȧmen (Ȧmen-meses) I. 190.
Ka-nekht-user-khepesh (Rameses II) I. 166.
Ka-nekht-user-Maāt (Rameses II) I. 166.
Ka-nekht-user-peḥti (Thothmes II) I. 117.
Ka-nekht-user-peḥti (Rameses II) I. 166.
Ka-nekht-user-peti (Seti I) I. 158.
Ka-nekht-user-renput (Rameses II) I. 166.
Ka-nekht-user-renput-ḥefennu (Rameses II) I. 166.
Ka-nekht-ṭer-pet-paut (Seti I) I. 158.
Ka-nekht-theḥen-khāu (Ȧi) I. 152.
Ka-nekht-thes-Maāt (Rameses II) I. 166.
Ka-nekht-tut-khāu (Ȧmen-ḥetep III) I. 135.
Ka-nekht-tut-khāu (Thothmes IV) I. 132.
Ka-nekht-tut-khāu-ṭeṭṭeṭ-sutenit-må-Tem (Rameses II?) II. 19.
Ka-nekht-tut-mes (Tut-ānkh-Ȧmen) I. 150.
Ka-Rā I. 13.
Ka-Set-Rā, King, I. 96.
Ka-uāf, Horus name of Ȧmen-ḥetep I, I. 112.
Kau-en-Rā I. 37.

Kau-neteru, Golden Horus name of Sebek-ḥetep V, I. 76.
Kaiechos LXII.
Kaka / Kakaȧ } XXXIV, I. 26.
Kalbath II. 206.
Kalka (Karka) II. 207.
Kalteḷȧ (Karterȧ) II. 207.
Kambasuṭent II. 91.
Ka[m]bujiya II. 91.
Kames, Prince, I. 104, 105.
Kankharis LXXVI.
Kanem II. 24.
Karāmā, wife of Uasarken II, II. 48.
Karāmāt II. 39.
Karāmāt, daughter of Paseb-khānut II, wife of Shashanq I, II. 41.
Karāmāt, daughter of Uasarken II, II. 50.
Karāmātet, Princess, II. 46.
Karātchat, Queen, II. 48.
Karmāmā, Queen, II. 44.
Kashta II. 67, 196.
Kasmut, a wife of Ȧāḥmes I, I. 111.
Katimar II. 204.
Katsashni II. 29.
Kat-nekhtet-Ḥert (Cleopatra Kokke) II. 137.
Kemā, mother of Nefer-ḥetep I, I. 73.
Kemā, Princess, daughter of Nefer-ḥetep I, I. 74.
Kembȧthet II. 91.
Kenbutcha II. 91.
Kencheres LXVIII.
Kenensat, Queen, II. 195.
Kenensat, wife of P-ānkhi, II. 66.
Kenkenes LII, LXXVII.
Kenreth II. 207.
Kenrethreqnen II. 207.
Kenthaḥebit II. 206.
Kereȧrḥenti, Queen, II. 78.
Kerpheres LXIII.
Ḳer-taui, Horus name of Nefer-ḥetep I, I. 72.
Ḳer (?)-taui-f II. 105.
Kertos LXXVI, LXXVII.
Khā-ānkh-Rā (Sebek-ḥetep V) I. 76.
Khā-baiu, N-U name of Ḥeru-nest-ȧṭebui I. 65.
Khā-em-Bȧt (?) (Mer-en-Ptaḥ II) I. 192.
Khā-em-Maāt-sem-taui (Tche-ḥrȧ) II. 102.

Khā - em - nesert - āa - peḥti (Thothmes I) I. 114.
Khā - em - nesert - peḥti (Thothmes I) I. 114.
Khā - em - sekhemu - nebu, N-U name of Nefer-åri-ka-Rā, I. 25.
Khā - em - sekhet - må - Ḥeru (Shashanq I) II. 39.
Khā - em - suten - må - ... (Rameses I) I. 156.
Khā - em - Uast, Prince, I. 131.
Khā-em-Uast, son of Rameses II, I. 182.
Khāfrā (Khephren) I. 21, XXXIII.
Khā - ḥetep - Rā (Sebek - ḥetep IV) I. 75.
Khā - ka - Rā, King, XXXVIII, I. 75, 89.
Khā-kau-Rā (Usertsen III), King, XXXVIII, I. 57.
Khā - kheper - Rā (Usertsen II), King, XXXVIII, I. 55.
Khā-kheru-Rā, King, I. 79.
Khā - må - Ptaḥ - em-khennu-ḥefennu (Mer - en - Ptaḥ) I. 187.
Khā-mu-Rā, a king, I. 99.
Khā - nefer - Rā XXXIV, LXXXV, I. 27.
Khā - nefer - Rā (Sebek - ḥetep III) I. 74.
Khā-Sekhemui (Horus-Seṭ name of Neter baiu?) I. 9.
Khā-seshesh-Rā, King, I. 72.
Khā-user-Rā, King, I. 43, 99.
Khā-kau-Rā XXXVIII.
Khaåu I. 1.
Khabbasha II. 94.
Khamois LXXVI.
Khati (Rā-uaḥ-åb), King, I. 43.
Khati (Rā-meri-åb), King, I. 42.
Khatthi, King, I. 39.
Khāu - f - Rā XXXIII, LXXXIV.
Khebit II. 205.
Khebit-neferu, daughter of Thothmes I, I. 117.
Khebres LXVIII.
Khebron LXXVI.
Khebros LXVIII.
Khefu XXXIII.
Khefuf XXXIII.
Khenkheres LXXVII.
Khen-tcher-āa-khā I. 98.
Khensu, Prince, I. 79.

Khensu-Ānkhthȧ, Queen, I. 88.
Khent (Tetȧ Ȧ-Teḥuti?) I. 8.
Khenti-Kau-ānkhiu (Ȧmen-ḥetep III) I. 136.
Khent-kau-s, Princess, I. 38.
Khenti-kau-ānkhiu-nebu (Ȧmen-ḥetep III) I. 135.
Khentcher, King, I. 82.
Khenṭu (Rā-nefer-ka), King, I. 40.
Kheper-ka-Rā XXXVIII.
Kheper-ka-Rā (Usertsen I) I. 53.
Kheper-ka-Rā (Nektanebos) II. 103.
Kheper-ka-Rā (Ptolemy I) II. 111.
Kheper-ka-Rā-setep-en-Ȧmen (Pai-netchem III) II. 33.
Kheper-khā-Rā-setep-en-Ȧmen (Pai-netchem I) II. 26.
Kheper-kheperu, Horus name of Rā-nub-kheper Ȧntef-āa, I. 85.
Kheper-Kheperu (Ȧmen-em-ḥāt IV) I. 62.
Kheperȧ-Kheper-Kheperu, Golden Horus name of Ȧmen-em-ḥāt IV, I. 62.
Kheper-kheperu-Rā-ȧri-Maāt (Ȧi) I. 152.
Kheper-Maāt-Rā-setep-en-Rā (Rameses XI) II. 17.
Kheperu-neb-Rā (Tut-ānkh-Ȧmen) I. 150.
Khian, a king, I, 95, 100.
Khnem-ȧb-Ȧmen (Shep-en-Ȧpt) II. 48.
Khnem-ȧb-Ȧmen (Shep-ben-ȧpt) II. 49.
Khnem-ȧb-Rā (Ȧāḥmes) II. 86.
Khnem-ȧb-Rā (Ȧmen-ȧrk-neb) II. 207.
Khnem-Maāt-Rā-setep-en-Khnemu (Haḳer) II. 97.
Khomaephtha LXXIV.
Khouther LXXIV.
Khronos LX.
Khshairsha II. 94.
Khshiarsha II. 94.
Khshṭrep (Satrap) II. 111.
Khshyaarsha II. 95.
Khuȧ I. 34.
Khufu (Kheops, or Cheops) I. 19.
Khu-em-ȧpt (Ḥer-Ḥeru) II. 21.

Khu - en - Ȧmen (Rameses VIII) II. 4, 15.
Khu-en-Ȧten (Ȧmen-ḥetep IV) I. 147.
Khu-en-Ȧten Āa-em-āḥā-f I. 147.
Khu-en-Rā-setep-en-Rā Ȧri - Maāt (Mer - en-Ptaḥ II) I. 192.
Khu-kȧ-Rā (Athlenersa) II. 200.
Khu taui, Horus name of Sebek-ḥetep II, I. 70.
Khu-taui (Nȧstasen) II. 201.
Khu-taui (Taharqa) II. 75.
Khu-taui-Rā, King, I. 65.
Khui-Beqt-uāf-semti (Tcheḥrȧ) II. 102.
Kilḳipa I. 143.
Klaupatrat (Cleopatra) II. 126.
Konkharis LXXVIII.
Kra XIII.
Kurodes LXXV.
Kuruarḥenti (?), Queen, II. 199.

Lamaris LXVI.
Lampares LXVI.

Maā-ȧb-Rā, King, I. 43.
Maā-ȧb-Rā, King, I. 98.
Maā-kheru-Rā, Ȧmen-em-ḥāt IV) I. 62.
Maā-ṭua (Rā-ṭeṭ-ka), King, I. 39.
Maāt-en-Rā (Ȧmen-em-ḥāt III) XXXVIII, I. 58.
Maāt-[en]-Rā, King, I. 90.
Maāt-men-Rā (Seti I) I. 162.
Maāt-men-Rā Ȧri-en-Rā I. 162.
Maāt-men-Rā Ȧsu-Rā I. 162.
Maāt-men-Rā Ȧri-en-Rā-meri-Ȧmen I. 162.
Maāt-men-Rā Ptaḥ-meri I. 162.
Maāt-men-Rā Ḥeq-Ȧnnu I. 162.
Maāt-men-Rā Ḥeq-Uast I. 162.
Maāt-men-Rā Ḥeq-Taiu I. 162.
Maāt-men-Rā Setep-en-Rā I. 162.
Maāt-men-Rā Tȧa-Rā I. 162.
Maāt-men-Rā Tȧa-Rā-meri-Ȧmen I. 162.
Maāt-ka-Rā (for Ṭeṭ-ka-Rā) I. 30.
Maāt-ka-Rā (Ḥātshepset the Great) I. 120.

Maāt-ka-Rā, wife of Painetchem I, II. 27.
Maāt-khā I. 23.
Maāt-kheru, Golden Horus name of Åmen-em-ḥāt II, I. 54.
Maāt - kheru (Nekau) II. 80.
Maāt-kheru-Rā XXXVIII.
Maāt - meri - sekhut - neterupau (Tche-hrå) II. 102.
Maāt - neferu - Rā, Princess of Kheta, I. 178.
Maauasan II. 35.
Magi LXXI.
Magoi LXXI.
Māk-Qemt (Alexander the Great) II. 107.
Māk - Qemt - uāfu - Pet (Rameses VII) II. 13.
Māk - Qemt - uāfu - pet - paut (Rameses IV) II. 7.
Māk-Qemt-uāfu-semti (Rameses II) I. 170.
Māk-Qemt-uāfu-semti (Seti I) I. 160.
Māk - Qemt - uāf - semti (Seti II) I. 191.
Māk - Qemt - uāfu - semti - ånuru-sen, etc. (Rameses II) I. 170.
Māk - Qemt - uāfu - semti-åriuru-sen, etc. (Rameses II) I. 170.
Māk - Qemt-uāfu-semti-nebsenṭ, etc. (Rameses II) I. 170.
Māk - Qemt - uāf - semti - Rāmes-neteru-ḳer-taui (Rameses II) I. 170.
Manakhbiya I. 122.
Manakhbirya I. 122.
Manes, dynasty of LXI.
Manetho XL, his King List LXII.
Marcus Aurelius II. 187.
Marcus Otho II. 167.
Mares LXXIII, LXXIV.
Masaharthå, son of Ḥer-Ḥeru II. 23.
Masaharthå, son of Painetchem II, II. 30.
Masaherthå, son of Painetchem I, II. 28.
Masaqaharthå, son of Ḥer-Ḥeru, II. 23.
Masthes LXXIV.
Maṭenneb II. 24.
Māt-ḥenen (?) II. 205.
Meḥ-åb-taui LXXXVI.
Meḥt - en - usekht, wife of Psemthek I, II. 80.

Meḥt - usekh - meri - Mut, Queen, II. 49.
Meḥt - usekht - meri - Mut, wife of Shashanq, II. 35.
Meḥti - em - sa - f (or Tchefau [?]-em-sa-f) I. 34, 36.
Mekha I. 2.
Mempses LXII.
Men (Menes) I. 3.
Menȧ (Menes) XXXI, I. 3.
Menes LXII, LXXIII, I. 3.
Men-ka-Ḥeru XXXV.
Men-kau-Ḥeru XXXV, I. 28.
Men-ka-Rā XXXVI.
Men-ka-Rā Net-Ȧqerti I. 37.
Men-kau-Rā (Mykerinos) XXXIII, I. 22.
[Men]-kau-Rā, King (VIIth or VIIIth dynasty) I. 41.
Men - khāu - Rā (Ān - ȧb), King, I. 80.
Men-khāu, Horus name of Men-kau-Ḥeru I. 28.
Men - kheper - Rā (Thothmes III) XXXIX, I. 122.
Men-kheper-Rā Ȧri-en-Rā I. 122.
Men-kheper-Rā Mer-en-Rā I. 122.
Men-kheper-Rā Neb-nekht I. 122.
Men-kheper-Rā Nekht-khepesh I. 122.
Men-kheper-Rā Neter-nefer-ka I. 122.
Men-kheper-Rā Rā-saa-en I. 122.
Men-kheper-Rā Ḥeq-Uast I. 122.
Men-kheper-Rā Ḥeq-Maāt I. 122.
Men-kheper-Rā Ḥeq-Maāt-tȧa-Rā I. 122.
Men-kheper-Rā Setep-en-Rā I. 122.
Men-kheper-Rā Ka I. 122.
Men-kheper-Rā Tȧa-Ȧmen I. 122.
Men-kheper-Rā (P-ānkhi) II. 73, 197.
Men-kheper-Rā, son of Painetchem I, II. 28.
Men - kheperu - Rā (Thothmes IV) XXXIX, I. 132.
Men-kheperu-Rā Ȧri-en-Rā I. 132.
Men - kheperu - Rā Mer - en-Rā I. 132.
Men-kheperu-Rā Ḥeq-Maāt I. 132.

Men-kheperu-Rā Setep-en-Rā I. 132.
Men-kheperu-Rā Ka I. 132.
Men-maāt-Rā XXXIX, I. 162.
Men-maāt-Rā-setep-en-Ptaḥ (Rameses XII) II. 18.
Men-mȧ-Rā (Ȧmen-meses) I. 190.
Men - mennu - tchetta - ḥeḥ (Seti I) I. 160.
Men-Mertu, Golden Horus name of Nefer-ḥetep I, I. 72.
Men-peḥti-Rā (Rameses I) XXXIX, I. 156.
Menkh - ȧb (Psemthek II) II. 83.
Menkh-p-Rā (Thothmes V) I. 155.
Menkheres LXIII, LXIV.
Menophis LXVIII.
Menophres, Era of, LII.
Ment, Princess, I. 61.
Menthesuphis LXIV.
Menth-em-Uast, son of Rameses II, I. 179.
Menthu-en-meri-māk-Qemt (Seti I) I. 160.
Menthu - ḥer - khepesh - f I. 183.
Menthu - ḥer - khepesh - f, a son of Rameses III (Rameses XI ?) II. 5.
Menthu-ḥetep I Sānkh-ȧb-taui, King, I. 45.
Menthu-ḥetep II (Rā-neb-ḥetep), King, I. 46.
Menthu-ḥetep Rā-neb-ḥapt, King, I. 48.
Menthu-ḥetep Rā-neb-taui, King, I. 47.
Menthu-ḥetep (Rā-sānkh-ka), King, I. 49.
Menthu-ḥetep Rā-skhā-... King, I. 50.
Menthu-ḥetep, father of Sebek-ḥetep II, I. 70.
Menthu-ḥetep, nephew of Sebek-ḥetep II, I. 71.
Mentuemsaf, King, I. 83.
Mephramuthosis LXXIX.
Mephres LXVIII, LXXIX.
Mer-ȧb, Prince, I. 38.
Mer-ānkh-Rā (Menthu-ḥetep) LXXXVIII.
Mer-ānkh-s I. 21, 22.
Merātherethet, son of Rameses II, I. 178.
Merbap } Suten Bȧt
Merbapen } name of Āṭ-ȧb. XXXI, I. 5.

Merbapen XXXI.
Mer - en - Ḥeru, King, XXXVI, I. 40.
Mer-en-Ptaḥ, son of Rameses II, I. 183.
Mer-en-Ptaḥ I Ḥetep-ḥer-Maāt, I. 187.
Mer-en-Ptaḥ II Sa-Ptaḥ I. 192.
Mer-en-Rā (Meḥti-em-sa-f, or Tchefau) XXXV, I. 34.
Mer-en-Rā-sāa-ka-f (Seti I) I. 161.
Mer-en-Rā-tchefa-em-sa-f XXXV.
Mer-f-tef-Ȧmen II. 24.
Mer-ḥetep-Rā (Ȧnȧ), King, I. 78.
Mer-ḥetep-Rā (Sebek-ḥetep) I. 77.
Merkaneshu II. 63.
Mer-ka-Rā, King, I. 78.
Mer-ka-Rā (Ȧmen-tārit) II. 211.
Mer-kau-Rā (Sebek-ḥetep), King, I. 77.
Mer-kau-Rā (Sebek-ḥetep), King, I. 89.
Mer-kheper-Rā, King, I. 89.
Mer-mashāu, King, I. 69.
Mer-nefer-Rā (Ȧi), King, I. 78.
Mer-Neith (Ȧta?) I. 8.
Mer-Net (Ȧta?) I. 8.
Merseḳer, a queen, LXXXVIII.
Merseḳer, a wife of Thothmes III, I. 128.
Mer-sekhem-Rā, King, I. 80.
Mer-sekhem-Rā (Ȧn-ren) I. 88.
Mer-sekhem-Rā (Nefer-ḥetep), King, I. 74.
Mer-sen = Philadelphus II. 112.
Mer-taui (Nektanebês) II. 100.
Mer-taui-māk-Qemt (Nektanebês) II. 100.
Mer-taiu-ḥeq-ḥequ-meri (Titus) II. 170.
Mer-tchefa-Rā, King, I. 90.
Mertet-tef-s (Queen) I. 18, 19.
Meri-... Golden Horus name of Ḥeru-nest-ȧṭebui I. 65.
Meri-Āa-nekht, King, I. 79.
Meri-ȧb, N-U name of Khati I. 42.
Meri-ȧb-Rā, Suten Bȧt name of Khati, I. 42.

Meri-åb-taui, Horus name of Khati, I. 42.
Meri-Åmen-setep-en-Rā (Alexander the Great) II. 107.
Meri-Åmen-setep-en-Rā (Philip Arrhidaeus) II. 108.
Meri-Åten I. 150.
Meri-ka-Rā, King, I. 43.
Meri-Khat, N-U name of Pepi I, I. 33.
Meri-Maāt (Athlenersa) II. 200.
Meri-mes, Governor of Nubia, I. 144.
Meri-neter, Princess, I. 181.
Meri-nub, Princess, I. 98.
Meri-Rā, Pepi I, XXXV, I. 33.
Meri-taui (Ḥeru-taui) II. 105.
Meri-taui, Horus name of Pepi I, I. 33.
Meri-taui, N-U name of Pepi I, I. 33.
Meri-Tem I. 184.
Meri-Tem, a son of Rameses III, II. 1.
Merit, Princess, I. 62.
Merit-åtefs, daughter of Rameses II, I. 180.
Merit-sekhit, daughter of Rameses II, I. 180.
Mert-åtef-s, Princess, I. 181.
Mert-Ḥāp II. 104.
Mert-må-Ḥāp, Princess, I. 181.
Merti-ru II. 38, 51.
Mes, governor of the Sûdân, I. 189.
Mes-ḥem (?) (P-ānkhi) II. 73.
Mes-neteru (Uasarken) II. 56.
Mesochris LXIII.
Messui, governor of the Sûdân, I. 187.
Mestraim LXXV.
Metcheru (Khufu, or Kheops) I. 19.
Methesuphis LXIV.
Meures LXXIV.
Miamus LXXVI.
Miebaes LXII.
Miebis LXII.
Miphres LXVIII.
Misaphris LXVIII.
Mispharmuthosis LXVIII.
Misphragmuthosis LXVIII, LXXVII.
Misphres LXXVII.
Momcheiri LXXIII.

Months, the Twelve, XLIV.
Moscheres LXXIV.
Murtaios LXXIV.
Murtek II. 209.
Mutårṭās II. 74.
Mut-em-ḥāt II. 27.
Mut - em - ḥāt Karmāmā, Queen, II, 44.
Mut-em-uȧa, Queen, I. 134.
Mut - f - meri (Philometor) II. 138.
Mut-ḥetch-ānkh-s II. 39.
Mut-ḥetch-ānkh-s, wife of Uasarken II, II. 49.
Mut-khā-neferu (Åmenarṭās) II. 67.
Mut - maat (Shep - en - åpt) II. 80.
Mut - meri - ḥeqt - neferu II. 84, 87.
Mut-nefert, wife of Thothmes I, I. 117.
Mut-Netchemet, Queen, I. 155.
Muthes LXXII.
Muthis LXXII.

Nefer - ka - Ḥeru, King, I. 41.
Nahårq II. 206.
Naifāaiuruṭ II. 96.
Namareth, Great Prince, II. 36.
Namareth, son of Uasarken I, II. 43.
Namareth, son of Uasarken II, II. 49.
Nammurya (Neb-Maāt-Rā) I. 136.
Naphururia I. 145.
Napkhurariya I. 145.
Napkhurriya I. 145.
Nārmer (Neter-baiu?) I. 9.
Nåstasen II. 201.
Neb-ā (Psemthek I) II. 78.
Neb-åri-khet, title, XXV.
Neb-åten-Rā, King, I. 87.
Neb-åti-Rā, King, I. 87.
Nebåu, Princess, I. 128.
Neb-em-Khut I. 22.
Nebenḳal (?), Prince, I. 105.
Neb-en-Kharu I. 183.
Nebenshå II. 35.
Neb-en-ta-neb I. 184.
Neb-f-Rā Āa-nekht-meri, King, I. 79.
Neb-ḥapt-Rā Menthu-ḥetep, King, XXXVII, I. 48.
Neb-ḥetep-Rā (Menthu-ḥetep), King, I. 46.
Nebi (Rā-nefer-ka), King, I. 39.

Neb-ka XXXII, I. 14.
Neb-ka-Rā (IIIrd dynasty) XXXIII, I. 14.
Neb-khā-Rā I. 37.
Neb-khāu, title, XXVI.
Neb-khāu, Horus name of Saḥu-Rā I. 25.
Neb-kheperu-Rā (Tut-ānkh-Ȧmen) I. 150.
Neb-khepesh (Hophra) II. 85.
Neb-Maāt, Horus and N-U names of Seneferu, I. 17.
Neb-Maāt-Rā (Ȧbȧ), King, I. 78.
Neb-Maāt-Rā (Ȧmen-ḥetep III) XXXIX, I. 136.
Neb-Maāt-Rā Ȧri-en-Rā I. 136.
Neb-Maāt-Rā Ȧsu-Rā I. 136.
Neb-Maāt-Rā Mer-Ȧmen I. 136.
Neb-Maāt-Rā Mer-en-Rā I. 136.
Neb-Maāt-Rā (Ȧmen-tcha-nam) II. 211.
Neb-Maāt-Rā, Assyrian transcripts of, I. 136.
Neb-Maāt-Rā-meri-Ȧmen (Rameses VI) II. 11.
Neb-Maāt-Rā-meri-Ȧmen-āsht-tau (Rameses VI) II. 11.
Neb-neferu (Ptolemy V) II. 123.
Neb-nekht (Hophrâ) II. 86.
Neb-neteru, Prince, I. 97.
Neb-peḥ-Rā XXXVIII.
Neb-peḥti-Rā (Ȧāḥmes I) XXXVIII. I. 106.
Neb-qen (Nikephoros) II. 131.
Neb-ṭeṭ-Rā, a King (?), I. 98.
Nebu-qen (Nikephores) II. 137.
Neb-sen-Rā, King, I. 91.
Neb-seṭu-mȧ-Ptaḥ-tunen (Ȧmen-meses) I. 190.
Neb-taui title, XXV.
Neb-taui, Horus and N-U names of Menthu-ḥetep Rā-neb-taui, I. 47.
Neb-taui-Rā Menthu-ḥetep, King, I. 47.
[Neb]-tchefa-Rā, King, I. 91.
Neb-Ṭeṭ-Rā I. 37.
Neb-uārt-Rā Ȧpep I. 97.
Nebt-nehet II. 90.
Nebt-taui, daughter of Rameses II, I. 185.

Nebti name XV.
Nebtu, a wife of Thothmes III, I. 128.
Nechao I, LXXI.
Nechao II, LXXI.
Nechaus I, LXXI.
Nechaus II, LXXI.
Necho, see Nekau, II. 80.
Nechepsos LXXI.
Necherochis LXIII.
Necherophes LXIII.
Nefer-åb-Rā, King (XIIIth dynasty), I. 79.
Nefer-åb-Rā (Psemthek II) II. 83.
Nefer-åb-Rā-ānkh II. 208.
Nefer-Ȧmen, Princess, I. 129.
Nefer-åri-ka-Rā XXXIV.
Nefer-åri-ka-Rā I. 25.
Nefer-åri-ka-Rā, King, I. 42.
Nefer-f-Rā LXXXV, I. 27.
Nefer-ḥen-Ḥeru I. 37.
Nefer-ḥetep I, I. 72.
Nefer-ḥetep (Rā-mer-sekhem), King, I. 74.
Nefer-ḥetep-s, Prince, I. 38.
Nefer-ka, King, I. 38.
Nefer-ka-Rā (IInd dynasty) XXXII, I. 13.
Nefer-ka-Rā Ḥuni (IIIrd dynasty) XXXIII, I. 16.
Nefer-ka-Rā (Pepi II) XXXIV, XXXV, I. 35.
Nefer-ka-Rā, King (VIIIth dynasty) XXXVI, I. 39.
Nefer-ka-Rā, King, I. 80.
Nefer-ka-Rā (Shabaka) II. 196.
Nefer-ka-Rā Ḥeru XXXVII.
Nefer-ka-Rā Khenṭu, King (VIIIth dynasty) I. 40, XXXVI.
Nefer-ka-Rā-meri-Ȧmen (Shabaka) II. 70.
Nefer-ka-Rā Nebi, King, XXXVI, I. 39.
Nefer-ka-Rā Pepi senb, King, XXXVII, I. 41.
Nefer-ka-Rā-setep-en-Rā (Rameses X) II. 15.
Nefer-ka-Rā Tererl (?), King, (VIIIth dynasty) XXXVI, I. 40.
Nefer-ka-Seker XXXII, I. 14.
Nefer-kau-Ḥeru, King, XXXVII, I. 41.
Nefer-kau-Rā, King, I. 39, XXXVII.

Nefer-kau-Rā, King, I. 41.
Nefer-khāu, Golden Horus name of Usertsen IV, I. 64.
Nefer-khāu, N-U name of Ḥeru, I. 60.
Nefer-khāu (Åspelta) II. 204.
Nefer-khāu (Rā-nefer-f) LXXXV.
Nefer-Kheperu, Horus name of Rā-nub-kheper Åntef-āa, I. 85.
Nefer-kheperu-Rā (Åmen-ḥetep IV), Assyrian transcripts of, I. 145.
Nefer-Maāt I. 19.
Nefer-neferu-Åten Nefertith I. 148.
Nefer-neferu-Åten Ta-sherå I. 149.
Nefer-neferu-Rā I. 150.
Nefer-neteru, Golden Horus name of Ḥeru, I. 60.
Nefert, wife of Usertsen II, I. 55.
Nefert-åri-Åāḥmes I. 108.
Nefert-åri-meri-mut, wife of Rameses II, I. 177.
Nefert-åri, daughter of Rameses II, I. 179.
Nefert-Åten-Thenen, a royal mother, I. 54.
Nefert-kau, daughter of Seneferu? I. 19.
Nefer-renput-sānkh-åbu (Thothmes I) I. 115.
Nefer-sati-Rā, King, I. 92.
Nefer-seḥ-..., King, I. 39.
Nefer-...-taui (Tut-ānkh-Åmen) I. 150.
Nefer-Tem-khu-Rā II. 189.
Nefertith, Queen of Åmen-ḥetep IV, I. 148.
Neferu-Rā, Princess, I. 181.
Neferu-Rā, Queen, I. 121.
Neheb I. 2.
Neḥemen, dagger of, I. 97.
Neḥi, governor of the Sûdân, I. 129.
Neḥsi, *i. e.*, the Negro, Prince, I. 79, 100.
Nekau (Necho) II. 80.
Ne-ka-Rā XXXVI.
Nekau-shefit II. 90.
Nekhao I LXXVIII.
Nekhao II LXXVIII.
Nekhebet XV.
Nekhebit XV.
Nekhepsos LXXVII, LXXVIII.

Nekht, Suten Bȧt name of Smerkha, I. 6.
Nekht-Ḥeru-en-shennu II. 64.
Nekht-ḥeru-ḥeb (Nektanebês) II. 100.
Nekht-neb-f (Nektanebos) II. 103.
Nekht-neb-f, son of Peṭā-Ȧmen II. 105.
Nekht-neb-ṭep-nefer, King, I. 45.
Nekht-Teḥuti II. 31.
Nekhttu, governor of the Sûdân, I. 186.
Nektanebês LXXII, II. 100.
Nektanebis LXXII.
Nektanebos LXXII.
Nem-ȧb-Rā (Nekau) II. 80.
Nem-ānkh LXXXVI.
Nemareth of Ḥet-urt II. 63.
Nem-khāu-user-peṭi-em-taiu-nebu (Seti I) I. 161.
Nem-Mestu, Horus name of Ȧmen-em-ḥāt I, I. 51.
Nem-mestu-sekhem-khepesh-ṭer-peṭ-paut (Seti I) I. 160.
Nem-mestu-sekhem-ṭer-peṭ-paut (Seti I) I. 161.
Nem-mestu-user-peṭi (Seti I) I. 161.
Nemureth II. 45.
Nenthrisha II. 92.
Neos Dionysos II. 146.
Neos Philopator (Ptolemy VIII ?) II. 130.
Nephercheres LXII, LXIV, LXIX.
Nepherkheres LXXVIII.
Nepherites LXXII.
Nero II. 165.
Nerva II. 174.
Nes-ba-neb-Ṭeṭṭeṭ (Smendes) II. 62.
Nes-ba-neb-Ṭeṭṭeṭ-meri-Ȧmen II. 32.
Nes-ba-Ṭeṭṭeṭ II. 104.
Nesi-ba-neb-Ṭeṭṭeṭ, son of Rā-men-kheper, II. 29.
Nesi-Khensu, wife of Painetchem II, II. 30.
Nesi-pa-nefer-ḥrȧ II. 24.
Nesi-ta-neb-asher, daughter of Pai-netchem II, II. 31.
Nes-khensu-pa-khart, son of Ȧuuapeth, II. 41.
Nesnaqeti II. 65.
Nessu-Khensu, wife of Painetchem II, II. 30.

Nes-ta-neb-åshert, wife of Shashanq II, II. 54.
Nest-åṭebui-Rā, King, I. 65.
Nesta-utchat-khut, Queen, II. 43.
Nesthentmeḥ II. 63.
Net-åqert, daughter of Psemthek I, wife of Nekau, II. 80, 81.
Net-Åqerti I. 37.
Netch = Soter II. 111.
Netch-Baqet (Ptolemy V) II. 123.
Netchem-åb-Rā, King, I. 68.
Netchemet, wife of Ḥer-Ḥeru II. 23.
Netchemet-Mut I. 148.
Netchem-Mut I. 186.
Netchet-neteru (Ḥeru-sa-åtef) II. 203.
Netch-ka-Åmen II. 199.
Netch-neteru-mes-ḥenu-sen (Åmen-ḥetep III) I. 136.
Netchti (Soter) II. 138.
Netchti-mut-s-meri (Ptolemy X) II. 138.
Neteḳ-Åmen II. 209.
Neter, Golden Horus name of Ån, I. 27.
Neter-baiu, Suten Båt name of Betchau (?) I. 9.
Neter-ḥetch, Horus and N-U names of Menthu-ḥetep Rā-neb-ḥetep, I. 46.
Neter-ḥen-ṭep-en-Åmen (Ḥet-Ḥeru) II. 2.
Neteru-ḥetep, Golden Horus name of Usertsen II, I, 55.
Neter-ka-Rā XXXVI, I. 37.
Neter-kha } Horus and
Neter-khat } N-U names of Tcheser I. 15.
Neter-khāu, Horus name of Pepi II, I. 35.
Neter-khāu, N-U name of Pepi II, I. 35.
Neter-kheper-Rā-setep-en-Åmen (Sa-Åmen) II. 34.
Neter-kheperu, Horus name of Usertsen III, I. 57.
Neter-menkh (Euergetes II) II. 131.
Neter-meri-tef (Philopator) II. 120.
Neter-mestu, N-U name of Usertsen III, I. 57.
Neter nefer title, XXV.
Neter-n I. 11.
Neter-sutenit (Thothmes II) I. 117.

Netert - khāu (Ḥātshepset the Great) I. 120.
Netert - menkhet - meri - neterti (Berenice II) II. 118.
Neteru, Golden Horus name of Menthu-ḥetep Rā-nebtaui, I. 47.
Neteru - menkhui - āā - Ptaḥ-setep-en-ka-user-Rā, etc. (Ptolemy IV) II. 119.
Neteru-meri (Nekau) II. 80.
Neteru - meri - erṭā - nef - àat-en - tef - f (Alexander II) II. 109.
Neterui - àtui - meri-sen-meri (Ptolemy XIII) II. 146.
Neterui-menkhui (Euergetai) II. 116.
Neterui - menkhui - āā - Ptaḥ-setep - en (Ptolemy XI) II. 142.
Neterui-merui-àtfu (Philopatores) II. 120.
Neterui - merui - àtui - āā - setep-en-Ptaḥ (Ptolemy V) II. 123.
Neterui-merui-mut (Philometores) II. 130.
Neterui - perui - āā-en - Ptaḥ, etc. (Ptolemy IX) II. 131.
Neterui-perui-āā-Ptaḥ, etc. (Ptolemy VII ?) II. 126.
Neterui-senui = Adelphoi II. 112.
Neterui - senui - āā - en-Rā-setep - en - Àmen (Ptolemy III) II. 115.
Net-khaṭeb-àri-bent, Queen, II. 101.
Net-mer-tef-s II. 85.
Neṭruàā II. 92.
Nibkhurririya I. 145.
Niibmuariya (Neb - maāt-Rā) I. 136.
Niebaes LXII.
Nikephores II. 137.
Nikephoros II. 131.
Nîmmuriya (Neb-Maāt-Rā) I. 136.
Nimuwariya (Neb - Maāt-Rā) I. 136.
Nitokris LXIV, LXXIV.
N - ka - Rā, King (Hyksos) I. 96.
N-Maāt-en-khā-Rā (Khentcher) I. 82.
N - Maāt - Rā (Àmen - emḥāt III) I. 58.
[N]-Maāt-Rā, King (XIVth dynasty) I. 90.
N-Nebt I. 34.

N-neter I. 11.
Nub-em-Ȧnt, Princess, I. 181.
Nub-em-ḥāt, Queen, I. 77.
Nub-ḥetep-khart, Princess, I. 62.
Nub-ka-Rā I. 101.
Nub-kau-Rā XXXVIII.
Nub-kau-Rā (Ȧmen-em-ḥāt II), King, I, 54.
Nub-khā-s, Queen, I. 79.
Nub-kheper-Rā (Ȧntef-āa), King, I. 85.
Nub-khesbet, wife of Rameses VI, II. 13.
Nub-meri, Princess, I. 98.
Nub-taui-Rā, King, I. 43.
Nub-taui (?)-Rā, a King, I. 100.
Nubti (Āa-peḥti-Set), King, I. 95.
Nu-meri-āa (Tiberius) II. 158.
Ochus LXXII.
Okhuras LXXVII.
Onnos LXIV.
Oros LXVIII, LXXVII.
Orus LXVIII, LXXIX.
Osiris and Isis LX.
Osiropis LXXVI.
Osochor LXIX.
Osorcho LXX.
Osorkon see Uasarken.
Osorthon I, LXX, LXXVIII.
Osorthon II, LXXVIII.
Othius LXIV.
Otho II. 167.
Othoes LXIV.

Pabas II. 65.
Pachnan LXVII.
Pai-ānkh, son of Ḥer-Ḥeru, high-priest of Ȧmen, II. 23, 25.
Pai-netchem-meri-Ȧmen (I) II. 26.
Pai-netchem II, II. 29.
Pai-netchem III, II. 33.
Palermo Stone XVII, XXVIII.
Palkha (?), a queen-mother, II. 202.
Pa-mai-meri-Ȧmen II. 59.
Pammes LXXIV.
Pa-netchem I, son of Pai-ānkh, II. 25, 26.
Pa-neter-neb-meri (Titus) II. 170.
P-ānkh-ȧluru II. 202.
P-ānkhi I of Gebel Barkal II. 62.

P-ānkhi, son of Kashta, II. 73, 196.
P-ānkhi (Rā-senefer) II. 66, 197.
P-ānkhi (Men-kheper-Rā) II. 197.
P-ānkhi-meri-Ȧmen II. 195.
P-ānkhi-meri-Ȧmen-sa-Bast II. 195.
P-ānkhi-meri-Bast II. 65.
Pa-Rā-ḥer-unemi-f, a son of Rameses III, II. 5.
Pa-Rā-ḥer-unemi-f I. 182.
Pa-sar (Pa-ser), governor of the Sûdân, I. 153.
Pasebkhānut I Meri-Ȧmen II. 33.
Pasebkhānut II, II. 34.
Pa-sen-Khensu II. 88.
Pa-ser, governor of the Sûdân, I. 187.
Pa-sheṭ-Khensu II. 23.
Pathut II. 35.
P-bathma, Queen, II. 67, 196.
Pef-tchāā-Bast II. 63.
Pema II. 64.
Pemphos LXXIII.
Pen-Nekhebit I. 132.
Pennut, a governor of the Sûdân, II. 13.
Pentaurt II. 64.
Penthbekhennu II. 64.
Pen-...-then, King, I. 86.
Peksather II. 68, 196.
Pepi I, XXXV, I. 33.
Pepi II, I. 35.
Pepi-senb (Rā-nefer-ka), King, I. 41.
Per-..., a queen, I. 37.
Per-..., a queen-mother I. 95.
Per-āa (Pharaoh) XXVI.
Per-āa II. 94, 95.
Per-ȧb-sen, Set name and Suten Bȧt name of Sekhem-ȧb I. 12.
Perui II. 207.
Peṭā-Ȧmen, husband of Thekhabes II. 105.
Peṭā-Ȧmen-n II. 74.
Peṭā-Ȧst, an Erpā, II. 65.
Peṭā-Bast II. 60.
Peṭā-Bast-sa-Bast II. 53.
Peṭā-net, son of Psemthek II. 74.
Peteathyres LXXIV.
Pe-Tep (Buto) XVI.
Pet-ka-ȧa, Princess, I. 128.
Petpet-Ȧntiu-thet-ta-sen (Ȧmen-ḥetep III) I. 135.
Petpet-ṭāṭā-s II. 38, 51.

Petpui, Princess, I. 129.
Petubastes LXX, LXXVIII.
Petubastis LXX.
Pharaoh XXVI, II. 94.
Philadelphus I, II. 112.
Philadelphus II, II. 146.
Philip Arrhidaeus II. 108.
Philip, Marcus Julius, II. 194.
Philiupus II. 108.
Philometor I, II. 126.
Philometor II, II. 138.
Philopator I, II. 119.
Philopator II, II. 130.
Philopator III, II. 146.
Philotera II. 112.
Phiops LXIV.
Phios LXIV.
Phoenix Period LVI.
Phruaro LXXIV.
Phusanos LXXVII.
Pilatra (Philotera) II. 112.
Pilippas II. 108.
Pipui, Princess, I. 181.
Plipus II. 108.
P-neter-en-āā-enti-neḥem, etc. (Ptolemy XIII) II. 146.
P-neter-ḥunnu-tef-f-meri (Philopator II) II. 130.
P-neter-menkh (Euergetes I) II. 116.
P-neter-mut-f-meri (Philometor) II. 126.
P-neter-per (Epiphanes) II. 123.
P-neter-sheps (?)-tef-f (Eupator) II. 126.
P-neter-tef-f-mer-senmer-Åsår-ḥunnu (Ptolemy XIII?) II. 149.
Prenomen, the, XVIII.
Psametikhos LXXVIII.
Psammecherites LXXI.
Psammetichos LXXI.
Psammetichus LXXI.
Psammetichus, see Psemthek.
Psammos LXXVIII.
Psammus LXX.
Psammuthes LXXI.
Psammuthis LXXI, LXXII, LXXVII.
Psamuthis LXXVIII.
Psemthek I, II. 78.
Psemthek II, II. 83.
Psemthek III, II. 89.
Psemthek II Neb-peḥti II. 83.
Psemthek II Men-ka-Rā II. 83.

Psemthek, son of Uaḥ-ȧb-Rā II. 74.
Psemthek Rā-men-kheper II. 91.
Psinaches LXIX.
Psinakhes LXXVIII.
Psinnaches LXIX.
Psuenos LXXVIII.
Psusennes LXIX.
Ptaḥ-em-khat-khnem-en-su, etc. (Ptolemy XI) II. 142.
Ptaḥ-ḥen I, II. 38, 51.
Ptaḥ-ḥen II, II. 38, 51.
Ptaḥ-ḥetch-ānkh-f II. 50.
Ptaḥ-merit, Princess, I. 129.
Ptaḥ-neferu, wife of Ȧmen-em-ḥāt III, I. 60.
Ptaḥ-shepses I. 23.
Ptaḥ-Tanen-em-khat-f-sen-sen-Ḥāp-ānkh, etc. (Ptolemy VII ?) II. 126.
Ptolemy I, II. 111.
Ptolemy II, II. 112.
Ptolemy III, II. 115.
Ptolemy IV, II. 119.
Ptolemy V, II. 123.
Ptolemy VI (?), II. 126.
Ptolemy VII (?), II. 126.
Ptolemy VIII (?), II. 130.
Ptolemy IX (?), II. 130.
Ptolemy X, II. 138.
Ptolemy XI, II. 142.
Ptolemy XII, II. 146.
Ptolemy XIII, II. 146.
Ptolemy XIV, II. 152.
Ptolemy XV, II. 152.
Ptolemy XVI, II. 153.
Ptulmis, see Ptolemy.

Qā, Qaā- } Horus name of Qebḥ I. 7.
Qa-ka-Rā (Ȧn) II. 105.
Qa-khāu (Taharqa) II. 75.
Qa-Shuti, Horus name of Neb-ḥap-Rā Menthu-ḥetep, LXXXVIII.
Qar, Prince, I. 99.
Qebḥ, Qebḥu } Suten Bȧt name of Qā XXXI, I. 7.
Qelhetat II. 78, 198.
Qen, Qennu } (Psemthek I) II. 78.
Qen-neb-khepeshui-er-tash, etc. (Rameses III) II. 1.
Qen-netcht-Ȧneb-ḥetch (Titus) II. 170.
Qen-netchet-neteru-menkh-en-Ta-merȧ (Ptolemy III) II. 115.
Qenu (Haḳer) II. 97.
Qupepen, Prince, I. 101.

Rā-ȧ-..., King, I. 79.
Rā-āa-ḥetep, King, I. 43.
Rā-āa-ḥetep, a king, I. 99.
Rā-āa-kheper (Shashanq IV) II. 59.
Rā-āa-kheper-en (Thothmes II) I. 117.
Rā-āa-kheper-ka Ȧri-en-Rā (Thothmes I) I. 114.
Rā-āa-kheper-ka Mer-en-Rā I. 114.
Rā-āa-kheper-ka Setep-en-Rā I. 114.
Rā-āa-kheper-ka Tȧa-Ȧmen I. 114.
Rā-āa-kheper-setep-en-Ȧmen (Pasebkhānut II) II. 34.
Rā-āa-kheper-setep-en-Ȧmen (Uasarken III) II. 61.
Rā-āa-kheperu (Ȧmen-ḥetep II) I. 129.
Rā-āa-kheperu, Prince, I. 135.
Rā-āa-neter I. 97.
Rā-āa-qenen (Ȧpepȧ), King, I. 94.
Rā-āa-seḥ, King, I. 94.
Rā-āa-user (Ȧpepȧ), King, I. 93, 101.
Rā-ānkh-ka (Ȧrkhenkherel) II. 206.
Rā-ānkh-ka (Arqrkhethan?) II. 212.
Rā-ānkh-ka-en (Psemthek III) II. 89.
Rā-ānkh-kheperu I. 150.
Rā-Ȧpepi, King, I. 96.
Rā-ȧri-ȧb II. 90.
Rā-ȧri-Maāt-en (Tche-ḥrȧ) II. 102.
Rā-ȧu-ȧb (Ḥeru), King, I. 60.
Rā-ȧu-ȧb and Usertsen III, I. 61.
Rā-ba-en-neteru-meri (Naifāaiurut) II. 96.
Rā-ba-ka (Tanuath-Ȧmen) II. 77.
Rā-ba-ka II. 198.
Rā-en-ka, King, I. 40.
Rā-en-ka, King (Hyksos) I. 96.
Rā-en-kau I. 37.
Rā-en-Maāt (Ȧmen-emḥāt III) I. 58.
Rā-[en]-Maāt, King, I. 90.
Rā-en-Maāt-en-ḳhā (Khentcher), King, I. 82.
Rā-en-User Ȧn I. 27.
Rā-ḥāā-ȧb II. 85.

Rā-ḥāā-åb-setep-en-Åmen (Alexander II) II. 109.
Rā-ḥāā-ka (Ån) II. 106.
Rā-ḥent-må I. 165.
Rā-ḥent-neferu (Shep-en-Åpt) II. 80.
Rā-her-åb, King, I. 91.
Rā-ḥeq-Maāt-Rā-Maāt (Rameses IV) II. 7.
Rā-ḥeq-Maāt-Rā-meses-meri-Åmen (Rameses IV) II. 7.
Rā-ḥeq-Maāt-setep-en-Åmen (Rameses IV) II. 7.
Rā-ḥeq-Maāt-setep-en-Rā (Rameses IV) II. 7.
Rā-ḥetch-kheper (Shashanq I) II. 39.
Rā-ḥetch-kheper-setep-en-Åmen (Ḥeru-sa-Åst) II. 52.
Rā-ḥetch-kheper-setep-en-Åmen (Thekeleth II) II. 54.
Rā-ḥetch-kheper-setep-en-Rā (Nes-ba-neb-Ṭeṭṭeṭ) II. 32.
Rā-ḥetep, King, I. 87.
Rā-ḥetep-åb, King, I. 86.
Rā-Ḥet-Ḥert-sa, King, I. 74.
Rā-ka I. 13.
Rā-ka-..., King, I. 92.
Rā-ka-ānkh (Nåstasen) II. 201.
Rā-ka-meri, King, I. 43.
Rā-ka-Set, King, I. 96.
Rā-khā-ānkh (Sebek-ḥetep V) I. 76.
Rā-khā-f (Khephren) I. 21.
Rā-khā-ḥetep (Sebek-ḥetep IV) I. 75.
Rā-khā-ka, King, I. 75.
Rā-khā-ka, King, I. 89.
Rā-khā-kau (Usertsen III), King, I. 57.
Rā-khā-kheper (Usertsen II), King, I. 55.
Rā-khā-kheru, King, I. 79.
Rā-khā-mu, a king, I. 99.
Rā-khā-nefer LXXXV, I. 27.
Rā-khā-nefer (Sebek-ḥetep III) I. 74.
Rā-khā-seshesh, King, I. 72.
Rā-khā-user, King, I. 43.
Rā-khā-user, a king, I. 99.
Rā-kheper-ka (Usertsen I) I. 53.
Rā-kheper-ka (Nektanebos) II. 103.
Rā-kheper-ka (Neteḳ-Åmen) II. 209.

Rā-kheper-ka-setep-en-Rā (Ptolemy I) II. 111.
Rā-kheper-khā-setep-en Ȧmen (Pai-netchem I) II. 26.
Rā-kheper-khā-setep-en-Ȧmen (Pai-netchem III) II. 33.
Rā-kheper-kheperu-ȧri-Maāt (Ȧi) I. 152.
Rā-kheper-Maāt-setep-en-Rā (Rameses XI) II. 17.
Rā-kheperu-neb (Tut-ānkh-Ȧmen) I. 150.
Rā-khnem-ȧb (Ȧāḥmes) II. 86.
Rā-khnem-ȧb (Ȧmen-ȧrk-neb) II. 207.
Rā-khnem-Maāt-setep-en-Khnemu (Haḳer) II. 97.
Rā-khu-ka (Athlenersa) II. 200.
Rā-ḳhu-taui, King, I. 65.
Rā-maā-ȧb, King, I. 43.
Rā-maā-ȧb, a king, I. 98.
Rā-maā-kheru (Ȧmen-em-ḥāt IV) I. 62.
Rā-Maāt-ka (Ḥātshepset the Great) I. 120.
Rā-Maāt-men (Seti I) I. 162.
Rā-Maāt-neb-meri-Ȧmen (Rameses VI) II. 11.
Rā-Maāt-neb-meri-Ȧmen-āsht-tau (Rameses VI) II. 11.
Rā-Maāt-neferu, Princess of Kheta, I. 178.
Rā-men-ka Net-Ȧqerti I. 37.
Rā-men-kau (Mykerinos) I. 22.
Rā-men-kau, King (VIIth or VIIIth dynasty) I. 41.
Rā-men-khāu (Ān-ȧb), King, I. 80.
Rā-men-kheper (Thothmes III) I. 122.
Rā-men-kheper, son of Pai-netchem I, II. 28.
Rā-men-kheper (P-ānkhi) II. 73, 197.
Rā-men-Kheperu (Thothmes IV) I. 132.
Rā-men-Maāt-setep-en-Ptaḥ (Rameses XII) II. 18.
Rā-men-mȧ-setep-en-Rā (Ȧmen-meses) I. 190.
Rā-men-peḥti (Rameses I) I. 156.
Rā-mer-ānkh (Menthu-ḥetep) LXXXVIII.

Rā-mer-en Meḥti-em-sa-f I. 34.
Rā-mer-ḥetep (Ȧnȧ), King, I. 78.
Rā-mer-ḥetep (Sebek-ḥetep) I. 77.
Rā-mer-ka, King, I. 78.
Rā-mer-ka (Ȧmentārit) II. 211.
Rā-mer-kau (Sebek-ḥetep), King, I. 77, 89.
Rā - mer - kheper, King, I. 89.
Rā - mer - nefer (Ȧi), King, I. 78.
Rā - mer - sekhem (Ȧn - ren), King, I. 88.
Rā-mer-sekhem (Nefer-ḥetep), King, I. 74.
Rā - mer - sekhem, King, (XIIIth or XIVth dynasty) I. 80.
Rā-mer-tchefa, King, I. 90
Rā-meri Pepi (I), I. 33.
Rā-meri, son of Rameses II, I. 183, 184.
Rā - meri - ȧb, Suten Bȧt name of Khati, I 42.
Rā-meri-ānkh-nes I. 34.
Rā - meri - khā - em - Ḥetchet (Thothmes I) I. 114.
Rā - mert, Horus name of Rā - Sebek - neferu I. 64.
Rā-mes, Prince, I. 105.
Rā-mes, son of Rameses II, I. 182.
Rā - meses, son of Rameses II, I. 182.
Rā - meses, son of Rameses III, II. 4.
Rā - meses - Ȧmen - ḥer - khepesh - f, son of Rameses III (Rameses VI) II. 6.
Rā - meses - Ȧmen - ḥer - khepesh-f (Rameses XI) II. 17.
Rā - meses-Ȧmen-khepesh-f-meri-Ȧmen (Rameses V) II. 10.
Rā - meses - ḥeq - Ȧnnu (Rameses III) II. 1.
Rā-meses-khā-em-Uast, son of Rameses III (Rameses X) II. 6.
Rā - meses - khā - em - Uast-Maāt-merer-Ȧmen (Rameses X) II. 15.
Rā - meses - khā - em - Uast-merer - Ȧmen - neter - ḥeq-Ȧnnu (Rameses XII) II. 18.

Rā-meses-mer-en-Rā, son of Rameses II, I. 184.
Rā-meses-meri-Ȧmen (Rameses II) II. 19.
Rā-meses-meri-Ȧmen (Rameses II) I. 176.
Rā-meses-meri-Ȧmen-neter-ḥeq-Ȧnnu (Rameses II) I. 176.
Rā-meses-meri-Ȧmen, son of Rameses III (Rameses VIII) II. 6, 15.
Rā-meses-meri-Ȧmen (Rameses XI) II. 17.
Rā-meses-meri-Ȧmen-ḥeq-Maāt (Rameses IV) II. 7.
Rā-meses-meri-Ȧmen-neter-ḥeq-Ȧnnu (Rameses VI) II. 11.
Rā-meses-meri-Ptaḥ-Rā-Ȧmen (Rameses II) I. 173.
Rā-meses-mert-mȧ-Rā, son of Rameses II, I. 184.
Rā-meses-neter-ḥeq-Ȧn-meri-Ȧmen (Rameses II) I. 176.
Rā-meses-neter-ḥeq-Ȧnnu-meri-Set (Rameses II) I. 176.
Rā-meses-sa-Ptaḥ (Rameses IX) II. 15.
Rā-meses Set-ḥer-khepesh-f, son of Rameses III, II. 4.
Rā-meses-tȧa-Ȧmen-neter-ḥeq-Ȧnnu, son of Rameses III, II. 4.
Rā-meses-tȧa-Ȧmen-neter-ḥeq-Ȧnnu (Rameses VII) II. 13.
Rāmessu, see Rāmeses.
Rāmessu (Rameses II) I. 176.
Rā-messu, son of Rameses II, I. 182.
Rā-messu-mer-..., son of Rameses II, I. 178.
Rā-messu-meri-Ȧmen (Rameses II) I. 176.
Rā-messu-meri-Ȧmen-neter-āa-neb-pet (Rameses II) I. 176.
Rā-messu-meri-Set (Rameses II) I. 176.
Rā-messu-pa-neter-āa (Rameses II) I. 176.
Rā-messu-sa-Kheperȧ, son of Rameses II, I. 178.
Rā-messu-sa-Tem, son of Rameses II, I. 179.
Rā-mesuth (Cambyses) II. 91.

Rā-neb, Horus name of Ka-kau I. 11.
Rā-neb-àten, King, I. 87.
Rā-neb-àti, King, I. 87.
Rā-neb-f-Āa-nekht-meri, King, I. 79.
Rā-neb-ḥapt Menthu-ḥetep, King, I. 48.
Rā-neb-ḥetep (Menthu-ḥetep), King, I. 46.
Rā-neb-khā I. 37.
Rā-neb-Maāt (Àbà), King, I. 78.
Rā-neb-Maāt (Àmen-ḥetep III) I. 136.
Rā-neb-Maāt (Àmen-tcha-nam) II. 211.
Rā-neb-peḥti (Àāḥmes I) I. 106.
Rā-neb-sen, King, I. 91.
Rā-neb-taui Menthu-ḥetep, King, I. 47.
Rā-[neb]-tchefa, King, I. 91.
Rā-neb-tchefa-Rā, King, I, 90.
Rā-neb-Ṭeṭ I. 37.
Rā-neb-Ṭeṭ, a king (?) I. 98.
Rā-neb-uārt Àpep I. 97.
Rā-nefer-àb, King (XIIIth dynasty), I. 79.
Rā-nefer-àb (Psemthek II) II. 83.
Rā-nefer-àb-Ānkh II. 208.
Rā-nefer-àri-ka I. 25.
Rā-nefer-àri-ka, I. 42.
Rā-nefer-f LXXXV, I. 27.
Rā-nefer-ka (IInd dynasty) I. 13.
Rā-nefer-ka Ḥuni (IIIrd dynasty) I. 16.
Rā-nefer-ka, King (VIIth dynasty), I. 39.
Rā-nefer-ka, King (XIIIth or XIVth dynasty), I. 80.
Rā-nefer-ka Khenṭu, King (VIIth or VIIIth dynasty), I. 40.
Rā-nefer-ka-meri-Àmen (Shabaka) II. 70.
Rā-nefer-ka Nebi, King, I. 39.
Rā-nefer-ka Pepi (II) I. 35.
Rā-nefer-ka Pepi senb, King, I. 41.
Rā-nefer-ka-setep-en-Rā (Rameses X) II. 15.
Rā-nefer-ka Tererl (?), King (VIIth or VIIIth dynasty), I. 40.
Rā-nefer-kau, King, I. 39, 41.

Rā-nefer-kheperu-uā-en-Rā (Ȧmen-ḥetep IV) I. 145.
Rā-nefer-kheperu-uā-en-Rā-Ȧten-meri (Khu-en-Ȧten) I. 147.
Rā-nefer-neferu I. 150.
Rā-nefer-sati, King, I. 92.
Rā - nefer - Tem - khu (Taharqa) II. 75.
Rā-nefer-Tem-khu II. 189.
Rā-neferu, Queen, I. 121.
Rā-neferu, a queen, II. 20.
Rā-Neḥsi, Prince, I. 79.
Rā-nem-ȧb (Nekau) II. 80.
Rā-netchem-ȧb, King, I. 68.
Rā-neter-ka I. 37.
Rā-neter-kheper-setep-en-Ȧmen (Sa-Ȧmen) II. 34.
Rā-nub-ka I. 101.
Rā - nub - kau (Ȧmen - em-ḥāt II), King, I. 54.
Rā-nub-Kheper (Ȧntef-āa) King, I. 85.
Rā-nub-taui, King, I. 43.
Rā-nub-taui (?), a king, I. 100.
Rā-qa-ka (Ȧn) II. 105.
Rā-sāa-ka-tcheser-kheperu I. 150.
Rā-saḥu I. 25.
Rā-sānkh-ȧb, King, I. 67.
Rā-sānkh-en-seḥtu, King, I. 88.
Rā-sānkh-ka (Ḥeruȧ), King, I. 88.
Rā-sānkh-[ka], King, I. 92.
Rā-sānkh-ka Menthu-ḥetep, King, I. 49.
Rā-Sebek-ḥetep, King, I. 68.
Rā-Sebek-ka I. 23, 96.
Rā-Sebek-neferu, King, I. 64.
Rā-seḥetep-ȧb (Ȧmen-em-ḥāt I) I. 51.
Rā - seḥetep - ȧb, King (XIIIth dynasty) I. 66.
Rā-seḥetep-ȧb, King, I. 68.
Rā-seḥeb, King, I. 90.
Rā-seher-ȧb (Peṭā-Bast) II. 60.
Rā-sekhā-en, King, I. 43.
Rā-sekhā-en, a king, I. 98.
Rā - sekhā - en - meri - Ȧmen (Rameses IX) II. 15.
Rā-sekhem-..., King, I, 92.
Rā-sekhem-ka, King, I. 66.
Rā - sekhem - ka, Prince, I. 38.
Rā - sekhem - kheper - setep-en-Rā (Uasarken I) II. 42.

Rā-sekhem-khu-taui, King, I. 69.
Rā-sekhem-nefer-khāu, (Ȧpuatemsaf), King, I. 82.
Rā-sekhem-seshet-taui (Sebekemsauf) I. 83.
Rā-sekhem-suatch-taui (Sebek-ḥetep II) I. 70.
Rā-sekhem-ṭā (?)-..., King, I. 86.
Rā-sekhem-uaḥ-khāu (Rā-ḥetep), King, I. 87.
Rā-sekhem-Uast, King, I. 87.
Rā-sekhem-uatch-khāu (Sebekemsaf) I. 81.
Rā-sekhem-uatch-taui, King, I. 72.
Rā-sekhent-neb I. 104.
Rā-sekheper-en, King, I. 92, II. 199.
Rā-senefer (P-ānkhi) II. 197.
Rā-senefer-ȧb (Usertsen IV) I. 64.
Rā-senefer-[ȧb], King, I. 80.
Rā-senefer-[ȧb], King, I. 91.
Rā-senefer-f (Pānkhi) II. 66.
Rā-senefer-ka, King, I. 40.
Rā-senefer-ka Ānnu, King, I. 41.
Rā-senetchem-ȧb-setep-en-Ȧmen (Nektanebês) II. 100.
Rā-seqenen I, I. 102.
Rā-seqenen II, I. 103.
Rā-seqenen III, I. 103.
Rā-seshesh-ȧp-Maāt (Ȧntef-āa), King, I. 84.
Rā-seshesh-her-ḥer-Maāt, (Ȧntef-āa), King, I. 83.
Rā-seshesh-ka LXXXVI.
Rā-seshesh-kheper-setep-en-Ȧmen (Shashanq II) II. 53.
Rā-sesuser-taui, King, I. 86.
Rā-setchef-..., King, I. 68.
Rā-setut (Darius I) II. 92.
Rā-seuser-en (Khian), King, I. 95.
Rā-shepses (Tafnekht I) II. 62, 69,
Rā-shepses-ka LXXXV, I. 26.
Rā-skhā-... Menthu-ḥetep, King, I. 50.
Rā-[smen]-ȧb, King, I. 91.
Rā-smen-ka, King, I. 68,
Rā-smen-[ka], King, I. 80.
Rā-smen-taui, King, I. 87.
Rā-smenkh-ka (Mer-mashāu), King, I. 69.

Rā-sta-ka, King, I. 90.
Rā-suaḥ-en, King, I. 91.
Rā-suatch-en, King, I. 88.
Rā-suser-ȧten, King, I. 87.
Rā-tȧa-kheperu-setep-en-Rā (Pasebkhānut) II. 31, 33.
Rā-tcheser-ka (Ȧmen-ḥetep I) I. 112.
Rā-tcheser-kheperu (Ḥeru-em-ḥeb) I. 154.
Rā-ṭeṭ-ānkh (Mentuemsaf), King, I. 83.
Rā-ṭeṭ-f I. 21.
Rā-ṭeṭ-ka Ȧssa, I. 29.
Rā-ṭeṭ-ka Maā-ṭua, King, I. 39.
Rā-ṭeṭ-khāu (Shabataka) II. 71.
Rā-ṭeṭ-kheru, King, I. 92.
Rā-ṭeṭ-nefer Ṭāṭāumes, King, I. 43.
Rā-uaḥ-ȧb (Ȧā-ȧb), King, I. 78.
Rā-uaḥ-ȧb (Hophrā) II. 85.
Rā-uaḥ-ȧb Khati, King, I. 43.
Rā-uaḥ-ȧb (Psemthek I) II. 78.
Rā-u-ȧqer, King, I. 86.
Rā-uatch-ka, King, I. 96.
Rā-uatch-kheper Ka-mes I. 104.
Rā-user-..., King, I. 69.
Rā-user-..., King, I. 93.
Rā-user-en Khian, a king, I. 100.
Rā-user-ka Ȧti I. 32.
Rā-user-ka-meri-Ȧmen (Ptolemy II) II. 112.
Rā-user-ka-setep-en-Rā (Philip Arrhidaeus) II, 108.
Rā-user-khāu (Set-nekht) I. 194.
Rā-user-khāu-setep-en-Rā (Set-Nekht) I. 194.
Rā-user-kheperu (Seti II) I. 191.
Rā-user-Maāt (Ȧmen-ruṭ) II. 62.
Rā-user-Maāt (Pānkhi) II. 65.
Rā-user-Maāt (Rameses II), see also under Ūser-maāt-Rā I. 173.
Rā-user-Maāt (Uasarken sa Ȧst) II. 56.
Rā-user-Maāt-khu-en-Ȧmen (Rameses VIII) II. 4, 15.
Rā-user-Maāt-meri-Ȧmen (Rameses III) II. 1.

Rā-user-Maāt-sekheper-en-Rā (Rameses V) II. 10.
Rā-user-Maāt-setep-en-Ȧmen (Rameses IV) II. 7.
Rā-user-Maāt-setep-en-Ȧmen (Ȧmen-em-ȧpt) II. 33.
Rā-user-Maāt-setep-en-Ȧmen (Ȧmen-ruṭ) II. 90.
Rā-user-Maāt-setep-en-Ȧmen (Pamȧi) II. 59.
Rā-user-Maāt-setep-en-Ȧmen (Peṭā-Bast) II. 53.
Rā-user-Maāt-setep-en-Ȧmen (Thekeleth III) II. 57.
Rā-user-Maāt-setep-en-Rā (Thekeleth I) II. 43.
Rā-user-Maāt-setep-en-Rā (Uasarken II) II. 46.
Rā-user-Maāt-setep-en-Rā (Shashanq III) II. 58.
Rā-user-Maāt-setep-en-Rā-meri-Ȧmen (Rameses VII) II. 13.
Rā-user-mer, a king, I. 100.
Rā-user-Ptaḥ-setep-en (Psamut) II. 99.
[Rā]-user-Set (?), King, I. 69.
Rā-...-ka, King, I. 69.
Rā-...-uben, King, I. 90.
[Rā]-...-uben, King, I. 91.
Ragosis LXXIV.
Rameses LXXVI.
Rameses I, I. 156.
Rameses II, I. 165, 176.
Rameses III, II. 1.
Rameses IV, II. 7.
Rameses V, II. 10.
Rameses VI, II. 11.
Rameses VII, II. 13.
Rameses VIII, II. 15.
Rameses IX, II. 15.
Rameses X, II. 15.
Rameses XI, II. 17.
Rameses XII, II. 18.
Ramessameno LXXVI.
Ramesse Iubasse LXXVI.
Ramesse Uaphru LXXVI.
Ramesses LXVIII, LXIX, LXXVII, LXXIX.
Ramesseseos LXXVI.
Ramessomenes LXXVI.
Rampses LXIX, LXXIX.
Rampsis LXXVII.
Rapsakes LXIX.
Ratoises LXIII.
Rathos LXVIII.
Rathotis LXXIX.
Rathures LXIV.
Rebkhenṭent (?) II. 202.

Rekhit-ḥer-ka-f-ḥer-ṭuau-f, etc. (Ptolemy XIII) II. 146.
Renpit-nefer, Princess, I. 181.
Renp-khāu-seḥetep-neteru (Tut-ānkh-Ȧmen) I. 150.
Ren-[senb?], King, I. 68.
Ruṭi-Ȧmentet-... II. 24.

Sa-ȧb (Nekau), II. 80.
Sa-Ȧmen, son of Rameses II, I. 179.
Sa-Ȧmen-meri-Ȧmen II. 34.
Sa-Ḥet-Ḥer, Prince, son of Nefer-ḥetep I, I. 73.
Sa-Menth, son of Rameses II, I. 184.
Sa-nekht I. 14.
Sa-Net-sepṭ-taui (Ȧāḥmes) II. 86.
Sa-pa-ȧri, son of Ȧāḥmes Nefert-ȧri I. 110.
Sa-Ptaḥ, son of Rameses II, I. 179.
Sa-Rā-Ḥet-Ḥert, King, I. 74.
Sa-Tem, Princess, I. 128.
Sabakon LXX, LXXVIII.
Sābinat Sebasṭā II. 184.
Saḥu-Rā XXXIV, I. 25.
Saïtes LXVII, LXXVIII.
Saket, Prince, I. 101.
Salatis LXXIX.
Sānkh-ȧb-Rā, King, I. 67.
Sānkh-ȧb-taui (Menthu-ḥetep I), King, I. 45.
Sānkh-en-seḥtu-Rā, King, I. 88.
Sānkh-ka-Rā (Ḥeruȧ) XXXVII, I. 88.
Sānkh-[ka]-Rā, King, I. 92.
Sānkh-taui, Horus name of Rā-sekhem-ka, I. 66.
Sānkh-taui, N-U name of Usertsen IV, I. 64.
Sānkh-taui-f, Horus name of Rā-s-ānkh-ka Menthu-ḥetep, I. 49.
Saophis I, LXXIV.
Saophis II, LXXIV.
Sāsht-qennu (P-ānkhi) II. 73.
Sat-Ȧmen, daughter of Ȧmen-ḥetep III, I. 140.
Sat-Ḥeruȧ, Princess, I. 129.
Sat-Ḥet-Ḥert, Princess, I. 62.
Sat-ka-mes, daughter of Ȧāḥmes Nefert-ȧri I. 110.
Sat-Rā, Queen of Rameses I, I. 158.

Sat-sekhem-nebt-taui-ṭeṭt-khā, N-U name of Rā-Sebek-neferu, I. 64.
Seasons of the Year, the three, XLIII ff.
Sebasṭā II. 184.
Sebastet-nekht-ru II. 88.
Sebek-em-ḥeb, Princess, I. 78.
Sebek-em-sa-f, King, I. 81.
Sebek-em-sa-f, Prince, I. 82.
Sebek-em-sau-f, King, I. 83.
Sebek-ḥetep I, I. 69.
Sebek-ḥetep II, I. 70.
Sebek-ḥetep III, I. 74.
Sebek-ḥetep IV, I. 75.
Sebek-ḥetep V, I. 76.
Sebek-ḥetep, nephew of Sebek-Ḥetep II, I. 71.
Sebek-ḥetep, Prince, son of Nefer-ḥetep I, I. 74.
Sebek-ḥetep (Rā-mer-ḥe-tep), King, I. 77.
Sebek-ḥetep (Rā-mer-kau), King, I. 77, 89.
Sebek-ḥetep-Rā, King, I. 68.
Sebek-ka-Rā, King, XXXVIII, I. 23, 96.
Sebek-neferu, Golden Horus name of Sebek-neferu-Rā I. 64.
Sebek-neferu-Rā, King, I. 64.
Sebekhon LXXVIII.
Sebercheres LXIII.
Sebichos LXX.
Seḥeb-Rā, King, I. 90.
Seher-āb-neteru (Nekta-nebês) II. 100.
Seher-āb-Rā (Peṭā-Bast) II. 60.
Seher-āb-taui (Ptolemy IX) II. 131.
Seher-āb-taui-ka-nekht-sekhem-sha-ḥeḥ (Ptolemy XI) II. 142.
Seher-taui, Horus name of Ȧmeni-Ȧntef-Ȧmen-em-ḥāt I. 67.
Seher-taui (Senka-Ȧmen-Seken) II. 199.
Seḥetep-āb-Rā (Ȧmen-em-ḥāt I), King, XXXVII, I. 51.
Seḥetep-āb-Rā, King, (XIIIth dynasty) I. 66.
Seḥetep-āb-Rā, King, I. 68.
Seḥetep-em-Rā-merrt-f (Seti I) I. 161.
Seḥetep-neteru (Haḳer) II. 97.

Seḥetep-neteru - qeṭ-ḥet-sen, etc. (Ḥer - Ḥeru) II. 21.
Seḥetep-taui, Horus name of Rā-āa-qenen Ȧpepa, I. 94.
Seḥetep-taui, Horus name of Tetȧ of VIth dynasty I. 31.
Seḥetep-taui-f (P-ānkhi) II. 66, 197.
Seḥetep-tef-f (Ptolemy IX) II. 131.
Seka I. 1.
Seker-nefer-ka I. 14.
Seket-i, Prince, I. 98.
Sekhā-en-Rā, King, I. 43.
Sekhā - en - Rā - meri - Ȧmen (Rameses IX) II. 15.
Sekhā-Maāt, N-U name of Usertsen II, I. 55.
Sekhā-Maāt-meri-taui (Shabataka) II. 71.
Sekhā - Maāt - meri - taui (Thothmes III) I. 122.
Sekhem, Golden Horus name of Khāfrā, I. 21.
Sekhem, Golden Horus name of Pepi II, I, 35.
Sekhem - ȧb, Horus name of Per-ȧb-sen, I. 12.
Sekhem - ka - Rā, Prince, I. 38.
Sekhem-ka-Rā, King, I. 66.
Sekhem-khāu LXXXV.
Sekhem-khāu, Horus name of Nefer-ȧri-ka-Rā, I. 25.
Sekhem-khāu, N-U name of Ȧmeni - Ȧntef - Ȧmen-em-ḥāt, I. 67.
Sekhem - kheper - Rā - setep-en - Rā (Uasarken I), II. 42.
Sekhem - Kheperu (Thothmes II) I. 117.
Sekhem - khu - taui, King, I. 69.
Sekhem - nefer - khāu - Rā (Ȧpuatemsaf) King, I. 82.
Sekhem - neter - en - Kheperȧ (Seti I) I. 161.
Sekhem - peḥti - ḥu - peṭ-paut (Shashanq I) II. 39.
Sekhem - peḥti - ḥu - reqiu - f-habtuf-ḥept, etc. (Nes-ba-neb-Ṭeṭṭeṭ) II. 32.
Sekhem - peḥti - ṭer - pet-paut (Seti I) I. 160.
Sekhem-peḥti.ṭer-Satet (Ȧi) I. 152.
Sekhem-seshеṭ-taui-Rā (Sebekemsauf), King, I. 83.
Sekhem-suatch-taui-Rā (Sebek-ḥetep II) I. 70.

Sekhem-ṭā (?)-...-Rā, King, I. 86.
Sekhem-uaḥ-khāu-Rā (Rā-ḥetep), King, I. 87.
Sekhem-Uast-Rā, King, I. 87.
Sekhem-uatch-khāu-Rā (Sebekemsaf) I. 81.
Sekhem-uatch-taui-Rā, King, I. 72.
Sekhenen, King, I. 96.
Sekhent-neb-Rā I. 104.
Sekheper-en-Rā, King, I. 92.
Sekheper-en-Rā, King, II. 199.
Sekheper-peḥ-su-en-ȧn-peḥui-ta (Rameses II) I. 170.
Sekhmakh, Queen, II. 202.
Semempses LXII.
Semphrukrates LXXIV.
Semqen, a Governor, I. 100.
Semsu, Suten Bȧt name of Smerkha, I. 6.
Semti (formerly read Ḥesepti), Suten Bȧt name of Ṭen, I. 4.
Semu LXXXVI.
Semu-taui, Horus name of Usertsen II, I. 55.
Sen, N-U name of Qebḥ, I. 7.
Sen, Governor of Nubia, I. 122.
Senb, brother of Sebek-ḥetep II, I. 70.
Senbmaiu I. 97.
Senefer-ȧb-Rā (Usertsen IV) I. 64.
Senefer-[ȧb]-Rā, King, I. 80.
Senefer-[ȧb]-Rā, King (XIVth dynasty), I. 91.
Senefer-f-Rā (P-ānkhi) II. 66.
Senefer-ka, King, XXXVII, I. 40.
Se-nefer-ka Ānnu XXXVII.
Se-nefer-ka-Rā, King, I. 40.
Senefer-ka-Rā Ānnu, King, I. 41.
Senefer-Rā (P-ānkhi) II. 197.
Senefer-taui (Psemthek II) II. 83.
Senefer-taui-f (Ȧn) II. 105.
Seneferu XXXIII, I. 17.
Seneferu-khā-f I. 19.
Senekht-en-Ȧmen I. 184.
Senen-en-Ptaḥ-setep-en-Ta-nen (Khabbasha) II. 94.

Senetchem-ȧb-Rā-setep-en-Ȧmen (Nektanebês) II. 100.
Senka-Ȧmen-Seken II. 199.
Senseneb, wife of Nefer-ḥetep I, I. 73.
Senṭ I. 13.
Sentȧ XXXII, I. 13.
Sent-senbet-s, Princess, I. 62.
Sen-usert I, King, I. 53.
Sen-usert II, I. 55.
Sen-usert III, I. 57.
Sen-usert IV, I. 64.
Sephuris LXIII.
Septimius Severus II. 190.
Seqeb-taui (Shabaka) II. 70.
Seqenen-Rā I, I. 102.
Seqenen-Rā II, I. 103.
Seqenen-Rā III, I. 103.
Serekh, the, XIII, XIV.
Ser-ta-rest-meri II. 92.
Sesetsu (Rameses II) I. 177.
Sesetsu-meri-Ȧmen (Rameses II) I. 177.
Seshep-neb-neter-en-Kheperȧ (Rameses II) I. 170.
Seshesh-ȧp-Maāt-Rā (Ȧntef-āa), King, I. 84.
Seshesh-her-ḥer-Maāt, (Ȧntef-āa), King, I. 83.
Seshesh-ka-Rā LXXXVI.
Seshesh-kheper-Rā-setep-en-Ȧmen (Shashanq II) II. 53.
Sesochris LXII.
Sesonchis LXX.
Sesonchosis LXVI, LXXI.
Sesonkhosis LXVI, LXXVI.
Sesorthos LXIII.
Sesortosis LXXIV.
Sesostris LXVI.
Sesuser-taui, King, I. 86.
Set name XIV.
Set-āa-peḥti (Nubti), King, I. 95.
Set-em-Uȧa I. 183.
Set-ḥer-khepesh-f I. 182.
Set-nekht I. 194.
Setau, Governor of the Sûdân, I. 187.
Setchef-....-Rā, King, I. 68.
Setches XXXIII, I. 16.
Setep-en-Rā, son of Rameses II, I. 183.
Setep-en-Rā-meri-Ȧmen (Ptolemy I) II. 111.
Setep-neteru (Ȧāḥmes) II. 86.
Setep-neteru (Haḳer) II. 97.

Setept-en-Rā, Princess, I. 150.
Sethenes LXII.
Sethinilos LXXIV.
Sethos LXIX, LXXVI, LXXIX.
Sethosis LXXIX.
Sethus LXIX.
Seti I, I. 163.
Seti I, Meri-en-Ȧmen, I. 163.
Seti I, Meri-en-Ptaḥ, I. 163.
Seti I, Meri-en-Ptaḥ-mer-Ȧmen, I. 163.
Seti I, Meri-Ptaḥ, I. 163.
Seti I, Meri-Ptaḥ-Rā, I. 163.
Seti II, Mer-en-Ptaḥ, I. 191.
Seti, Governor of the Sûdân, I. 194.
Seti, son of Rameses II, I. 183.
Seṭtȧ, Princess, I. 38.
Seuser-en-Rā (Khian), King, I. 95.
Shaȧru LXXXIV.
Shabaka II. 70, 196.
Shabataka II. 71, 197.
Shair-en-Baqet (Antoninus Pius) II. 185.
Shankpatch (?) II. 214.
Sharqrar II. 212.
Shashanq (I)-meri-Ȧmen II. 39.
Shashanq (II)-meri-Ȧmen II. 53.
Shashanq (III)-sa-Bast II. 58.
Shashanq (IV)-meri-Ȧmen II. 59.
Shashanq, great-great-grandson of Buiu-uaua, II. 35.
Shashanq (stele of P-ānkhi) II. 64.
Shashanq, son of Peṭā-Net, II. 75.
Shashaq (Shishak) II. 39.
Shep-ben-Ȧpt II. 49.
Shep-en-Ȧpt I, wife of Kashta, II. 67.
Shep-en-Ȧpt II. 73.
Shep-en-ȧpt II, II. 77.
Shep-en-āpt II, wife of Psemthek I, II. 80.
Shep-en-Ȧpt III, II. 81.
Shep-en-Ȧpt (Khnem-āb-Ȧmen) II. 48.
Shep-en-Sepṭ, Princess, II. 45.
Shepherd Kings LXVII.
Sheps II. 39.
Sheps, Queen, II. 45.

Shepses-ka-f XXXIV, I. 23.
Shepses-ka-Rā XXXIV, LXXXV, I. 26.
Shepset-kau I. 37.
Shepset-ṭent II. 52.
Shepsi-ḥer-ȧtef-s I. 181.
Shesh, mother of Tetȧ Ȧ-Ṭeḥuti I. 4.
Sheshȧ, Prince, I. 97.
Sheta-ḥetep, Prince, I. 38.
Sheta-ḥetep-Hetȧ, Prince, I. 38.
Shishak II. 39.
Shuti-mȧ-Rā-ȧm-Uast-suten-bȧt, etc. (Rameses II) I. 172.
Silites LXXVI.
Siphthas LXXIV.
Sirios LXXIII.
Sirius XLV.
Sirius, risings of, XLIX, L.
Sisires LXIV.
Skhā-en-Rā, a king, I. 98.
Skhā-en-su-tef-f (Titus) II. 170.
Skhān-s-tef-f (Ptolemy II) II. 112.
Sma-ḥetchet-mer-Ȧnnu (Ȧmen-ḥetep III) I. 135.
Sma-merit (Mertet-tef-s) I. 18.
Sma-peshti-mȧ-sa-Ȧst (Uasarken II) II. 46.
Sma-taui, Horus and N-U names of Menthu-ḥetep Rā-neb-ḥapt I. 48.
Sma taui, Horus name of Sebek-ḥetep V, I. 76.
Sma-taui (Cambyses) II. 91.
Sma-taui (P-ānkhi) II. 73.
[Smen]-ȧb-Rā, King, I. 91.
Smen-Hepu (Nektanebês) II. 100.
Smen-hepu (Athlenersa) II. 200.
Smen-hepu-seḳerḥ-taui (Ȧmen-ḥetep III) I. 135.
Smen-hepu-thes-taui (Ȧmen-ḥetep III) I. 135.
Smen-ka-Rā, King, I. 68.
Smen-[ka]-Rā, King, I. 80.
Smen-Maāt (Ȧāḥmes) II. 86.
Smen-taui-Rā, King, I. 87.
Smendes LXIX, II. 62.
Smendis LXIX.
Smenkh-ka-Rā I. 149.
Smenkh-ka-Rā (Mermashāu), King, I. 69.
Smenkh-mennu-em-Ȧn-resu (Rameses II) I. 170.

Smenkh - mennu - em - Ȧpt-rest, etc. (Rameses II) I. 170.
Smenkh-taui (Nektanebos) II. 103.
Smerkha I. 6.
Snephres LXIV.
Sogdianus LXXI.
Soikuniosokho LXXIV.
Son of Rā name of the king XXII.
Soris LXIII.
Sosos LX.
Soter II. 111.
Sothic Period XLVI.
Sothic Year XLVI.
Sothis XLV.
Soyphis LXIII.
Spanios LXXV.
Spring, season of, XLIV.
Staan LXVII.
Sta-ka-Rā, King, I, 90.
Stammenes LXXIV.
Stephinates LXXI.
Stephinathes LXXVIII.
Stephinathis LXXI.
Stephinatis LXXI.
Stoichos LXXIII.
Suaḥ-en-Rā, King, I. 91.
Suatch-en-Rā, King, I. 88.
Suatch-taui, Horus name of Ān-ȧb, I. 80.
Suatch-taui (Hophrā) II. 85.
Suḥten I. 26.
Suḥtes I. 26.
Summer, season of, XLIV.
Suphis I, LXIII.
Suphis II, LXIII.
Susakeim LXXVII.
Suser-ȧten-Rā, King, I. 87.
Sutcha-Baqt-sḥetch-maāu-pau-smen-hepu, etc. (Ptolemy IV) II. 119.
Suten Bȧt name of the King XVIII.

Tȧa-en-Rā-setep-en-neteru II. 209.
Tȧa-kheperu-Rā-setep-en-Rā (Pasebkhānut) II. 31.
Tȧa-kheperu-Rā-setep-en-Rā II. 33.
Ṭā-ānkh-mȧ-Rā, title XXV.
Ta-ȧri-baiu, Queen, I. 106.
Ta-ȧru, daughter of Ȧāḥ-mes I, I. 111.
Ta-kharṭ-Ȧst II. 88.
Ta-kharṭ-qa, Queen, I. 106.
Ta-khāt I. 191.
Ta-netert-sen-meri (Philadelphus) II. 137.

Ta-Sheps, Queen, II. 45.
Ta-sheret-Ȧst II. 88.
Ta-sheṭ-Khensu II. 39, 42.
Ta-ṭā-Bast, Queen, II. 61.
Ta-usert, Queen, I. 194.
Ta-...-ȧui, Princess, I. 129.
Tablet of Abydos XXX, XXXI ff.
Tablet of Karnak XXX.
Tablet of Ṣaḳḳârah XXX, XXXI ff.
Tafnekht I, II. 62, 69.
Tafnekht II, II. 69.
Tafnekhth of Netert II. 63.
Tafnekhth (Stele of P-ānkhi) II. 64.
Taharq / Taharqa (Tirhâḳâh) II. 75, 189.
Taḥennu-Teḥuti II. 31.
Takalophis LXXVIII.
Takelothis LXX.
Takhauath, wife of Psemthek II, II. 84.
Tamakhithet II. 202.
Tan-ṭā-Bast II. 74.
Tanuath-Ȧmen II. 77, 198.
Tarakes LXXVIII.
Tarakos LXX.
Tarkos LXX.
Taruasha II. 92.
Tarusha II. 92.
Tashā-kheper II. 50.
Tasherȧ I. 149.
Tȧtȧ (Tetȧ, VIth dynasty) I. 32.
Ṭāṭāumes, King, I. 43.
Tatcheres LXIV.
Tatum-khipa I. 143.
Tȧu I. 1.
Tau-āa (Rā-seqenen I) I. 102.
Tau-āa-āa (Rā-seqenen I) I. 102.
Tau-āa-qen (Rā-seqenen III) I. 103.
Taui-..., Princess, I. 128.
Tau-thȧ, Queen, I. 101.
Tcha (Ȧteth?) I. 8.
Tcha-en-ka-Qemt II. 51.
Tcha-pa-nefer II. 30.
Tchatchai (Bebi) XXXII, I. 14.
Tchāu I. 34.
Tchefau (?)-em-sa-f I. 34.
Tche-ḥrȧ (Teôs)-setep-en-Ȧn-Ḥer II. 102.
Tcheser / Tcheser-sa XXXII, I. 15.
Tcheser-ka-Rā XXXVIII.
Tcheser-khāu-sekhem-peḥti (Thothmes III) I. 122.
Tcheser-kheperu-Rā (Ḥeru-em-ḥeb) I. 154.

Tcheser-kheperu-Rā Ḥeq-Ȧnnu-setep-en-Rā XXXIX, I. 154.
Tcheser-kheperu-Rā Ḥeq-Uast-setep-en-Rā I. 154.
Tcheser-kheperu-Rā Ḥeq-Maāt-setep-en-Rā I. 154.
Tcheser-kheperu-Rā Setep-en-Rā I. 154.
Tcheser-mes-khāu-ḥer-Ḥāp-ānkh (Ptolemy XIII?) II. 149.
Tcheser-nub LXXXIV.
Tcheser-sa I. 14.
Tcheser-Tetȧ XXXIII, I. 16.
Tcheserti I. 16.
Tcheṭ-Ȧmen-ȧf-ānkh II. 64.
Tcheṭ-ḥrȧ II. 104.
Tchet-Khensu-ȧuf-ānkh II. 30.
Tchet-khet-neb-ȧri-s (Mertet-tef-s) I. 18.
Tcheṭ-Ptaḥ-ȧf-ānkh, Prince, II. 46.
Tcheṭtcheṭȧu II. 65.
Tefnut-meri, Queen, II. 89.
Teḥuti-āa, Prince, I. 86.
Teḥuti-mes Ȧri-en-Ȧmen (Thothmes I) I. 114.
Teḥuti-mes Meri-Ȧmen I. 114.
Teḥuti-mes Khā-mȧ-Rā I. 114.
Teḥuti-mes Khā-neferu I. 114.
Teḥuti-mes Setep-en-Ȧmen I. 114.
Teḥuti-mes (II) I. 117.
Teḥuti-mes (III) I. 123.
Teḥuti-mes Nefer-kheper I. 123.
Teḥuti-mes Nefer-kheperu I. 123.
Teḥuti-mes Neter-ḥeq I. 123.
Teḥuti-mes Ḥeq-Ȧnnu I. 123.
Teḥuti-mes Ḥeq-Uast I. 123.
Teḥuti-mes Ḥeq-Maāt I. 123.
Teḥuti-mes Sma-kheper I. 123.
Teḥuti-mes Sekhā-nefer I. 123.
Teḥuti-mes IV, I. 132.
Teḥuti-mes V, I. 155.
Teḥuti-mes, Prince, I. 134, 143.

Teḥuti-mes, Prince and high-priest, I. 131.
Teḥuti-mes, son of Rameses II, I. 184.
Teii I. 140.
Tekrethrela II. 213.
Tekhui II. 24.
Temaā (Nektanebos) II. 103.
Tema-ā (Tiberius) II. 158.
Temem, Queen, I. 49.
Tem-meri I. 184.
Tem-ṭua-Khā-khāu (Thothmes I) I. 114.
Ṭen, Horus name of Semti, I. 4.
Teos LXXII.
Teôs, see Tche-ḥrȧ, II. 102.
Tererl (?) (Rā-nefer-ka), King, I. 40.
Ṭeriusha II. 92.
Ṭeṭ, Golden Horus name of Ȧssȧ, I. 29.
Ṭeṭ-Khāu, N-U name of Ȧssȧ, I. 29.
Tetȧ, XXXI, XXXIII, XXXV.
Tetȧ (Ȧ-Teḥuti) I. 3.
Tetȧ (IIIrd dynasty) I. 16.
Tetȧ (VIth dynasty) I. 31.
Tetȧ, with title Mer-en-Ptaḥ (XIXth dynasty), I. 31.
Ṭet-ānkh-Ȧmen-tȧa-Rā (Ārq-Ȧmen) II. 208.
Ṭeṭ-ānkh-Rā (Mentuemsaf), King, I. 83.
Ṭeṭ-f-Rā XXXIII, I. 21.
Ṭeṭ-ka-Rā XXXV.
Ṭeṭ-ka-Rā Maā-... XXXVI.
Ṭeṭ-ka-Rā Maā-ṭua I. 39.
Ṭeṭ-ka-Rā Ȧssȧ I. 29.
Ṭeṭ-khā (Shabataka) II. 71.
Ṭeṭ-Khāu, Horus name of Ȧssȧ, I. 29.
Ṭeṭ-khāu-Rā (Shabataka) II. 71.
Ṭeṭ-kheru-Rā I. 92.
Ṭeṭ-Nefer-Rā Ṭāṭāumes, King, I. 43.
Ṭeṭṭeṭ-khāu, N-U name of Sebek-ḥetep V, I. 76.
Ṭeṭṭeṭ-sutenit-mȧ-Tem (Thothmes IV) I. 132.
Tethmosis LXXVI, LXXIX.
Thāa, Queen, I. 135.
Thȧ-kheta (?), Princess, I. 128.
Thāma (Nektanebês) II. 100.
Thamphthis LXIII.

Theḥen - kheperu - ur - Bait (Ȧmen-ḥetep III) I. 135.
Thekeleth I, II. 53.
Thekeleth (II) meri - Ȧmen II. 54.
Thekeleth (III), sa - Ȧst-meri-Ȧmen, II. 57.
Thekhabes II. 105.
Thekletath II. 43.
Thent-Ȧmen, Queen, II. 33.
Thent-Ḥāp, a wife of Ȧāḥmes I, I. 110.
Thent-kheta II. 75, 88.
Thent - sȧ, wife of Uasarken I, II. 42.
Thent-sepeḥ, wife of Namareth, II. 36.
Thent-sepeḥ II. 50.
Thes-ȧn, Prince, I. 38.
Thes-Bast-peru, Princess, II. 50.
Thesh I. 1.
Thes-khā-f, Prince, I. 38.
Thes-khāu-em-Ȧnnu-qemā (Ȧmen-ḥetep IV) I. 145.
Thesmanefer (?) II. 204.
Thes-ren-f-en-Ȧten (Khu-en-Ȧten) I. 147.
Thes-taui, Golden Horus name of Ȧāḥmes I, I. 106.
Thes-ṭeṭ-f, Prince, I. 38.
Thet-ȧuāt-taui, N-U name of Ȧmen - em - ḥāt III, I. 58.
Thetet (Ȧ-Teḥuti) I. 3.
Thet - sekhem - f - em - taiu-nebu (Ȧmen - ḥetep II) I. 129.
Thet-seshesh-f LXXXVI.
Thet - taiu - nebu (Thothmes I) I. 114.
Thet-taiu-nebu (Ḥātshepset the Great) I. 120.
Thi, a queen, I. 153.
Thi, a wife of Ȧmen-ḥetep III, I. 140.
Thi, royal nurse, I. 153.
Thi - mer - en - Ȧst, Queen, I. 195.
Thirikanlat II. 210.
Thmosis LXXIX.
Thothmes — see Teḥutimes.
Thuȧu, mother-in-law of Ȧmen-ḥetep III, I. 143.
Thuȧu, son of Seqenen-Rā I, I. 102.
Thuoris I, LXIX, LXXVII.
Thuoris II LXXVII.
Thuosimares LXXIV.
Tiberius II. 158.
Tithoes LX.

Titus II. 170.
Titus Flavius Sabinus Vespasianus II. 168.
Tlas LXII.
Tosorthos LXIII.
Touthmosis LXXVII.
Trajan II. 174.
Tuȧa, Queen, I. 165.
Ṭua-en-Ḥeru, Prince, I. 38.
Ṭu-ā(?)-n-r-ā(?) LXXXVII.
Tui, Queen, I. 164.
Tummerset I. 186.
Tures, daughter of Ȧāḥmes I, I. 111.
Turin Papyrus XXIX.
Tuthmosis LXVIII.
Tut-mestu, N-U name of Ȧāḥmes I, I. 106.
Typhon LX, LXI.
Tyreis LXIII.

Uȧai, Princess, I. 129.
Uā-en-Rā (Ȧmen-ḥetep IV) I. 145.
Uafthṭāt-semt-semti-nebt (Ḥerusaȧtef) II. 203.
Uāfu-semti-er-nekht-beteshu (Rameses II) I. 172.
Uāfu-semti-ṭer-Mentiu (Seti I) I. 160.
Uaḥ-ȧb (Hophrā) II. 85.
Uaḥ-ȧb-Rā (Hophrā) II. 85.
Uaḥ-ȧb-Rā (Ȧā-ȧb), King, I. 78.
Uaḥ-ȧb-Rā, Khati, King, I. 43.
Uaḥ-ȧb-Rā (Psemthek I) II. 78.
Uaḥ-ȧb-Rā (Tafnekht II) II. 69.
Uaḥ-ȧb-Rā, son of Peṭā-Ȧmen-n, II. 74.
Uaḥ-ānkh, Golden Horus name of Ȧmen-em-ḥāt III, I. 58.
Uaḥ-ānkh, Horus name of King Ȧntef-āa, I. 44.
Uaḥ-mert (Tanuath-Ȧmen) II. 77.
Uaḥ-renput-āsht-ḥebu (Ȧmen-ḥetep III) I. 135.
Uaḥ-sutenit (Thothmes III) I. 122.
Uaḥ-sutenit-mȧ-Rā-em-pet (Thothmes III) I. 122.
Uaphris LXXI, LXXVIII.
U-ȧqer-Rā, King, I. 86.
Uasakuasa II. 62.
Uasarken (I)-Meri-Ȧmen II. 42.
Uasarken (II)-sa-Bast II. 46.

Uasarken - sa - Ȧst - meri-Ȧmen II. 56.
Uasarken of Pa-Bast II. 63.
Uatch-ānkh-en-hamemet-neb-seṭ, etc. (Ptolemy V) II. 123.
Uatch-ȧnt I. 2.
Uatch-em-..., N-U name of Unȧs, I. 30.
Uatcheṭ I. 97.
Uatchet, Queen, I. 101.
Uatchet-renput (Ḥātshepset the Great) I. 120.
Uatchiu (Thekeleth I) II. 43.
Uatch-ka-Rā, King, I. 96.
Uatch-khāu, N-U name of Sebek-ḥetep III, I. 74.
Uatch-kheper-Rā Kames I. 104.
Uatch - kheperu, Horus name of Ȧāḥmes I, I. 106.
Uatch-mes, Prince, I. 105.
Uatch-nār I. 2.
Uatch-nes I. 12, XXXII.
Uatch-taui, Horus name of Unȧs, I. 30.
Uatch-taui (Thekeleth I) II. 43.
Uatch-taui (Thekeleth III?) II. 57.
Uenephes LII.
Uennephis LXXVII.
Uḥem (?) - ȧb - Rā (Nekau) II. 80.
Uḥem-mestu, Horus name of Ȧmen-em-ḥāt I, I. 51.
Ukḥuf, King, I. 96.
Unȧs XXXV, I. 30.
Unnefer, a priest, I. 3.
Ur-Bait-em-Ȧpt (Ḥeru-em-ḥeb) I. 154.
Ur-Bait-em-Ȧpt (Ȧmen-meses) I. 190.
Ur-f-ȧutu-sekhem-peḥti (Rameses II) I. 172.
Ur-Ḥert (Titus) II. 170.
Ur-men-er-tchat-peḥti-f-shen-em-Ȧnnu-meḥt-er-Ȧnnu-resu (Ȧmen-ḥetep III) I. 135.
Ur-nekhtu-ḥer-semt-nebt (Rameses II) I. 172.
Urn-re I. 186.
Ur-peḥti (Ptolemy II) II. 112.
Ur-peḥti-ȧri-khu (Ptolemy III) II. 115.
Ur-peḥti-ȧri-khu-neb-seṭu (Titus) II. 170.
Ur-peḥti-ḥent-sha-en-neḥeḥ, (Ptolemy X) II. 138.

Ur-peḥti-ḥu-Mentiu (Uasarken II) II. 46.
Ur-peḥti-menkh-åb-kherneteru-nebu, etc. (Ptolemy IV) II. 119.
Ur-peḥti-neb-seṭ-tef-f-må-Ptaḥ, etc. (Ptolemy IX) II. 131.
Ur-peḥti-sānkh-taui-åthiḥer-åb-Maāt-seḥetep-taui (Rameses XII) II. 18.
Ur-peḥti-smen-taui-senefer-Ta-mera, etc. (Ptolemy V) II. 123.
Ur-seṭu-må-Tathenen (Rameses III) II. 1.
Ur-shefit-māk-Qemt (Rameses II) I. 170.
Ur-sutenit-em-khut-Åten (Khu-en-Åten) I. 147.
Ur-sutenit-em-semt-Åten (Amen-ḥetep IV) I. 145.
Usaphaes LXII.
Usaphais LXII.
User-ā (Psemthek II) II. 83.
User-åb, Horus name of Khāfrā I. 21.
User-åb (Åspelta) II. 204.
User-em-..., N-U name of Khāfrā I. 21.
User-en-Rā XXXIV.
User-en-Rā Ån I. 27.
User-en-Rā Khian, a King, I. 100.
User-f-åu-sekhā-em-Uast (Åmen-ḥetep II) I. 129.
Userkaf XXXIV, I. 24.
User-ka-Rā XXXV.
User-ka-Rā Åti I. 32.
User-ka-Rā-meri-Åmen (Ptolemy II) II. 112.
User-ka-Rā-setep-en-Rā (Philip Arrhidaeus) II. 108.
User-khāu LXXXV.
User-khāu, Horus name of Nefer-åri-ka-Rā I. 25.
User-kheperu-Rā (Seti II) I. 191.
User-khepesh-heṭ-ḥefennu (Rameses VI) II. 11.
User-khepesh-heṭ-ḥefennu (Rameses XII) II. 18.
User-khepesh-meri-ta (Rameses II) I. 172.
User-khepesh-sānkh-taui (Rameses X) II. 15.
User-khepesh-ṭer-pet-paut (Thothmes IV) I. 132.
User-khepesh-ṭer-pet-paut (Rameses II) II. 19.

User-Maāt-en-Rā-setep-en-Rā (Rameses II) II. 19.
User-Maāt-Rā (P-ānkhi) II. 65, 195.
User-Maāt-Rā (Rameses II) I. 173.
User-Maāt-Rā (Uasarken-sa-Ȧst) II. 56.
User-Maāt-Rā-ȧsu-Rā (Rameses II) I. 173.
User-Maāt-Rā-ḥeq-Uast (Rameses II) I. 173.
User-Maāt-Rā-meri-Ȧmen (Rameses III) II. 1.
User-Maāt-Rā-Rā-meri (Rameses II) I. 173.
User-Maāt-Rā-Rā-messu-meri-Ȧmen (Rameses II) I. 173.
User-Maāt-Rā-s (Rameses II) I. 173.
User-Maāt-Rā-sekheper-en-Rā (Rameses V) II. 10.
User-Maāt-Rā-setep-en-Ȧmen (Ȧmen-em-ȧpt) II. 33.
User-Maāt-Rā-setep-en-Ȧmen (Ȧmen-ruṭ) II. 90.
User-Maāt-Rā-setep-en-Ȧmen (Pamȧi) II. 59.
User-Maāt-Rā-setep-en-Ȧmen (Peṭā-Bast) II. 53.
User-Maāt-Rā-setep-en-Ȧmen (Rameses IV) II. 7.
User-Maāt-Rā-setep-en-Ȧmen (Thekeleth III) II. 57.
User-Maāt-Rā-setep-en-Rā XXXIX.
User-Maāt-Rā-setep-en-Rā (Rameses II) I. 173.
User-Maāt-Rā-setep-en-Rā (Shashanq III) II. 58.
User-Maāt-Rā-setep-en-Rā (Thekeleth I) II. 43.
User-Maāt-Rā-setep-en-Rā (Uasarken II) II. 46.
User-Maāt-Rā-setep-en-Rā-meri-Ȧmen (Rameses II) I. 173.
User-Maāt-Rā-setep-en-Rā-meri-Ȧmen (Rameses VII) II. 13.
User-Maāt-Rā-tȧa-Rā (or tȧa-en-Rā) (Rameses II) I. 173.
User-mer-Rā, a king, I. 100.
User-peḥti (Shashanq II) II. 53.
User-peḥti-mȧ-ȧtef-f-Menthu (Rameses III) II. 1.

User-peṭi-em-taiu-nebu (Seti I) I. 161.
User-Rā-setep-en-Ptaḥ (Psamuṭ) II. 99.
User-renput-āa-nekht (Titus) II. 170.
User-renput-āa-nekhtut (Rameses II) I. 172.
User-renput-āa-nekhtut-ȧn-tcheru-pe, etc. (Rameses II) I. 172.
User-renput-āa-nekhtut-Rā-mes-neteru-ḳer-taui (Rameses II) I. 172.
User-renput-mȧ-Ptaḥ-Tunen-ȧthi-ur-sutenit-ṭer-peṭ-paut (Rameses X) II. 15.
User-renput-mȧ-Tanen-ȧthi-ur-seṭu-mȧ-Ȧmen-suten-neteru (Rameses VII) II. 13.
User-renput-mȧ-Tathenen-ȧthi-seṭu-māki-Qemt (Rameses VI) II. 11.
User-renput-mȧ-Temu, etc. (Rameses III) II. 1.
User-renput-ur-nekht-ȧthi, etc. (Rameses IV) II. 7.
User-Satet, governor of the Sûdân, I. 131.
User-Set-[Rā], King, I. 69.
Usercheres LXIV.
Usert-kau (Ḥātshepset the Great) I. 120.
Usertsen I (Rā-kheper-ka), King, I. 53.
Usertsen II, I. 55.
Usertsen III, I. 57.
Usertsen III and Rā-ȧu-ȧb, I. 61.
Usertsen IV, King, I. 64.
Usertsen IV (?) LXXXVI.
Uses LXXVI.
Usimare LXXVI.

Vaphres LXXI.
Vavenephis LXII.
Verus (Lucius) II. 188.
Vespasianus II. 168.
Vibestes LXII.

Winter, season of, XLIV.

Xerxes, the Great, LXXI.
Xerxes II, LXXI, II. 94.

Year, the vague, XLIII ff.
Year, the solar XLIII ff.
Year, the Sothic XLIII ff.

Zet LXX.
Zeus LX, LXI.

For Product Safety Concerns and Information please contact our EU representative GPSR@taylorandfrancis.com
Taylor & Francis Verlag GmbH, Kaufingerstraße 24, 80331 München, Germany

www.ingramcontent.com/pod-product-compliance
Lightning Source LLC
Chambersburg PA
CBHW060556230426
43670CB00011B/1839
9780415814492